Heiger Ostertag
**SIE IST WEG**

HEIGER OSTERTAG

# SIE IST WEG

## DER PROZESS DER ANGELA K.

swb media entertainment

Die Handlung und die handelnden Personen sind, soweit nicht historisch oder zeitgeschichtlich existent, frei erfunden. Jede Ähnlichkeit mit lebenden und bereits verstorbenen Personen ist zufällig.

Bibliografische Information der Deutschen Nationalbibliothek:
Die Deutsche Nationalbibliothek verzeichnet diese Publikation in der Deutschen Nationalbibliografie; detaillierte bibliografische Daten sind im Internet über http://dnb.d-nb.de abrufbar.

Dieses Werk ist urheberrechtlich geschützt. Jede Verwertung, die über die Grenzen des Urheberrechtsgesetzes hinausgeht, ist unzulässig und strafbar. Dies gilt insbesondere für Vervielfältigungen, Übersetzungen, Mikroverfilmungen sowie die Speicherung in elektronischen Systemen.

Veröffentlicht im Südwestbuch Verlag, einem Unternehmen der
SWB Media Entertainment Jürgen Wagner, Waiblingen, August 2019

1. Auflage 2019
ISBN 978-3-96438-977-0
© 2019 SWB Media Entertainment, Gewerbestraße 2, 71332 Waiblingen
Lektorat: Johanna Ziwich, Waiblingen
Titelgestaltung: Dieter Borrmann
Titelfotoanimation: © Dieter Borrmann
Satz: suedwestbuch, Waiblingen
Druck, Verarbeitung: Rosch-Buch, Scheßlitz
Für den Druck des Buches wurde chlor- und säurefreies Papier verwendet.

Ausführliche Informationen über unsere Autoren und Bücher
finden Sie auf unserer Webseite www.suedwestbuch.de

Für Charlotte und Klara Louisa

## Inhaltsübersicht

| | |
|---|---|
| Vorwort | 9 |
| 1. Kapitel – Verhaftung und Vorladung | 11 |
| 2. Kapitel – Erste Untersuchungen, Aktenkunde | 53 |
| 3. Kapitel – Schuld oder Unschuld | 95 |
| 4. Kapitel – Erneute Verhaftungen | 139 |
| 5. Kapitel – Vor dem obersten Gericht | 181 |
| 6. Kapitel – Die Suche nach der Wahrheit | 215 |
| 7. Kapitel – Urteil und Vollstreckung desselben | 250 |
| Epilog | 272 |

**Vorwort**

Der vorliegende philosophisch-politische, in Teilen auch phantastische Roman basiert auf dem Textkorpus des Werkes von Franz Kafka und nutzt – mit entsprechender Hochachtung – dessen Inhalt und seine sprachliche Performance – in Umrissen jedenfalls, da und dort auch im Detail, und natürlich primär im parodistischen, satirischen Sinne und mit persiflierender Absicht. Im Zentrum der Darstellung stehen die Politik und die aktuelle Spitzenfigur, deren Namen jeder kennt. Sie und ihre Persönlichkeit werden in einer Situation betrachtet, die absolut fiktiv ist: im Prozess einer gewissen Angela K. In diesem Prozess liefert uns die Sprache des Originals das methodische Werkzeug, um den aktuellen Politbetrieb, dessen zentrale Exponenten sowie die medialen Hilfskräfte zu analysieren und möglicherweise auch zu demaskieren. Der Leser mag dann selbst entscheiden, ob es sich bei den Protagonisten um tragische Helden im Sinne des klassischen Dramas oder um – mit Blick auf ihren vorgetragenen Anspruch – sich selbst überschätzende, der Hybris verfallene und somit scheiternde Figuren handelt, die der Komödie zuzurechnen wären. Zum dargestellten Politpersonal dürfen sich natürlich auch alle bekannten Verschwörungstheoretiker, die kommunistischen, sozialistischen wie faschistischen Utopisten und sonstige leichtgläubige Geister gesellen. Kurz gesagt, niemand wird verschont, ob Linker, Grüner, Mittlerer oder Rechter, Spießer oder Alternativer, ob bekennender Anarchist, Surrealist und Hedonist, alle nimmt der Autor, wahrscheinlich auch sich selbst, mit der Spitze seiner Feder aufs Korn.

Brecht lässt seinen Galilei sagen, ein Land, das Helden brauche, sei schlecht dran. Mag sein, dass dies zutrifft, jedenfalls ist ein Land, das solch eine Führung wie die unsrige erlebt, nicht unbedingt mit Glück gesegnet. Nun, es könnte problematischer sein, wenigstens werden wir nicht russisch oder amerikanisch regiert und die Zeiten eines Kaisers oder die des Kunstmalers aus Braunau sind lange vorbei. Doch auch Dilettanten sind gefährlich, vor allem, wenn sie sich als Idealisten ausgeben und von der gutgläubigen Masse als solche gesehen und gehypt werden, selbst wenn sie sich als unfähig erweisen, ihren Twitter-Account sachgemäß zu „usen" oder auf Facebook hinreichend zu kommunizieren.

Natürlich sind die angeführten Personen autonom und in keiner Weise der Wirklichkeit nachempfunden. Namen sind in diesem Spiel gewissermaßen Schall und Rauch, manchmal aber auch Programm und damit Omen. Ähnlichkeiten mit lebenden, toten oder untoten Persönlichkeiten sind jedoch – soweit nicht gewollt – reiner Zufall und überhaupt nicht beabsichtigt. Der Narr erkennt sich selbst im Spiegel.

Genug der Worte; das Publikum lese selbst und finde zum sachgemäßen Urteil!

H.O.

## 1. Kapitel

### Verhaftung und Vorladung

Ein düsterer Herbstmorgen lag über Berlin, und alle Häuser im Kupfergraben an der Spree waren noch lichtlos, als Angela Kestner aus schweren Träumen erwachte. Draußen vor dem Fenster zeigte sich nichts als klammes Dunkel. Kein Licht, nirgends. Ein keimender Tag, einer, der niemals hell werden würde: Jemand musste Angela K. beschuldigt haben, dass sie etliches Böse getan hätte und obwohl sie behauptete, dass sie nichts Derartiges getan habe, wurde sie an diesem Morgen in der Frühe verhaftet!

Ihr Dienstmädchen Petra Vogel, das ihr jeden Tag gegen 6.10 Uhr einen ersten Kaffee brachte, den zweiten nahm sie mit ihrem Gatten Jonathan ein, kam diesmal nicht. Das war noch niemals geschehen. Angela wartete noch eine Weile; gleichzeitig befremdet und allmählich auch ziemlich ärgerlich betätigte sie die Klingel auf ihrem Nachttisch und läutete. Sofort klopfte es kurz und, ohne auf ihr „Herein" zu warten, trat ein Mann, den sie noch nie in der Wohnung am Kupfergraben gesehen hatte, in das Zimmer. Er wirkte schlank und muskulös gebaut und war ganz in ein sehr dunkles Schwarz gekleidet. Sein eigenartiger Anzug erschien mit den verschiedenen Taschen, Schnallen, Knöpfen und dem Gürtel geradezu militärisch, es war jedoch keine Uniform, sondern eher eine Art von praktischer Arbeitskleidung.

„Wer sind Sie?", fragte Angela Kestner scharf und setzte

sich im Bett halb auf. „Was suchen Sie in meinem Schlafzimmer? Ich bin die Bundeskanzlerin! Verlassen Sie umgehend den Raum!"

Der Mann aber ging ohne eine Antwort über die Aussagen und die Aufforderungen hinweg, als müsse sie seine Erscheinung ohne Erklärung und klaglos hinnehmen, und sagte lediglich: „Sie haben geläutet?"

„So ist es", erwiderte Angela K. „Frau Vogel soll mir den Kaffee bringen und dann erwarte ich Beate Braumann zum Morgenrapport."

Sie versuchte, zunächst stillschweigend, durch Aufmerksamkeit und Überlegung festzustellen, wer der Mann eigentlich sei und was er für eine Funktion habe. Vielleicht gehörte er zum Sicherheitspersonal?

„Handelt es sich um eine Übung?", hakte sie endlich nach. „Oder ist etwas passiert?"

Aber der Fremde gab noch immer keine Erklärung ab, sondern wandte sich zur Tür, die er ein wenig öffnete, um jemandem, der sich offenbar knapp hinter der Tür befand, mitzuteilen:

„Frau K. will, dass Petra Vogel den Kaffee bringt!"

Im Nebenzimmer folgte Gelächter; es war nicht sicher, ob mehrere Personen daran beteiligt waren.

„Kaffee gibt es heute nicht", gab der Mann nun im Ton einer Meldung bekannt.

„Das wollen wir sehen", sagte Angela K., sprang energisch aus dem Bett, griff zum Morgenmantel und warf sich diesen über.

„Ich will wissen, was für Personen im Vorzimmer sind und wie der Personenschutz diese ungeheure Störung mir gegenüber verantworten wird."

„Sie sollten besser hierbleiben!"

„Ich werde weder hierbleiben, noch will ich von Ihnen angesprochen werden, solange Sie mir nicht mitteilen, was geschehen ist!"

„Wie Sie wünschen, Frau Kanzlerin", sagte der Fremde und öffnete jetzt mit einer einladenden Geste weit die Tür. Im Vorraum, in den Angela K. nun trat, sah es auf den ersten Blick fast genau so aus wie am Abend vorher. Es war ihr Ankleidezimmer, außer mit einem großen Schrank voller Blazer und anderer Wäsche lediglich mit ein paar Sesseln ausgestattet. In einem von ihnen saß bei geöffnetem Fenster ein zweiter Mann mit einem Buch, von dem er bei ihrem Kommen aufblickte. Ein dritter stand neben ihm.

„Sie hätten in Ihrem Schlafzimmer bleiben sollen!", rief er ihr gebieterisch zu. „Hat Sie denn mein Kollege nicht entsprechend informiert?"

„Nein, das hat er nicht – und was fällt Ihnen überhaupt ein, so mit mir zu reden?", fuhr ihn Angela K. an. „Wo sind meine Personenschützer? Wo befindet sich Frau Braumann? Wo ist mein Mann?"

Sie wandte sich zur anderen Tür, um den Raum zu verlassen. Der eine Mann trat ihr in den Weg, sodass sie gezwungen war, stehenzubleiben.

„Ich werde gleich mit dem Sicherheitschef Herrn Preiß sprechen, um zu erfahren, was hier los ist!", sagte Angela

K. und machte eine Bewegung, als reiße sie sich von dem Fremden los und wolle weitergehen.

„Halt!", befahl der Mann beim Fenster und stand rasch auf. „Sie dürfen nicht weggehen, Sie sind verhaftet!"

Hiermit kam er zu ihr und legte ihr die Hand fest auf die Schulter.

Angela K. zuckte unter der fremden Berührung zusammen und hielt in der Bewegung inne. Was waren denn das für Menschen? Wovon sprachen sie? Welcher Behörde gehörten sie an? Sie lebte doch in einem demokratischen Rechtsstaat, überall herrschte Frieden, alle Gesetze bestanden aufrecht. Wer wagte es, sie, die Kanzlerin des Landes und Chefin der Regierung, in ihrer eigenen Wohnung zu überfallen? Jedenfalls durfte sie den Männern keinen Anlass zu Gewaltmaßnahmen geben. Sie musste ruhig bleiben, wie unberührt wirken. Das würde ihr nicht schwer fallen, denn sie neigte zumeist dazu, alles möglichst leicht zu nehmen, das Schlimmste erst beim Eintritt des Schlimmsten zu glauben, keine Vorsorge für die Zukunft zu treffen, selbst wenn alles drohte. Im Augenblick schien ihr dieses Verhalten bei genauerer Überlegung doch nicht angebracht. Sie konnte zwar das Ganze als einen groben Streich ansehen, den ihr aus unbekannten Gründen, jemand – vielleicht sogar ihr Mann – gespielt hatte. Obwohl, Jonathan ließ selten Ansätze von Humor erkennen. Er zeigte sich immer ernst, der Herr Professor, fast schwermütig. Ihr erster Ehemann Ulrich war völlig anders gewesen … Ulrich liebte vor allem ihre Kochkunst. „Doro" hatte er immer gesagt, gern benutzte er ihren zweiten Vornamen, „Doro, deine Kartoffelsuppe, dein Rinderbraten und dein Pflaumenkuchen sind einfach umwerfend!"

Nur, das hatte nicht gereicht, auch nicht, dass sie ihr blaues Hochzeitskleid umgeändert und in einen flotten Mini verwandelt hatte. Vielleicht eine andere Frisur und nicht dieser damalige Topfschnitt ... Angela K. riss sich zusammen. Wenn sie ihren Gedanken nachhing und nicht Disziplin zeigte, konnte sie der Strom ihres Denkens wirklich sonstwohin führen. Jetzt galt es, sich der Situation zu stellen, rief sie sich zur Ordnung. Sicher brauchte sie nur auf irgendeine Weise den zwei Männern ins Gesicht zu lachen, und sie würden beide mit ihr lachen. Nein, darin, dass die Öffentlichkeit beziehungsweise die Presse später sagen würde, sie habe keinen Spaß verstanden, sah Angela K. eine vergleichsweise geringe Gefahr. Wohl aber erinnerte sie sich an einige, an sich unbedeutende Fälle, in denen sie sich im Unterschied zu ihren Parteifreunden, ohne das geringste Gefühl für die möglichen Folgen, unvorsichtig benommen hatte und später dafür durch ein unerwartetes Wahlergebnis gestraft worden war. Es sollte nicht wieder geschehen, zumindest nicht diesmal; war es eine Komödie, so wollte sie fröhlich mitspielen. Noch war sie jedenfalls frei.

Da öffnete sich die Außentür und mehrere Bewaffnete stürmten regelrecht ins Zimmer. Ihr Anführer, ein jüngerer Mann, der sie stark an den verstorbenen FDP-Politiker Westerhagen erinnerte, salutierte kurz.

„Frau Kanzlerin, ich darf Sie bitten, sich unverzüglich anzukleiden und uns dann zu begleiten."

„Wohin, wenn ich fragen darf?"

„Zum Gericht. Sie werden noch heute Vormittag der Staatsanwaltschaft zugeführt!"

*

Als der Journalist Gregor Gysar am gleichen Morgen aus unruhigen Träumen erwachte, fand er auf dem Display seines i-Pads etliche Nachrichten vor, die alle davon handelten, dass die amtierende Regierung gestürzt und durch ein sogenanntes Nationalkomitee ersetzt worden sei. Man habe, so lautete der Text, umgehend sämtliche Regierungsmitglieder ab Staatssekretär aufwärts sowie alle Parlamentsmitglieder, soweit man der Abgeordneten des Bundestages habhaft werden konnte, verhaftet.

Was ist geschehen?, dachte Gysar und er zweifelte, ob er nicht noch träume. Doch offenbar war es kein Traum, denn alles schien real. Sein Zimmer lag ruhig zwischen den vier wohlbekannten Wänden. Auf dem Schreibtisch befanden sich Bücher und sein Tablet. An der Wand hing die Fotografie, die er vor kurzem auf einer Versammlung von seiner ehemaligen Kollegin Leni Knecht geschossen hatte. Es zeigte sie mit einer schwarzen Baskenmütze und feuerrotem Schal auf einem Rednerpult, wie sie eine Ansprache an eine größere Menge hielt. Knecht gehörte wie ihre Mutter Sarah der Linken an und war Bezirksverordnete; ob sie auch, wie die Meldungen besagten, verhaftet worden war?

Gregors Blick richtete sich zum Fenster, und das trübe Wetter – Regentropfen schlugen auf das Fensterblech – ließ ihn ganz melancholisch werden.

Leni verhaftet? Blödsinn, sie war eine Abgeordnete und somit immun. Auf den Internetportalen der FAZ, TAZ, des Focus' und des SPIEGELs konnte er zudem dergleichen Nachrichten nicht finden. Eindeutig, das war alles blühender Unsinn. Wie wäre es, wenn ich einfach weiterschliefe und all diesen Unsinn vergäße, dachte er. Gregor versuchte es sogleich und schloss die Augen. Doch es war ihm nicht möglich, zurück in den Schlaf zu finden, zu sehr machte sich Unruhe in ihm breit.

Ach Gott, dachte er, was für einen anstrengenden Beruf habe ich gewählt! Tagaus, tagein bin ich unterwegs, um Neuigkeiten und Skandalen nachzujagen. Ständig fahre ich durch die Gegend. Dazu kommen die Sorgen um das Honorar und die Spesenabrechnung, das unregelmäßige, schlechte Essen, das Herumhängen in verrauchten Kneipen bis tief in die Nacht und das viele Saufen, weil man sonst mit den Leuten nicht ins Gespräch kommt. Der Teufel soll das alles holen! Hätte ich doch auf den Onkel gehört und das Jurastudium abgeschlossen!

Das frühe Aufstehen macht einen ganz blödsinnig. Der Mensch braucht seinen Schlaf. Er insbesondere. Andere Kollegen sehen das alles lockerer. Wenn ich schon unterwegs und beim zweiten oder dritten Interview bin, sitzen die Damen und Herren erst beim Frühstück. Das sollte ich bei meinem Ressortleiter versuchen; ich würde auf der Stelle hinausfliegen.

Mitten in diese Überlegungen hinein klopfte es mehrmals laut an der Tür. Gregor schreckte aus seinen Gedanken auf. Wer mochte das um diese frühe Stunde sein?

\*

„Der Staatsanwaltschaft? Von welcher Gerichtsbehörde?"

Der Befragte gab darauf keine Antwort. Er winkte kurz und zwei der Bewaffneten drängten Angela K. nun, als wäre das selbstverständlich, zurück in das Schlafzimmer.

„Worauf warten Sie?", riefen sie. „In diesem Aufzug können Sie nicht vor dem Generalstaatsanwalt erscheinen! Er wird Sie nicht anhören und gleich in Haft nehmen und uns mit, weil wir einen solchen Auftritt zulassen!"

„Lassen Sie mich in Ruhe!", rief Angela K. ärgerlich, die schon bis zu ihrem Bett zurückgewichen war. „Wenn man mich im Bett überfällt, kann man nicht erwarten, mich vollständig angezogen vorzufinden. Zudem möchte ich beim Ankleiden allein sein, was wohl selbstverständlich ist."

„Gut, gut", lenkte der Anführer der Gruppe ein und gab jemandem, den Angela nicht sehen konnte, einen erneuten Wink. „Bringt Frau Braumann her, sie soll der Kanzlerin behilflich sein."

Damit schloss er die Tür.

Dieser Befehl verwirrte Angela K. und brachte sie gleichermaßen zur Besinnung. Noch nie hatte sie Frau Braumann in Modefragen zur Beratung herangezogen. Für diesen Bereich war Bettina Schönbach zuständig, wie Udo Wels für ihre Frisur. Überhaupt, was sollte sie groß anziehen? Was immer passiert war, denn dass etwas passiert und der ganze Auftritt längst kein Scherz mehr war, schien ihr allmählich klar zu sein. Was also passiert war, es musste etwas Gefährliches sein. Ein kühler Schauder überlief sie und sie vermochte ein inneres Beben kaum zu unterdrücken. Dann überkam sie ein starkes Durstgefühl. Mit zitternder Hand griff Angela K. zur Mineralwasserflasche auf ihrem Nachttisch, goss Wasser in ein Glas und trank dieses aus. Noch zweimal wiederholte sie das Manöver, bis sich ihre Nerven beruhigten.

Eindeutig, sie musste sich der Situation stellen. Diese Bewaffneten, das ganze Auftreten deutete auf eine Terroristengruppe hin. Anders wären sie auch kaum ins Haus gelangt. Wer waren diese Leute? Wohin sollte sie gebracht werden? Zu einer gerichtlichen Anhörung? Eine Anhörung vor einem wahrscheinlich selbst ernannten Generalstaatsanwalt einer wie immer gearteten Terroristengruppe erschien ihr im höchsten Grade lächerlich. Oder vielleicht doch nicht? Die Leute waren nun einmal bewaffnet und schienen die vollständige Kontrolle über ihre Wohnung erlangt zu haben. Ob ihr ein Schicksal wie das von Hanns Martin Schleyer drohte? Ein kaltes Gefühl der Angst stieg in ihr auf.

Da öffnete sich wieder die Tür und ihre Vertraute Beate Braumann wurde hineingeschoben. Ihr folgte eine der Kanzlerin unbekannte, breitgesichtige Frau, die ebenfalls diese Art von dunkler Uniform trug und wie selbstverständlich mit einem Revolver bewaffnet war. Die Frau trat, ohne sich weiter vorzustellen, ans Fenster, stellte sich breitbeinig davor hin und schien ganz offensichtlich eine Beobachterrolle einnehmen zu wollen.

„Frau Braumann", begrüßte Angela K. ihre Beraterin. „Sagen Sie mir, was ist passiert?"

„Ich darf es Ihnen nicht sagen, Frau Kanzlerin", erwiderte die Befragte in ängstlich wirkendem Ton. „Selbst wenn ich es wüsste, müsste ich schweigen."

„Und warum?", forschte Angela K. nach.

„Wegen der Anhörung, wurde mir gesagt."

„Was für eine lächerliche Zeremonie!", gab die Kanzlerin zurück. „Nun, dann beraten Sie mich wenigstens in der Frage meiner Kleidung, wenn Sie mich sonst schon nicht zu unterstützen vermögen. Mein Abendkleid von Oslo kommt sicher nicht infrage", fügte sie, in dem matten Versuch zu scherzen, hinzu.

Frau Braumann aber hielt bereits einen roten Blazer in die Höhe, den sie von einem Stuhl aufgehoben hatte und streckte ihn einen Augenblick mit beiden Händen in Richtung der Frau am Fenster, als unterbreite sie das Kleidungsstück dem Urteil der Bewacherin. Diese schüttelte verneinend den Kopf.

„Es muss ein schwarzer Blazer sein", sagte sie bestimmt.

Angela K., verärgert über die fremde Einmischung, riss Frau Braumann den Blazer aus den Händen und warf ihn voller Unmut auf den Boden.

„Was spielt die Farbe für eine Rolle?", widersprach sie der Fremden. „Es ist doch nicht die Hauptverhandlung, nur eine vorläufige Anhörung."

Wie sie auf diese Aussage kam, konnte sich Angela K. allerdings nicht erklären.

Die Wächterin lächelte böse und blieb dabei: „Es muss ein schwarzer Blazer oder ein schwarzes Kleid sein."

„Wenn ich dadurch die Sache beschleunige, soll es mir recht sein", sagte Angela K. resignierend. Sie trat selbst zum Kleiderschrank und suchte lange unter den vielen Kleidern und Hosenanzügen. Schließlich wählte sie ihr bestes schwarzes Kleid aus, ein Jackettkleid, das durch seine Taille beim letzten Staatsempfang Aufsehen erregt hatte. Dann zog sie aus einer Schublade frische Wäsche hervor und begann, sich sorgfältig anzuziehen. Ein kurzer Besuch im Bad, wieder von der Fremden und Frau Braumann begleitet, diente der Auffrischung des Make-ups.

Endlich war sie vollständig angezogen. Nun wurde die Tür geöffnet und zwei weitere Bewaffnete, die draußen gewartet hatten, geleiteten die Kanzlerin aus der Wohnung zur Straßen hinab. Dort wurde sie genötigt, in eine bereitstehende gepanzerte Limousine zu steigen, die, kaum dass sie auf der Rückbank Platz genommen hatte, startete und losfuhr.

\*

Wieder klopfte es, diesmal lauter und heftiger. Gregor blieb im Bett. Wer störte ihn um diese frühe Stunde? Wenn er einfach liegen blieb, würde der Störenfried sicher bald genug haben und unverrichteter Dinge wieder abziehen müssen. Er steckte den Kopf unter die Decke, doch es half ihm nichts. Jetzt hämmerte es derart an die Tür, dass er fürchtete, diese würde unter den dauernden Schlägen endlich nachgeben und zerbrechen.

„Herr Gysar", rief eine dunkle Männerstimme. „Hier ist die Gerichtspolizei! Öffnen Sie umgehend!"

Die Gerichtspolizei? Er kannte eine solche Gruppierung nicht. Doch womöglich hing ihr Erscheinen mit der Revolution zusammen, von der er gelesen hatte. Hastig sprang Gregor im Nachtgewand aus dem Bett, lief zur Tür und öffnete diese. Im Gang vor ihm standen mehrere Männer in pechschwarzer Uniform.

„Sie sind Herr Gysar?", fragte ihn der vorderste von ihnen, der wohl ihr Anführer war, scharf. „Finsterwald mein Name."

Er streckte ihm kurz einen Ausweis entgegen, steckte diesen jedoch, bevor Gregor ihn richtig zu prüfen vermochte, rasch wieder in seine Tasche.

„Herr Gysar", sagte Finsterwald nun mit erhobener Stimme. „Was ist los mit Ihnen? Sie verbarrikadieren sich in Ihrem Zimmer, kriechen unter die Decke und antworten auf unser Klopfen nicht. Sie machen uns schwere, unnötige Sorgen und versäumen – dies nur nebenbei erwähnt – Ihre staatsbürgerlichen Pflichten in einer eigentlich unerhörten

Art und Weise. Ich spreche hier im Namen des Gerichtskomitees und ersuche Sie ganz ernsthaft um eine augenblickliche, plausible Erklärung."

Gregor wusste keine Antwort und schwieg. Was wollten diese Leute von ihm? Von welchen Pflichten sprach der Herr namens Finsterwald? Was war das für ein Komitee, von dem er noch nie gehört hatte?

„Sie antworten nicht?", fuhr der Unbekannte fort. „Sind Sie taub? Wir glaubten, Sie als einen ruhigen, vernünftigen Menschen zu kennen, und nun scheinen Sie plötzlich anfangen zu wollen, uns mit sonderbaren Launen von unserer Arbeit abzuhalten. Ich bin erstaunt, äußerst erstaunt!"

„Verzeihen Sie", wagte es Gregor, Herrn Finsterwald zu unterbrechen. „Ich verstehe mit keinem Wort, was Sie meinen beziehungsweise von mir erwarten."

„Mann!", bellte ihn sein Gegenüber geradezu an. „Was soll dieser schier unbegreifliche Starrsinn? Ich verliere ganz und gar jede Lust, mich auch nur im Geringsten für Sie einzusetzen, wenn Sie so weiterreden. Sie sollen Ihre verdammte Pflicht und Schuldigkeit tun, mehr wird von Ihnen nicht erwartet."

„Könnten Sie mir nicht einfach erläutern, was Sie von mir wollen?", bat Gregor zaghaft.

„Mein Herr!", rief Finsterwald jetzt voller Zorn. „Sie lassen mich hier nutzlos meine Zeit versäumen! Sie sind Anwalt und wissen nicht, was Sie zu tun haben? Zwar waren Ihre Leistungen vor Gericht in der letzten Zeit nicht sehr befriedigend, aber das, was Sie hier aufführen ..."

Er hielt inne, um sich zu besinnen. „Ich würde Ihnen das alles unter vier Augen sagen, meinetwegen auch erklären, doch die Zeit drängt und ich kann mich nicht länger mit diesem Unsinn aufhalten."

„Aber Herr Finsterwald", rief Gregor außer sich und vergaß in der Aufregung alles andere. „Ich habe beziehungsweise hätte doch augenblicklich geöffnet. Ein leichtes Unwohlsein, ein Schwindelanfall haben mich daran gehindert, sogleich aufzustehen. Ich lag, wie Sie meinem Aufzug ansehen können, bis eben noch im Bett. Jetzt bin ich aber schon wieder ganz frisch und werde gleich verstehen, was Sie von mir wollen. Nur einen kleinen Augenblick Geduld!"

„Sie sind doch Gregor Gysar?", erwiderte der Angesprochene mühsam beherrscht. „Der bekannte Strafverteidiger?"

„Nein! Nein, der bin ich nicht", antwortete Gregor erleichtert, denn ihm schien, als habe sich das Missverständnis soeben geklärt. „Der Strafverteidiger ist mein Onkel, der Bruder meines Vaters, der zufälligerweise den gleichen Namen trägt wie ich. Obwohl", fügte Gregor in dem Bemühen hinzu, Herrn Finsterwald alles umfassend zu erläutern, „es eigentlich doch kein Zufall ist, dass ich wie der Onkel heiße, da ich nach ihm benannt worden bin."

„Haben Sie auch nur ein Wort verstanden?", sagte Finsterwald zu einem anderen Mann, der direkt neben ihm stand. „Der Kerl macht sich lustig über uns! Sie sind", wandte er sich wieder an Gregor, „Herr Gysar und haben Jura studiert? Richtig?"

„Das stimmt", gab Gregor zu, „allerdings..."

„Es gibt kein ‚Allerdings'", unterbrach ihn Finsterwald grob. „Sie kommen mit uns zum Generalsstaatsanwalt. Dort erwartet Sie eine Mandantin! Folgen Sie uns – oder zwingen Sie mich, andere Maßnahmen zu ergreifen?"

„Um Gottes willen, nein", rief Gregor erschrocken. „Erlauben Sie nur, dass ich mich rasch anziehe, dann werde ich Ihrer Aufforderung unverzüglich Folge leisten."

„Sehen Sie, es geht doch", erwiderte Finsterwald zufrieden. „Also, kleiden Sie sich endlich an!"

\*

Vizekanzler Schulte schaute gelangweilt aus dem Fenster. Unten rostete die Kunst und wurde täglich unschöner, drüben strömte matt die Spree; oben hing ein trüber Tag. Zudem ließ die Kanzlerin auf sich warten. Er gähnte, drehte sich dann um: sein Blick glitt nun über die versammelten Portraits der früheren Kanzler des Landes. Der erste mit dem gestrengen Blick, dem buschigen Bart und dem Namen eines bekannten Fisches. Daneben die Kanzler Bellow und Michael, gefolgt vom badischen Prinzen sowie dem Mehrfachkanzler Luther. Drüben der unsägliche Alois Schnackelhuber, dann der arme Konrad und der gute Heinz Erhard. Und und und – immer so weiter bis zum Bildnis der aktuellen Kanzlerin Angela K. Fehlte eigentlich nur noch sein eigenes Konterfei. Ob es jemals dort hängen würde? Einmal war er nahe dran gewesen, zumindest an der Kandidatur. Doch seine spezielle Freundin Storch-

Nehle hatte all seine Anstrengungen zunichte werden lassen. Schulte seufzte. Dann war er noch genötigt gewesen, in das aktuelle Kabinett als Vizekanzler einzutreten – natürlich aus Gründen des Proporz' und der Parteiräson. Die Partei, er schnaufte verächtlich, viel war von ihr nicht mehr übrig, magere fünfzehn Prozent bei der Europawahl, im Bundestrend sogar unter zehn Prozent. Und dies trotz der propagierten Erhöhung aller Sozialausgaben um sagenhafte siebzig Prozent. Das Volk kassierte die Wohltaten – und wählte die SPD trotzdem nicht! Das schien ihm sehr undankbar zu sein. Wenigstens war er Storch-Nehle losgeworden, jetzt musste nur noch … Schulte schaute erneut ungeduldig auf seine Uhr. Wo blieb Frau K. denn? Es war bereits neun und das Treffen war für acht Uhr angesetzt gewesen. Pünktlichkeit war zwar nie ihre Stärke gewesen, so sehr aber hatte sich die Kanzlerin bislang nie verspätet. Dabei war Dringlichkeit geboten, die Gerüchte von einer Krise hatten über die Presse längst die Öffentlichkeit erreicht. Mancher munkelte gar von einer Revolution, obwohl das absolut unsinnig war. Dennoch, allmählich fühlte sich Schulte von Nervosität gepackt. Er griff zum Handy, vielleicht wusste Jonathan, wo seine werte Gattin weilte.

\*

Der Wagen, in den Angela K. hatte einsteigen müssen, ein Mercedes der 600er Reihe, kam überraschend schnell vorwärts. Die Straßen der Stadt waren völlig leer, der Verkehr schien komplett zum Erliegen gekommen sein, stellte sie mit wachsendem Unbehagen fest. Es handelte sich offenbar um mehr als um einen terroristischen Überfall oder eine banale Entführung. Ganz Berlin oder zumindest das Zentrum der Stadt schien sich unter fremder Kontrolle zu befinden. Hatte vielleicht sogar eine Revolution stattgefunden? Erneut beschlich sie diese merkwürdige Unruhe.

Trotz der bereits festgestellten Geschwindigkeit zog sich die Fahrt mehr und mehr in die Länge. Das Regierungsviertel mit Reichstag, Kanzleramt und Abgeordnetenhaus wie auch der Amtssitz des Bundespräsidenten waren längst passiert. Jetzt bewegte sich das Auto ungefähr in Richtung Grunewald.

„Wohin bringen Sie mich?", wandte sich die Kanzlerin an den Mann, der ihr in ihrer Wohnung als Anführer der Eindringlinge erschienen war und den sie für sich, wegen der Ähnlichkeit mit dem Politiker Westerhagen, Guido nannte. Dieser war ebenfalls in den Wagen gestiegen und hatte sich vorn neben den Fahrer gesetzt.

„Zum Generalstaatsanwalt, wie Ihnen bereits mitgeteilt wurde."

„Also zu Frau Kloppert in die Elßholzstraße?"

Statt einer Bestätigung ihrer Feststellung gab „Guido" dem Chauffeur einen kurzen Befehl, woraufhin dieser eine Trennwand zur Rückbank hin aus den Lehnen hochfahren ließ. Gleichzeitig verdunkelten sich die Seitenfenster, sodass es für Angela K. keine Möglichkeit mehr gab, die Route genauer wahrzunehmen.

„Die Fahrtstrecke und das Ziel sind für den Verlauf des Verfahrens nicht relevant", belehrte sie eine Lautsprecherstimme. „Verhalten Sie sich bitte ruhig."

Die Kanzlerin schwieg, weitere Fragen schienen nicht sinnvoll zu sein. Eine Lichtreihe in der Decke leuchtete auf, wenigstens saß sie nicht völlig im Dunkeln. Weiter und weiter ging die Fahrt. Allmählich merkte Angela K., dass sie hungrig wurde. Auch der Kaffee fehlte ihr.

Endlich, sicher war mehr als eine Stunde vergangen, verlangsamte sich das Tempo. Der Wagen bog ab, fuhr noch einige Minuten, wobei Angela K. das Gefühl hatte, es ginge in die Tiefe, und hielt endlich an.

Die Tür wurde geöffnet und eine weitere unbekannte Person zeigte sich, ein breitschultriger Mann, der sie in barschem Ton aufforderte, auszusteigen.

Um sie herum erstreckte sich ein großer, kahler Raum, in dem weitere Fahrzeuge standen und den zwei seitlich befindliche, flackernde Neonlampen kaum erhellten. Sie mussten in eine Art Parkhaus oder Garagenanlage gefahren sein.

Ein halbes Dutzend Männer erwartete sie, die meisten in den bekannten schwarzen Uniformen, nur der Unfreundliche trug einen grauen, abgenutzt wirkenden Anzug.

„Soll Frau K. gleich dem Generalstaatsanwalt vorgeführt werden?", fragte „Guido" den Mann.

„Nein, der Herr Generalstaatsanwalt führt gerade ein anderes Verhör", erwiderte dieser. „Frau K. kann in der Kantine warten."

Guido ergriff ihren Arm und führte die Kanzlerin durch verschiedene Gänge und Treppen in einen kargen Raum mit wenigen Tischen und einigen Stühlen aus grauem Plastik sowie zwei großen Küchenschränken älterer Art.

„Sie werden nach diesen Aufregungen Hunger haben", sagte er. „Setzen Sie sich!"

Er trat zum linken Schrank, öffnete ein Fach und entnahm diesem einen Teller und eine Platte mit runzligen Zwiebeln sowie einem walzenartigen Brot, in dessen Laib ein langes Messer steckte. Das alles stellte er vor Angela K. auf den Tisch sowie eine Kanne mit einer dunklen Flüssigkeit, die nur sehr entfernt an Kaffee erinnerte und zudem kalt war.

„Aber das ist ja ein Essen für Sträflinge", rief eine korpulente Frau, die, von Angela K. unbemerkt, aus einer Türe kommend an ihren Tisch trat.

„Einen Augenblick, Frau Kanzlerin", sagte sie dann. „Ich werde gleich etwas Besseres zusammengestellt haben."

Sie ging mit einer bei ihrem Leibesumfang bewunderungswerten Beweglichkeit zum zweiten Schrank, öffnete diesen und schnitt mit einem dünnen, sägeblattartigen Messer ein breites Stück von einem großen Käselaib ab. Darauf nahm sie aus einem Behälter mehrere duftende Brötchen und legte diese in einen leichten Strohkorb, den sie mitsamt einem Butternapf der Kanzlerin reichte.

„Frischer Kaffee kommt gleich, diese Plörre hier ist ungenießbar", erklärte die Frau sodann und räumte die erste Kanne fort.

„Clara, du bist viel zu freundlich", meinte nun Guido. „Für jemanden in der Situation von Frau K. hätte es der Zichorienkaffee auch getan."

„Noch ist sie nicht verurteilt, sondern nur verhaftet", gab Clara zurück und schenkte aus einer gerade geholten Thermoskanne Angela K. eine Tasse frischen Kaffees ein.

Während sie saß, aß und trank, versuchte Angela K., über ihre Lage nachzudenken. Wo befand sie sich? Nebenan mussten weitere Räume sein. Doch sie hörte hier keinen Laut, die Mauern schienen sehr dick.

Und sonst? Was erwartete sie? Wessen wollte man sie anklagen? Sie konnte sich auf das Ganze einfach keinen Reim machen. Unschlüssig griff sie in die Tasche ihres Blazers und zog überrascht eine Schachtel Zigaretten hervor, der sie eine entnahm und mithilfe eines Feuerzeugs aus der anderen Tasche anzündete. Gierig inhalierte sie den Rauch, diesen Genuss hatte sich Angela K. schon lange nicht mehr gegönnt.

\*

Nachdem er sich angezogen hatte, wurde Gregor von Herrn Finsterwald und dem zweiten Herrn, der sich nicht vorstellte, zu einem vor dem Hause stehenden Wagen geführt. Die drei Männer stiegen ein und fuhren, wie Gregor mitgeteilt wurde, zur Generalstaatsanwaltschaft, da dort für einen Klienten sein Rechtsbeistand benötigt werde. Gregors Versuche, den Irrtum hinsichtlich seiner rechtlichen Qualifikation aufzuklären, blieben vergeblich, ja, sie zogen erneut den Zorn seiner Begleiter auf sich, sodass er sich wohl oder übel in die Situation schickte und schwieg.

Die Fahrt kam Gregor endlos vor, und die Stadtteile, durch die es ging, schienen ihm sonderbar fremd zu sein. Die Straße, über die sie eben fuhren, wurde auf beiden Seiten durch sehr einförmige Häuser begrenzt. In der Mehrzahl waren es hohe, graue, von einem wenig bemittelten Klientel bewohnte Mietshäuser, deren Fassaden vielfach mit hässlichen Graffitis beschmiert waren. Jetzt, obwohl es früher Morgen war, zeigten sich die meisten Fenster besetzt. Männer in Unterhemden der Marke Schießer lehnten dort und rauchten. Andere Fenster waren mit Bettzeug angefüllt. Über diesen erschienen unfrisierte Köpfe von Frauen jeden Alters. Regelmäßig verteilt befanden sich in der Straße kleine Läden mit verschiedenen Lebensmitteln, Tabakwaren und Spirituosen. Frauen gingen aus und ein oder standen mit altertümlichen Milchkannen in den Händen auf den Stufen und plauderten.

Sie fuhren immer tiefer in diesen fremdartigen Kiez hinein. Er musste irgendwo im Wedding oder in Moabit liegen, vielleicht auch in Neukölln, Gregor war sich in der Frage der Himmelsrichtung absolut unsicher. Berlin hatten sie jedenfalls nicht verlassen. Es war kurz nach acht, als sie ihr Ziel erreichten und in eine breite Toreinfahrt bogen. Diese war von ihrer Größe her offenbar für Lastwagen bestimmt, die zu den verschiedenen Warenlagern gehörten, die den großen Hof umgaben und Aufschriften von Firmen trugen, von denen Gregor zum Teil noch nie gehört hatte.

Der Wagen hielt, und Gregor wurde genötigt auszusteigen. Er folgte und sah sich forschend um. Im Hof befanden sich drei verschiedene Treppenaufgänge und überdies schien ein kleiner Durchgang in einen zweiten Hof zu führen. Finsterwald jedoch wandte sich, ohne zu zögern, einer Treppe zu, die, wie er sagte, direkt zum anwaltlichen Besprechungszimmer führe.

„Kommen Sie", forderte er Gregor auf. „Das Gericht wartet nicht ewig auf uns."

Gregor folgte ihm notgedrungen, zumal ihn der zweite Mann fast vorwärts stieß. Sie stiegen hastig die Stufen empor, wobei sie beim Hinaufgehen durch zahlreiche Kinder, die auf der Treppe spielten, behindert wurden.

„Wenn Sie nächstens wieder hierher kommen", riet ihm Finsterwald, „bringen Sie Schokolade oder anderes Naschzeug mit. Oder noch besser einen Stock, um sie kräftig zu prügeln."

Gregor erwiderte auf die Vorschläge nichts, Gewalt war ihm zuwider. Und ein zweites Mal würde er sicher nicht hierher kommen. Jedenfalls nicht freiwillig. Im ersten Stockwerk blieb Finsterwald zögernd stehen. Es zeigte sich nämlich, dass fast alle Türen offen standen und es unklar war, wo das Besprechungszimmer zu finden wäre. In dieser Etage befanden sich lediglich kleine, einfenstrige Räume, die ersichtlich bewohnt waren. Es wurde gekocht und roch nach Kohlsuppe. Frauen hielten plärrende Säuglinge im Arm, kleine Mädchen liefen geschäftig umher. In vielen Zimmern waren Betten zu sehen, in denen Leute, vor allem Alte, lagen.

„Wir sind offenbar falsch", sagte Gregor zu Finsterwald. „Das ist ein Wohnblock."

„Das sehe ich selbst", gab dieser ärgerlich zurück. Sein Handy klingelte und er führte ein kurzes Gespräch, dessen Inhalt Gregor nicht verstand, da er sehr leise sprach und ein großes Lärmen herrschte. Finsterwald beendete das Telefonat und wandte sich an Gregor.

„Wir müssen in den fünften Stock, Herr Gysar. Beeilen Sie sich, man erwartet uns bereits seit fast einer halben Stunde!"

\*

Jonathan S. saß am Morgentisch und blätterte ohne großes Interesse in der Tageszeitung. Krisen, Demonstrationen und Handelsblockaden, Staatsdefizite, Messermorde und Naturkatastrophen, Kündigungen von Verträgen, Braunkohleausstieg und Dieselskandal, Greta Green, Revolution in Südamerika, Krieg in Kaschmir, Endowahn droht. Tump trifft Kim, King meets Kong und so weiter, das übliche langweilige Weltgeschehen. Wo Angela bloß blieb? Er hasste es, ohne sie den Kaffee zu trinken. Auch wenn dies häufig, wenn Angela in der Weltgeschichte umherreiste, mehr als ihm lieb war, der Fall sein mochte. Jonathan griff zur Glocke und läutete. Keine Minute später trat Frau Vogel ins Zimmer.

„Der gnädige Herr wünschen?"

„Bitte seien Sie so gut, Frau Vogel, und schauen Sie, wo meine Frau bleibt. Der Kaffee ist schon fast kalt geworden."

„Verzeihung, gnädiger Herr", erwiderte Petra Vogel und knickste. „Die Frau Kanzlerin ist bereits zum Gericht aufgebrochen."

„Sie ist zum Gericht gefahren?"

„Jawohl, gnädiger Herr. Man hat die gnädige Frau Kanzlerin abgeholt."

„Wer hat meine Frau abgeholt?"

„Mehrere Männer, Herr Professor. Alle in Schwarz gekleidet."

„Personenschützer vermutlich. Nun, das wird seine Richtigkeit haben."

Jonathans Handy klingelte, er meldete sich: „Sauerbrot? …

Ach, Sie sind es, Schulte … nein, sie ist zu Gericht … keine Ahnung, worum es geht … erfahre ohnehin nie etwas … geht Ihnen genauso? … Klar, richte ich aus.

Einen schönen Tag!"

Jonathan beendete das Gespräch.

„Frau Vogel, bringen Sie bitte noch einen Toast und etwas Rührei!"

Wieder griff er zur Zeitung und wandte seine Aufmerksamkeit dem Sportteil zu. Was machte Hertha? Und vor allem die Union?

\*

Eine junge Frau kam in den Raum und trat zu Angela K.

„Frau Kanzlerin", sagte sie und knickste. „Ich habe den

Auftrag, Sie zum Untersuchungszimmer zu bringen. Bitte folgen Sie mir!"

„Was soll ich im Untersuchungszimmer?", forschte Angela K.

„Ich bin nicht befugt, Ihnen nähere Auskunft zu geben. Bitte begleiten Sie mich, Sie werden zur gegebenen Zeit umfassend informiert werden!"

Die Bitte, die in der aktuellen Situation eigentlich einem Befehl gleichkam, wurde in einem höflichen Ton vorgetragen, sodass Angela K., trotz ihres Unmuts darüber, keine Antwort erhalten zu haben, nicht umhin konnte, dieser zu folgen.

Über etliche Gänge und Treppen wurde sie durch das weitläufige Gebäude geführt, welches den Eindruck einer riesigen Behörde machte, obwohl auf den Fluren niemand zu sehen war. Endlich erreichten sie eine breite Flügeltür, die die Frau vor der Kanzlerin öffnete. Sie blieb auf der Schwelle stehen.

„Kommen Sie bitte", sagte die Frau, „treten Sie hinein!"

Angela K. zögerte, dort hinein sollte sie?

In dem Raum schien eine Versammlung stattzufinden. Ein Gedränge von unterschiedlichen Leuten füllte einen breiten Saal, der knapp an der Decke von einer Galerie umgeben war. Diese war gleichfalls vollständig besetzt, obwohl die Besucher dort nur gebückt stehen konnten und mit Kopf und Rücken an die Decke stießen. Angela K. wandte sich irritiert an die junge Frau.

„Ich dachte, Sie brächten mich in das Untersuchungszimmer? Dies ist ein Saal, fast eine Halle, und es findet offenbar eine Versammlung statt."

„Das ist richtig", sagte die Frau, „gehen Sie bitte hinein", wiederholte sie.

Angela K. wäre ihr vielleicht nicht gefolgt, wenn die Frau nicht die Türklinke ergriffen und gesagt hätte: „Nach Ihnen muss ich schließen, es darf niemand mehr hinein."

„Das ist sehr vernünftig", sagte Angela K. „Der Raum ist jetzt schon brechend voll."

Dennoch ging sie hinein – und zögerte. Wohin sollte sie?

Da fühlte sie, wie sie jemand am rechten Ärmel zupfte. Es war ein kleines, rotbackiges Mädchen mit Zöpfen und rundem Gesicht, das nun, als sie sich ihm zuwandte, ihre Hand ergriff.

„Kommen Sie, Frau Kanzlerin, bitte kommen Sie!", sagte das Kind.

Überrascht ließ sich Angela K. von ihm fortführen. Es zeigte sich, dass in dem Gedränge ein schmaler Weg frei war, der möglicherweise zwei Gruppierungen trennte. Dafür sprach, dass sie in den ersten Reihen rechts und links kaum ein ihr zugewandtes Gesicht sah, sondern die Rücken von Leuten, welche ihre Reden und Bewegungen nur an Leute ihrer Partei richteten. Die meisten waren, im Gegensatz zu dem Schwarz der Uniformierten, blau angezogen, einige wenige trugen auch Rot. Der einheitliche Schnitt der Kleidung störte Angela K., sonst hätte sie das Ganze für eine politische Versammlung angesehen.

Am anderen Ende des Saales, zu dem sie geführt wurde, stand auf einem niedrigen Podium ein breiter Tisch, der Quere nach aufgestellt. Hinter ihm saß ein dicker, asthmatisch schnaufender Mann, der sich von einem hinter ihm Stehenden einen leisen Bericht anhörte. Ab und zu wischte er sich mit einem Tuch über die Stirn. Kaum erblickte der Mann Angela K., zog er eine Uhr aus der Westentasche und legte sie vor sich auf das Pult.

„Sie sind da", stellte er fest, „das ist gut, dann können wir endlich mit der Anhörung beginnen."

Er deutete auf einen schmalen Stuhl, der direkt vor dem Tisch stand.

„Nehmen Sie bitte Platz!"

„Nicht, bevor ich nicht weiß, wer Sie sind und was das hier", Angela K. wies mit einer ausholenden Geste auf das Publikum, „was das hier für Leute sind! Vertreten Sie die Revolution?"

Kaum hatte sie ausgesprochen, erhob sich in der rechten Saalhälfte ein allgemeines Murren.

„Sie sind nicht befugt, Fragen zu stellen. Nehmen Sie Platz!", wiederholte nun der Mann mit erhobener Stimme und sah an Angela K. vorbei in den Saal hinunter. Sofort wurde auch das Murren stärker. Als der Mann jedoch mit der flachen Hand auf den Tisch schlug, brachen die Geräusche abrupt ab. Es war nun im Saal viel stiller als bei ihrem Eintritt. Nur von der Galerie her waren halblaute Bemerkungen zu hören, die jedoch schlecht zu verstehen waren.

„Mag sein, dass Sie mir das Recht, Fragen zu stellen, absprechen. Dennoch werde ich diese stellen, denn ohne Antworten Ihrerseits kann und werde ich nur schweigen!", sprach Angela K. in die Stille hinein.

Ein Beifallklatschen aus der rechten Saalhälfte folgte ihren Worten. Leicht zu gewinnende Leute, dachte sie, fast wie meine Wähler, fühlte sich allerdings durch die Stille in der linken Hälfte, aus der sich nur ganz vereinzeltes Händeklatschen erhoben hatte, seltsamerweise gestört.

„Nun", sagte der Mann am Tisch, „ich bin nicht verpflichtet, Ihnen Auskunft zu geben, will es jedoch ausnahmsweise heute doch tun. Und jetzt, Frau Kanzlerin, setzen Sie sich bitte."

Etwas besänftigt durch die Nachgiebigkeit des Mannes und durch die korrekte Titulatur nahm Angela K. Platz.

„Also", sagte der Mann nun, „ich bin Voruntersuchungsrichter Blum, der Sie vor dem Generalstaatsanwalt zu befragen hat und Sie mit dem Hintergrund der Verfahrens vertraut machen wird."

Er blätterte umständlich in einer vor ihm liegenden Akte und wandte sich schließlich im Tone einer Feststellung an Angela K.

„Ihr Vater war ein evangelischer Geistlicher und Sie sind studierte und promovierte Physikerin?"

„Das tut nichts zur Sache", erwiderte Angela K. „Ich bin, wie Sie sicher wissen, die gewählte Kanzlerin der Bundesrepublik Deutschland und erwarte, dass Sie mir die Gruppe, die Sie offenbar vertreten, umgehend vorstellen und erklären, warum ich hierher entführt wurde und was das Ganze soll? Sind Sie Mitglied einer Terrorgruppe? Oder eines Revolutionskomitees? Was sind Ihre konkreten Forderungen?"

Dieser Ansprache folgte bei der rechten Partei unten ein lautes Gelächter. Die Leute stützten sich mit den Händen auf ihre Knie und schüttelten sich wie unter schweren Hustenanfällen. Es lachten sogar einzelne auf der Galerie. Die linke Saalhälfte blieb indes weiterhin still. Die Leute standen dort in Reihen, hatten ihre Gesichter dem Podium zugewendet und hörten den Worten, die zwischen Angela K. und Herrn Blum gewechselt wurden, mit ruhiger Aufmerksamkeit zu.

„Sie werden alles zu gegebener Zeit erfahren, Frau K.", antwortete ihr nun der sogenannte Voruntersuchungsrichter. „Ihre Fragen sind in diesem Stadium der Vernehmung nicht relevant."

„Herr Voruntersuchungsrichter", unterbrach ihn Angela K. und legte auf die Aussprache des von Blum benutzten Titels eine besondere Betonung. „Sie sprechen von einer Vernehmung. Dies setzt eine Aufklärung voraus, wessen und von wem ich beschuldigt werde. Weder Sie noch Ihre Helfershelfer haben mich in irgendeiner Weise informiert, sondern mir lediglich gesagt, ich sei verhaftet. Das ist bezeichnend für die ganze Art des Verfahrens, das gegen mich geführt wird. Sie können einwenden, dass es überhaupt kein Verfahren ist. Sie haben sehr recht, denn es ist nur ein Verfahren, wenn ich es als solches anerkenne und es rechtliche Gründe für dieses gibt. Ich betone, rechtliche Gründe", wiederholte sie mit Nachdruck.

Angela K. unterbrach sich und sah in den Saal hinunter. Was sie gesagt hatte, war scharf formuliert, aber in seinem Wesensgehalt absolut richtig. Die Aussage hätte jedenfalls Beifall verdient, im Parlament wäre er ihr sicher zuteil geworden. Hier jedoch blieb alles still, die Menge wartete offenbar gespannt auf das Folgende. Nur der Voruntersuchungsrichter Blum machte K. die Freude, von ihren Worten getroffen zu sein. Eine heiße Röte überzog sein Gesicht, er schien wirklich verärgert, griff zu den Akten auf seinem Tisch und blätterte nervös in ihnen.

\*

Der Bürger Jürgen W. trank einen Schluck Kaffee, es war bereits die dritte Tasse heute, biss genussvoll in sein Käse-Schinken-Ananas-Brot und schlug, wie jeden Tag in der Frühe, die hiesige Morgenpost auf.

**Muss Kanzlerin K. aufgeben?**, lautete die fette Überschrift. Und darunter hieß es: „Die Nachfolgedebatte ist in vollem Gange. Rosemarie Kessel-Köhler wäre, wie sie in einem Interview dieser Zeitung sagte, nach dem sehr schlechten Abschneiden der Konservativen bei den letzten Wahlen zur Übernahme von Regierungsverantwortung bereit. Auch ihr parteiinterner Konkurrent Frank Juli könnte sich eine Kanzlerschaft vorstellen. Die große Koalition ist so gut wie am Ende. Die politische Krise verschärft sich zunehmend ..."

Jürgen W. schüttelte den Kopf. Krise, was hieß hier schon Krise? Die letzten Jahre hatten aus seiner Sicht nur aus Krisen bestanden. Die Finanzkrise, die Bankenkrise, die Monacokrise, die Zuwanderungskrise, die Hollandkrise … Die führenden Politiker schienen diese Krisen lediglich zu verwalten und ansonsten völlig überfordert zu sein, selbst wenn es um die banalsten Lösungen ging. Hochbezahlte Amateure, die sich auf Kosten der Steuerzahler, also mit seinem Geld, ein faules Leben machten, anstatt das Volk zu vertreten und die wirklichen Probleme im Land zu lösen. Allein die Hauptstadt hatte in dieser Hinsicht viel zu bieten. Fehlende Wohnungen, verdreckte Straßen, kriminelle Tibetanerclans, eine unfähige, personell unterbesetzte Verwaltung, die sich gegenseitig befehdende und bekämpfende Stadtregierungskoalition. Dazu zahllose unsinnige Verkehrsverbote und die bärige Bauruine sowie weitere Unsäglichkeiten. Empört blätterte er zur Sportseite.

„DFB-Auswahl gelingt ein 0:0 gegen Lichtenstein. Trainer Möve ist sehr zufrieden."

Er, Jürgen W., war das mit diesen „Leistungen" ganz sicher nicht!

\*

Im vierten Stock hielt Finsterwald, den das Treppensteigen außer Atem gebracht hatte, auf dem Absatz inne, um kurz zur Ruhe zu kommen. Auch der zweite Mann blieb stehen.

In dem Augenblick läutete Finsterwalds Handy erneut. Er zog es aus der Innentasche hervor.

„Finsterwald?"

Schweigend lauschte er den Worten des Anrufers. Dann wandte sich Finsterwald ohne weitere Erklärung zur nächsten Tür, klopfte an und öffnete sie.

„Kommen Sie, Herr Gysar", forderte er Gregor auf. „Sie werden, wie ich höre, bereits erwartet."

Gregor zögerte, doch der andere Mann drängte ihn wieder mit Vehemenz vorwärts, und er sah sich gezwungen, in das Zimmer zu treten. Sofort schloss sich hinter ihm die Tür, Finsterwald und sein Helfer blieben draußen.

Innen herrschte eine stickige Atmosphäre und es roch nach altem Papier. An den Wänden des Raumes standen ringsherum bis zur Decke reichende Regale. Nur das Fenster war ausgespart. Dort hatte auf einem Schemel ein Topf mit einer kränklich wirkenden Palme seinen Platz gefunden. Direkt vor Gregor befand sich ein breiter, mit einer Vielzahl von Akten und Ordnern bedeckter Schreibtisch. Hinter diesem erkannte Gregor zu seiner Überraschung die kleine, rundliche Gestalt seines Onkels väterlicherseits, mit dem er, neben derselben Abstammung, auch durch den gleichen Vornamen verbunden war.

Gregor Gysar Senior schien immer in Eile zu sein, denn er war von dem unglücklichen Gedanken verfolgt, bei seiner Arbeit in der Hauptstadt müsse er alles erledigen können, was sich in der Partei, der er seit Jahrzehnten angehörte, als Problem, Fragestellung oder sonstige Thematik angesammelt hatte. Primär war der Onkel Anwalt und hatte schon zu ostelbischen Zeiten, als die Partei noch im Besitz des anderen Teils des Staates gewesen war, die herrschende Obrigkeit in verschiedenen Rechtsangelegenheiten rückhaltlos unterstützt. Nach dem Verlust der früheren Macht und einer Phase der Regeneration war er zur Spitze einer sich neu formierten Parteigruppierung aufgestiegen und aufgrund seiner agilen Art und geschliffenen Rhetorik ihr demokratisches Aushängeschild geworden. Daher nutzte der Onkel jeden sich bietenden medialen Auftritt im Fernsehen, im Netz und in der Presse, um im Gespräch und Bewusstsein der Öffentlichkeit präsent zu bleiben. Bei diesem Tun hatte ihm Gregor, der ihm nach dem Tode seines Vaters besonders verpflichtet war, in allem Möglichen behilflich sein müssen und ihn mehrfach bei der Vorbereitung und Durchführung vor allem der Rechtsgeschäfte des Onkels durch seine journalistischen Recherchen unterstützt. „Das Geist der alten Zeit", pflegte er ihn dennoch leicht kritisch zu nennen.

Beim Anblick des Onkels erschrak Gregor weniger als er gedacht hatte. Ihm war, als habe er geahnt, dass er auf den Onkel treffen würde – ging es nicht um eine rechtliche Angelegenheit?

Der Onkel indes sprang bei seinem Erscheinen auf und eilte, ein wenig gebückt, die Rechte ihm entgegenstreckend, auf Gregor zu.

„Gut, dass du endlich da bist, Gregor", sagte er, „und wir Zeit für ein Gespräch unter vier Augen haben. Es ist notwendig", fügte er hinzu, mühsam schluckend, "zu meiner Beruhigung ist es unbedingt erforderlich. Nimm bitte Platz!"

Gregor setzte sich.

"Warum bin ich hier, Onkel?", wollte er fragen, doch dieser ließ ihn nicht zu Wort kommen.

"Was habe ich gehört, Gregor?" rief er stattdessen. "Du hast Herrn Finsterwald heute früh nicht die Türe öffnen wollen?"

Gregor schwieg, er wusste nicht, was kommen würde und ließ erst einmal den Onkel reden. Mehr noch, wie von dem anstrengenden Beginn des Tages überwältigt, gab er sich einer ihn ergreifenden Mattigkeit hin. Er sah durch das Fenster auf die gegenüberliegende Straßenseite, von der aus seiner Position nur ein kleiner Ausschnitt zu sehen war, ein Stück leerer Häusermauer zwischen zwei Geschäften.

"Jetzt schau nicht andauernd aus dem Fenster!", rief der Onkel mit erhobenen Armen, "um Himmels willen, Junge, antworte mir doch! Ist es wahr, kann es denn wahr sein?"

"Lieber Onkel", sagte Gregor und riss sich von seiner Zerstreutheit los. "Sicher habe ich nicht geöffnet, ich wusste ja nicht, wer da klopfte. Von einem Gerichtskomitee habe ich noch nie gehört und weiß bis jetzt nicht, worum es eigentlich geht. Siehst du", Gregor beugte sich vor. "Ich vermutete beziehungsweise tue das noch immer, es läge oder liegt eine Verwechslung vor."

"Das ist doch Schnickschnack, Gregor", erwiderte der Onkel ärgerlich. "Aber", er besann sich einen Augenblick,

„die Wahrheit hast du immer gesagt, soweit ich mich erinnere. Solltest du wirklich nichts wissen? Immerhin, das wäre denkbar", sagte er mehr zu sich als zu Gregor.

„Dann sag mir doch endlich, warum ich hier bin", bat Gregor.

„Nun", sagte der Onkel, „du hast offenbar noch nicht von dem Prozess gehört, der heute beginnt."

„Nein", antwortete Gregor, „Ich habe nichts von einem Prozess gehört. Von wem auch? Wer ist denn angeklagt? Etwa die Regierung?", fügte er lachend in Anspielung auf das bisherige Tun des Onkels hinzu. „Hat eine Revolution stattgefunden?"

„Ja, Gregor", sagte der Onkel, „es ist wahr."

„Wahr?", rief Gregor. „Was ist wahr? Die Revolution? Wie kann es sonst einen Prozess gegen die Regierung geben? Was soll das überhaupt für ein Prozess sein? Doch nicht etwa ein Strafprozess?"

„Ein Strafprozess gegen Angela K.!", antwortete der Onkel. „Und ich bin zum Verteidiger der Kanzlerin berufen worden."

„Du sitzt ruhig hier und hast einen Strafprozess gegen die Kanzlerin am Halse? Ausgerechnet du! Du gehörst doch zur Opposition!", rief Gregor. „Wer hat das veranlasst? Wer hat dich berufen? Die Revolutionäre? Ein Tribunal? Und was habe ich damit zu tun?"

„Still! Je ruhiger du bist, desto besser ist es für den Ausgang", erklärte der Onkel, „zumal in Wirklichkeit nicht ich, sondern du für die Verteidigung zuständig sein wirst."

„Das kann mich wahrhaftig nicht beruhigen!", rief Gregor. „Wie soll ich die Kanzlerin verteidigen? Du bist der Anwalt, nicht ich. Und vor welchem Gericht soll der Prozess stattfinden? Wer hat es gewagt, Frau K. zu verhaften und unter Anklage zu stellen?"

„Gleich werde ich dir Auskunft geben", antwortete der Onkel. „Ich muss nur noch einige Aufträge erteilen."

Er rief telefonisch seinen Vertreter zu sich, der nach wenigen Augenblicken eintrat. Der Onkel erklärte ihm mit leiser Stimme unter Zuhilfenahme verschiedener Schriftstücke, was in seiner Abwesenheit heute noch erledigt werden müsse. Der Mann hörte ruhig die Aufträge bis zu Ende an, notierte sich einiges und ging, nachdem er sich vor dem Onkel und Gregor verneigt hatte, wieder aus dem Zimmer.

„Also, Gregor", begann nun der Onkel, „ich will dir offen erläutern, was das für ein Prozess ist, um den es hier geht."

Dabei griff er zu einem silbernen Etui, entnahm diesem eine Zigarre, welche er mit einem kleinen Messer sorgfältig anschnitt und endlich entzündete. Gregor ärgerte das umständliche Tun und er war kurz davor, aufzuspringen und den Raum zu verlassen, beherrschte sich aber gerade noch.

„Gut", sagte der Onkel endlich und zog, mit geneigtem Kopf, kräftig an der Zigarre, „höre also. Vor allem, Gregor, handelt es sich nicht um einen Prozess vor einem gewöhnlichen Gericht. Du weißt, Anklagen kommen nicht plötzlich, sie bereiten sich seit langem vor. Wer die Ereignisse wach betrachtet hat, kann die Anzeichen nicht übersehen haben."

Er schwieg, stand plötzlich auf, trat rasch zur Tür und öffnete diese. Der Onkel streckte den Kopf hinaus und blickte sich forschend um, fast schien es, als fürchte er, belauscht zu werden.

„Komm, lass uns ein wenig die Beine vertreten", wandte er sich nun wieder an Gregor. „Im Gehen spricht es sich leichter."

Sie stiegen die Treppe hinunter, durchquerten den Hof und betraten die Straße, auf der lebhafter Verkehr herrschte. Der Onkel hängte sich bei Gregor ein und so liefen beide eine Zeitlang schweigend dahin.

„Was ist eigentlich los?", fragte Gregor, dem das Schweigen zu lange dauerte, endlich den Onkel, so plötzlich stehenbleibend, dass die hinter ihm gehenden Leute erschreckt auswichen. „Du weißt, dass ich für dich alles tue, denn du bist ja gewissermaßen noch mein Vormund und ich war bis heute auch stolz darauf. Ich werde dir natürlich auch jetzt helfen, nur muss ich wissen, worum es geht."

Der Onkel reagierte nicht, sondern winkte freundlich einem Herrn zu, der gerade an ihnen vorüberging.

„Wer war das?", fragte Gregor.

„Mein Buchhändler, Herr W.", antwortete der Onkel. „Ein netter Mann. Ich kaufe häufig bei ihm ein. Wir sollten umkehren", fügte er dann hinzu. „Nicht, dass der Eindruck entsteht, wir wollten uns dem Prozess entziehen."

Er wies auf die andere Straßenseite, wo mehrere Männer in dunklen Uniformen auffällig zu ihnen herüberschauten.

„Sie haben alle möglichen Machtmittel", fügte er fast

flüsternd hinzu, „die sie notwendigerweise automatisch auch dir und mir gegenüber anwenden."

„Kann man mir verbieten, wegzufahren", fragte Gregor überrascht. „Wir leben in einem freien Land."

„Ich glaube nicht, dass sie das tun werden«, sagte der Onkel nachdenklich, „so groß wäre der Verlust an Macht nicht, den sie durch deine Abreise erleiden würden. Am besten aber wäre es, wenn du bliebest und mich bei der Verteidigung unterstütztest. Du willst doch nicht, dass wir den Prozess verlieren? Du weißt, was das bedeuten würde?"

„Ehrlich gesagt", erwiderte Gregor, „das weiß ich nicht."

„Nun, dann will ich dir das erläutern", sagte der Onkel. „Das bedeutet, dass du einfach gestrichen wirst, deine Existenz sozusagen verlierst. Und dass die ganze Verwandtschaft mitgerissen oder wenigstens bis auf den Boden gedemütigt wird. Gregor, also nimm dich zusammen! Wenn man dich ansieht, möchte man fast dem Sprichwort glauben: ‚Einen solchen Prozess haben, heißt ihn schon verloren haben'."

„Aber ich habe beziehungsweise führe den Prozess doch nicht!"

„Oh doch, du führst ihn", rief der Onkel, „denn es herrscht, wie du richtig sagtest, die geheime Revolution!"

\*

„Nein, Herr Voruntersuchungsrichter Blum", sagte Angela K. „Sie können in Ihren Akten so viel blättern wie Sie wollen – es hilft Ihnen nichts! Lesen Sie in ihnen ruhig weiter, vor diesen Papieren fürchte ich mich wahrhaftig nicht. Und wissen Sie was, Herr Blum? Ich werde jetzt gehen, ob es Ihnen gefällt oder nicht."

Irgendwo klatschte jemand mit erhobenen Händen und rief laut: „Bravo! Warum denn nicht? Bravo! Und wieder Bravo!"

Angela K. achtete nicht auf diese Publikumsäußerung. Sie drehte sich um und machte Anstalten, den Saal zu verlassen.

„Warten Sie, Frau Kanzlerin!", rief in diesem Augenblick Blum. „Sie wollten doch wissen, warum Sie verhaftet worden sind?"

„Jetzt nicht mehr", entgegnete Angela K. scharf. „Eine solche angebliche Verhaftung bedeutet nicht mehr als ein dummer Streich, den Lausbuben auf der Straße ausführen. Mir hat das Ganze nur Unannehmlichkeiten und vorübergehenden Ärger bereitet, und dies", sie wandte sich dem Auditorium zu, „wird für die Verantwortlichen wie ihre Unterstützer bestimmte, empfindliche Folgen haben!"

Ihre Drohung schien zu wirken, denn Blum schwieg scheinbar betroffen. Doch als Angela K. zu ihm hinschaute, glaubte sie zu bemerken, dass der Mann gerade mit einem Blick jemandem in der Menge ein Zeichen gab. Sie schüttelte über dieses Gebaren verärgert den Kopf.

„Hört das denn nicht auf?", fragte sie laut und wandte sich demonstrativ ans Auditorium. „Eben gibt Herr Blum jemandem im Raum ein geheimes Zeichen. Es sind demnach Personen unter Ihnen, die von hier oben von ihm dirigiert werden. Ich weiß nicht, was diese Zeichen bewirken sollen. Es ist mir auch völlig gleichgültig. Lassen Sie es einfach sein, das Ganze, ich wiederhole, langweilt mich. Ich werde jetzt den Raum verlassen."

Mit diesen Worten bewegte sie sich auf die Tür zu, wobei ihr die Menge bereitwillig Platz machte.

„Warten Sie!", befahl Blum plötzlich in scharfem Ton und griff zu einer Glocke, die er heftig läutete. Sofort wurde es im Raum absolut still. Man schrie nicht mehr durcheinander, man klatschte nicht, alles starrte wie gebannt auf Blum und wartete offenbar gespannt auf seine nächsten Worte.

„Die Voruntersuchung ist noch lange nicht zu Ende", fuhr er fort und räusperte sich kurz.

„Ihnen wurde Raum gegeben, sich zur Sache zu äußern. Sie haben ihn auf Ihre Weise genutzt, und ich habe Ihnen, trotz Ihrer Polemik, in aller Ruhe zugehört. Kein Zweifel, dass Sie nicht verstanden haben, worum es hier geht: Hinter diesem Gericht, hinter Ihrer Verhaftung und der heutigen Voruntersuchung steht eine umfassende Organisation. Eine große Organisation, die unbestechlich ist und deren Aufgabe es ist, schuldige Personen zu verhaften und gegen sie ein Verfahren einzuleiten. Wie ließen sich sonst die ganze Sinnlosigkeit Ihrer Regierungsarbeit und die schlimme Korruption Ihrer Amtsträger und Parteigänger aufdecken? Ja, Sie können gehen, doch sollten Sie sich der Tatsache bewusst sein, dass wir Sie und Ihre korrupte Bande von Verrätern jederzeit zu finden wissen und gegebenenfalls zur Verantwortung ziehen werden!"

„Sind Sie endlich fertig mit Ihrem Geschwätz?", erwiderte Angela K. verächtlich, jede Art von Kritik war seit jeher von ihr abgeprallt und besonders Aussagen dieser Art. „Wenn ja, dann wünsche ich Ihnen, Herr Blum", fügte sie ironisch hinzu, „viel Glück mit Ihrem Gewerbe und die Bereitschaft, die Folgen für diesen Unsinn hier auf sich zu nehmen."

Sie drängte sich unter allgemeiner Stille zum Ausgang. Voruntersuchungsrichter Blum schien aber noch schneller als sie gewesen zu sein, denn er erwartete sie bei der Tür.

„Einen Augenblick", sagte er ruhig. Angela K. blieb ungeduldig stehen. Was wollte der unverschämte Kerl noch von ihr? Sie blickte auf die Tür, deren Klinke sie bereits ergriffen hatte.

„Was gibt es?"

„Ich will Sie nur darauf aufmerksam machen", sagte Blum, „dass Sie sich heute – es dürfte Ihnen nicht richtig zu Bewusstsein gekommen sein – des Vorteils beraubt haben, den ein Vorverhör für den Verhafteten in jedem Falle bedeutet. Sie hätten die Gelegenheit nutzen und mit uns kooperieren sollen. Das alles taten Sie nicht. Nun gut, Sie können gehen, wohin auch immer, aber seien Sie gewiss, wir werden Sie zu finden wissen. Das Verfahren ist soeben erst eröffnet worden und wird fortdauern!"

Die Kanzlerin lachte, trotz eines gewissen inneren Erschreckens, laut auf.

„Herr Blum, hören Sie gut zu: Ich schenke Ihnen alle Verfahren und Verhöre und was Sie sonst noch geplant haben mögen. Ihnen und Ihrem sogenannten Generalstaatsanwalt. Sie interessieren mich nicht, ich habe anderes zu tun!"

Angela K. öffnete hastig die Tür und lief, vor Sorge, an ihrem Fortgang gehindert zu werden, so rasch sie konnte die nächste Treppe hinunter. Doch niemand folgte ihr.

*

## 2. Kapitel

### Erste Untersuchungen, Aktenkunde

*Seit Frau K. beim Fahrradfahren von einem Hund gebissen worden war, hielt sie Abstand zu dieser Gattung Lebewesen. Herr P. wusste das genau und brachte zum nächsten Treffen mit ihr sein Tier mit. Krampfhaft schaute Frau K. nun zu Herrn P. und nicht in Richtung Hund. Warum sie sich das als Gast habe gefallen lassen, fragte Herr H. „Ich kenne P. seit meiner Jugend", antwortete Frau K. lächelnd. „Er war schon immer so."*

Die Treppe, die Angela K. in ihrer Hast genommen hatte, machte eine plötzliche Biegung und endete abrupt vor einer grauen Steinwand.

Was war das nun schon wieder? Allmählich zerrte die ganze widrige Angelegenheit an ihren Nerven, zumal sie, ihre Armbanduhr zeigte halb elf, längst in der Kabinettssitzung hätte sein sollen, ungeachtet eines für acht Uhr angesetzten Treffens mit ihrem langweiligen Vizekanzler Schulte. Sie drehte sich um, um den Weg zurückzugehen. Da entdeckte Angela K. zu ihrer Linken, etwa zehn Stufen höher gelegen, eine weitere Tür, die sie beim Abwärtseilen offenbar übersehen hatte. Sie lief rasch die Stufen wieder hoch und drückte die Klinke – die Tür ließ sich nach innen öffnen.

Beim Eintritt in den dahinter befindlichen Raum wäre sie jedoch fast gestürzt, denn unmittelbar hinter der Tür befand sich noch eine Stufe. Angela K. fing sich und blieb stehen. Vor ihr zeigte sich ein langer Gang, von dem aus verschiedene Türen zu weiteren Räumen führten. Alles lag in einem fahlen Dämmerlicht. Die Wände bestanden zum Teil aus Brettern und bis zur Decke reichenden Holzgittern, durch die verschiedene Personen zu sehen waren, die an Tischen saßen und schrieben oder direkt am Gitter standen und den Gang beobachteten. Erst jetzt bemerkte sie, dass sich vor ihr ebenfalls Menschen befanden. In regelmäßigem Abstand zueinander saßen sie auf den zwei Reihen langer Holzbänke, die zu beiden Seiten des Ganges angebracht waren. Ihre Kleidung war armselig und vernachlässigt, die Gesichter wirkten krank und müde. Alle sahen, als Angela K. näherkam, rasch zu Boden oder wandten die Köpfe ab.

Angela K. kümmerte sich nicht weiter um die verlotterte Gesellschaft auf dem Gang; besonders da sie weiter hinten die Möglichkeit sah, rechts durch eine Öffnung diesen zu verlassen. Vielleicht konnte sie auf diesem Weg endlich zum Ausgang gelangen. Sie erreichte die Öffnung und schritt hindurch, nur um auf neue Gänge zu stoßen. Erschöpft und am ganzen Leibe zitternd blieb sie endlich stehen.

„Was ist mit Ihnen?", fragte eine feiste Frau, die soeben aus einer seitlichen Tür trat. „Sie scheinen Kreislaufprobleme zu haben."

Zu ihrer Überraschung erkannte Angela K. in der kräftigen Gestalt Petra Haldenberger, ihre Wirtschaftsministerin.

„Ich habe nur zu wenig getrunken. Aber Sie sind doch Petra Haldenberger! Was machen Sie hier in diesem schrecklichen Labyrinth? Wurden Sie ebenfalls verhaftet?"

„Bedauere, mein Name ist nicht Petra, Sie müssen mich verwechseln", gab die Angesprochene zurück und blickte ihr neugierig ins Gesicht. „Haben Sie sich verlaufen?"

Angela K. betrachtete die Frau prüfend. Nein, sie hatte sich getäuscht. Die Fremde war Petra lediglich sehr ähnlich, aber sie war es dennoch nicht. Kurz schien es ihr, als ob die Frau in ihrem Auftreten eher Frau Storch-Nehle ähnelte, ihre ehemalige Arbeitsministerin und frühere, vor kurzem gefeuerte Führerin des Koalitionspartners. Doch auch dies schien ihr, bei aller Fülle, dem schiefen Mund und der Brille, die jene trug, die das gleiche Krankenkassenmodell war wie das von Frau Storch-Nehle, nicht möglich zu sein. Vielleicht war es auch die große Müdigkeit, die sie verwirrte und Ähnlichkeiten vorgaukelte, die in keiner Weise vorhanden waren.

„Sie wirken wirklich müde", sagte die Frau mitfühlend und trat näher an Angela K. heran.

„Ich bin in der Tat sehr müde", antwortete sie. „Daher will ich endlich hier hinausgelangen. Wissen Sie, wie ich zum Ausgang komme?"

„Sie haben sich verirrt? Laufen Sie einfach vor bis zur Ecke und dann rechts den Gang hinunter geradeaus zur Tür."

„Kommen Sie mit", forderte Angela K. sie auf. „Zeigen Sie mir den Weg, ich werde ihn verfehlen, es gibt in diesem Gebäude so viele Gänge."

„Es ist der einzige Weg", erwiderte die Frau mit einem Lächeln. „Ich kann nicht mit Ihnen gehen, ich habe viel zu tun."

„Oh bitte, kommen Sie mit!", wiederholte K. in leisem Ton. „Ich kann nicht allein hinauskommen. Gehen Sie wenigstens noch ein Stückchen mit mir."

Die Frau schüttelte nur abweisend den Kopf und verschwand durch eine Nebentür. Angela K. fühlte, wie eine Art Verzweiflung in ihr aufstieg. Doch in diesem Augenblick öffnete sich eine andere der vielen Holztüren, die ringsherum standen, und ein junger Mann kam hervor und auf sie zu.

„Kann ich Ihnen behilflich sein, gnädige Frau?", fragte er mit einer überaus höflichen Verbeugung.

*

Was der Onkel mit seinen Worten meinte und auf welche Weise diese angeblich geheime Revolution in Erscheinung getreten war, erklärte er nicht und gab auf Gregors diesbezügliche Fragen auch keine Antwort. Das Gespräch wandte sich vielmehr belanglosen Themen zu. Schließlich kehrten sie um und liefen zurück zum Gebäude. Gleich am Eingang trafen sie auf einen Herrn, den der Onkel mit großer Freude begrüßte:

„Bester Freund! Wie schön, Sie zu sehen. Darf ich vorstellen: Das ist mein Neffe, ein hochbegabter junger Mann."

Er wandte sich Gregor zu, der wegen des überraschenden Lobes errötete.

„Lieber Gregor. Ich freue mich, dich Herrn Manstein vorstellen zu dürfen. Er ist der Pressesprecher der Gerichtsbehörde, sozusagen der öffentliche Auskunftgeber."

Gregor streckte ihm die Hand entgegen. Doch Manstein, ein schmaler, zartgliedriger Herr, beachtete seine Geste nicht, sondern hielt die Hände ruhig in den Hosentaschen verborgen, wobei er laut lachte.

„Gregor, mein alter Freund, Sie sind heute wieder zu Späßen aufgelegt. Dieser junge Mann sollte Ihr Neffe sein? Er sieht Ihnen in keiner Weise ähnlich. Ich glaube", sprach Manstein weiter, der übrigens elegant gekleidet war und besonders durch eine graue Weste auffiel. „Sie wollen mir nur Ihren aktuellen Protegé angenehm machen."

„Erlauben Sie, mein Herr", protestierte Gregor. „Ich bin wirklich der Neffe von Herrn Gysar. Mehr noch, ich führe die gleichen Namen."

„Sehen Sie", sagte der Onkel zu dem Herrn. „Ich habe also doch das Richtige gesagt!" und lachte ebenfalls.

Manstein musterte Gregor skeptisch, nickte dann aber und schlug dem Onkel leicht mit den Fingerspitzen auf den Arm, als hätte er sich lediglich einen kleinen Scherz geleistet.

„Gut, gut", meinte er, „ich glaube Ihnen, er ist wohl Ihr Neffe. Dann will ich den jungen Herrn in seine Aufgaben einführen. Kommen Sie!", sagte er zu Gregor. „Ich zeige Ihnen Ihren künftigen Arbeitsplatz."

„Geh mit dem Herrn, mein Junge", forderte der Onkel nun Gregor auf. „Herr Manstein ist, wie ich sagte, der Auskunftgeber. Er gibt den Anwälten und Rechtsbeiständen aller Parteien jede Auskunft, die sie brauchen. Da das hiesige Gerichtswesen im Verborgenen arbeitet und im Allgemeinen nicht sehr bekannt ist, werden viele Auskünfte verlangt. Er allein weiß auf alle Fragen eine Antwort. Du kannst Herrn Manstein, wenn du möchtest, daraufhin erproben und befragen. Begleite ihn also, gib dir Mühe und mache vor allem der Familie keine Schande."

Mit diesen Worten wandte sich der Onkel ab und ging mit raschem Schritt davon.

Gehorsam folgte Gregor Manstein. Dessen primärer Vorzug schien ihm allerdings die elegante Kleidung zu sein. Wie er auch an anderen Herrn, die ihnen entgegenkamen und die von ihrem resoluten Auftreten her offenbar ebenfalls der Behörde angehörten, eine gewisse Eleganz erkennen konnte. Die Beamtenschaft hatte sich wohl, wegen des würdigen ersten Eindrucks, stets adrett und elegant anzuziehen.

„Wie ich sehe", sagte sein Führer, „ist Ihnen unsere Kleiderordnung aufgefallen. Wir alle sind, wie Sie an mir feststellen, elegant und modisch angezogen. Alles ist vorbereitet, einen guten Eindruck zu machen. Aber kommen Sie, wir dürfen unsere Pflicht nicht schändlich vernachlässigen. Sie sollen erfahren, was Ihre Aufgabe ist, kurz, worum es geht."

Mit diesen Worten öffnete er die Tür zu einem breiten Raum.

„Wir sind angelangt. Hier sehen Sie das Advokatenzimmer. Treten Sie ein."

Gregor folgte der Aufforderung und ging in das Zimmer. Auf den ersten Blick schien es sich bei diesem um eine schmale Kammer zu handeln. Dann merkte er, dass er sich lediglich in der Garderobe befand, der eigentliche Raum zeigte sich erst nach dem Durchqueren einer weiteren Tür. Das Advokatenzimmer selbst erschien Gregor riesig, fast so groß wie der Lesesaal einer Bibliothek. Überall standen mit Papieren bedeckte Tische, ringsherum zogen sich bis zur Decke reichende Aktenregale.

„Dort drüben befindet sich Ihr Tisch, Herr Gysar", sagte der Auskunftgeber, der von Gregor unbemerkt neben ihn getreten war. „Machen Sie sich an die Arbeit!"

„Ich bin nicht für dieses Tun ausgebildet", widersprach Gregor.

„Sie sind zu bescheiden", entgegnete der Auskunftgeber und lachte. „Sie wurden uns als jemand empfohlen, dem es ein leichtes ist, eine Verteidigungsschrift auszuarbeiten und bei Gericht einzureichen. Sie wissen, darin sollte eine kurze Lebensbeschreibung zum Angeklagten eingefügt sein. Dazu bei jedem irgendwie wichtigeren Ereignis eine Erklärung, aus welchen Gründen dieser so gehandelt habe und ob diese Handlungsweise nach gegenwärtigem Urteil zu verwerfen oder zu billigen sei. Natürlich auch, welche Gründe Sie als Anwalt für dieses oder jenes anführen."

Unter diesen Worten hatte er Gregor zum Tisch geleitet und zum Setzen genötigt.

„Hören Sie auf Herrn Manstein", sagte ein anderer Herr, der plötzlich von der Seite auftauchte, „und beginnen Sie mit der Schrift. Es ist höchste Zeit."

„Aber ich müsste doch erst wissen, wen ich zu verteidigen habe und mit meinem Klienten in einen Austausch treten, bevor ich mit einer solchen Verteidigungsschrift beginnen kann", wandte Gregor ein.

„Das ist richtig", räumte der Mann, eine sehr hagere Erscheinung, ein. „Kommen Sie, drüben erwartet Sie Ihr Klient bereits!"

Er hielt Gregor eine Tür auf, die in einen Gang führte. Gregor trat hindurch und sah vor sich eine Frau in dunklem Kleid, in der er zu seiner Überraschung Angela K. erkannte. Die Kanzlerin wirkte verstört, ja geradezu verwirrt, sodass sich Gregor genötigt sah, ihr seine Hilfe anzubieten:

„Kann ich Ihnen behilflich sein, gnädige Frau?", fragte er.

\*

„Ich denke schon", antwortete Angela K. „Ich finde den Ausgang aus diesem Labyrinth nicht."

„Ob ich Ihnen in dieser Hinsicht behilflich sein kann, vermag ich nicht zu sagen", gab Gregor zurück. „Mir wurde gesagt, ich würde hier auf einen Klienten treffen, zu dessen Verteidigung man mich unbegreiflicherweise berufen hat, obwohl ich, trotz einiger Semester Jura, in der Führung eines Prozesses völlig unerfahren bin."

„Wie kommt es dann, dass Sie hier tätig sind?", forschte Angela K. „Sind Sie mit diesem merkwürdigen Gerichtswesen näher verbunden?"

„Das nun eben nicht", sagte Gregor. „Ich bin selbst von dem Abgesandten dieser Behörde Herrn Finsterwald heute früh aus dem Bett hierher verbracht worden, um, wie mir Herr Manstein erklärte, die Verteidigung eines Angeklagten zu übernehmen."

Sollte ich damit gemeint und dieser junger Herr etwa mir zur Seite gestellt worden sein?, dachte Angela K. Dies schien ihr ein sehr unbilliges und willkürliches Verfahren.

„Man sagte mir auch, es herrsche Revolution", fuhr Gregor in seinen Erklärungen fort. „Eine geheime freilich."

„Nicht, dass ich wüsste", gab die Kanzlerin zurück, obwohl seine Aussage sie sehr beunruhigte.

„Herr Gysar", sagte in diesem Augenblick eine Stimme, in der sie zu ihrer Überraschung die ihres alten Widersachers Seefelder erkannte. „Sie sollten das Gespräch beenden und mir folgen. Sie müssen noch zur Akkreditierung."

Mit diesen Worten packte Seefelder den jungen Mann am Arm und zog ihn mit festem Griff mit sich. Sprachlos ob dieser Unverfrorenheit, sie mitten im Gespräch zu unterbrechen, schaute Angela K. den beiden sich rasch Entfernenden hinterher.

Was sollte sie nun tun? Ihnen folgen? Auf neue Anweisungen warten? Wenn dieser junge Mann ihr Verteidiger sein sollte, wusste sie ja gar nicht, was er unternehmen würde. Viel konnte es jedenfalls nicht sein. Sie hatten kaum miteinander gesprochen und sie hatte auch bei der kurzen Begegnung nicht den Eindruck gehabt, dass dieser Jüngling viel für sie erreichen könne. Vor allem hatte er sie nicht befragt. Und hier war doch so viel zu fragen. Fragen war die Hauptsache. Sie, Angela K., hatte das Gefühl, dass sie an seiner Stelle alle hier nötigen Fragen hätte stellen können. Zum Beispiel diese, wessen sie von wem angeklagt worden sei!

\*

Gregor folgte willig dem ihm Unbekannten, in dem er einen weiteren Vertreter der hiesigen Beamtenschaft vermutete. Nur keine Aufmerksamkeit erregen, sagte er sich. Sich ruhig verhalten, selbst wenn es einem noch so sehr gegen den Strich geht! Einzusehen versuchen, dass dieser seltsame, überaus große Gerichtsorganismus ihn gewissermaßen gepackt hatte. Aber wie würde es weitergehen? Wenn er seiner Aufgabe gerecht werden sollte, musste er endlich wissen, worum es bei diesem Prozess im Eigentlichen ging.

Sie kamen an verschiedenen Türen vorbei und durchquerten mehrere Flure; dann endete die Führung zu Gregors Überraschung wieder im Advokatenzimmer, das er auf der anderen Gebäudeseite vermutet hatte. Sein Begleiter wies auf den ihm bereits bekannten Tisch, der in der Zwischenzeit mit einigen Aktenordnern belegt worden war.

„Nehmen Sie Platz, Herr Gysar. Sie sehen, alles Notwendige steht Ihnen zur Verfügung."

„Was meinen Sie mit ‚alles Notwendige'?", fragte Gregor, doch der Mann hatte sich bereits abgewandt und war zwischen den Tischen und Pulten davongeeilt. Während er ihm noch mit seinen Augen zu folgen versuchte, räusperte sich neben ihm jemand laut und vernehmlich. Er blickte zur Seite und sah an einem kleinen Tisch einen älteren Herrn im einfachen grauen Anzug sitzen. Es war ihm offenbar nicht recht, dass er so lange unbemerkt geblieben war. Jetzt stand er umständlich auf, sehr zufrieden damit, dass Gregor auf ihn aufmerksam geworden war.

„Der Herr Kanzleirat meint", sagte er ohne nähere Begrüßung, „Sie sind hier bei Gericht und nicht auf irgendeinem Dachboden. Sie müssen daher bedenken", fuhr der Herr fort, in einem Tone, als erkläre er etwas Selbstverständliches überflüssigerweise und nebenbei. „Sie müssen bedenken, dass Sie dadurch und aus dem Verkehr mit Kollegen große Vorteile für Ihre Klienten ziehen können."

Während er dies sagte, bewegte er seine Hände wie kurze Flügel, als wolle er alle nur denkbaren Gegenvorstellungen Gregors auf diese Weise abwehren.

„Ich zum Beispiel", fuhr er fort, „bin infolge einer Krankheit ein wenig behindert, aber ich bekomme hier beim Gericht häufig Besuch von guten Freunden und erfahre so einiges. Erfahre vielleicht mehr als manche Kollegen, die bei bester Gesundheit sind und den ganzen Tag in ihrer Kanzlei verbringen."

„Gewiss", erwiderte Gregor, der mit den Aussagen des älteren Herrn nichts anzufangen vermochte.

„Sie sind von allem hier sicher überrascht", fügte dieser zur Erklärung hinzu und winkte dabei einem anderen Herrn aufmunternd zu, näherzukommen, was dieser langsam, sich zögernd umblickend und doch mit einer gewissen Würde tat.

„Herr Schulte ist der Kanzleidirektor und war lange Zeit ein Advokat wie ich", stellte er ihn vor. „Er ist stets bereit, die hier arbeitenden Kollegen zu besuchen. Den Wert eines solchen Besuches kann eigentlich nur der Eingeweihte würdigen, welcher weiß, wie der Herr Kanzleidirektor mit Arbeit überhäuft ist. Nun, er kommt trotzdem, wir unterhalten uns, soweit meine Schwäche es erlaubt und tauschen uns über aktuelle Fälle eingehend aus. Herr Kanzleidirektor", sagte er, den Kopf neigend und unterwürfig lächelnd und zeigte auf einen gepolsterten Stuhl in der Nähe des Pultes.

„Ich kann nur ein paar Minuten bleiben", sagte der Kanzleidirektor freundlich, setzte sich breit in den Stuhl und sah auf die Uhr, „die Geschäfte rufen mich. Was wollen Sie wissen?", wandte er sich an Gregor.

„Ich möchte wissen, wessen meine Klientin angeklagt ist und warum ausgerechnet ich, der ich wahrhaftig kein Jurist und Anwalt bin, mit ihrer gerichtlichen Vertretung beauftragt worden bin. Hat das Ganze mit der Revolution zu tun?"

„Mit der Revolution? Nun, das wohl nicht, denn sie ist geheim, so es sie überhaupt gibt. Aber das finden Sie alles in den Akten, Herr Gysar", antwortete Schulte mit einem verbindlichen Lächeln. „Wenn es weiter nichts ist, Sie entschuldigen mich."

Er erhob sich wieder und ging mit großen Schritten rasch davon.

„Sie haben gehört, was der Herr Kanzleidirektor geraten hat", sagte der andere Advokat. „Nun, dann beginnen Sie endlich Ihre Arbeit, zu der Sie bestellt worden sind und lesen Sie vor allem die Akten."

\*

Angela K. blieb unschlüssig stehen. Irgendetwas musste jetzt geschehen und es schien, als müsse dieses Etwas von ihr ausgehen und sie die Initiative ergreifen, was ihrer Natur im Eigentlichen wenig entsprach.

Erneut erfasste sie eine ungeheure Müdigkeit, dieser Morgen und seine Ereignisse waren einfach zu viel gewesen. So setzte sie sich auf eine der seitlichen Bänke und schloss für einen kurzen Augenblick die Augen.

Eine merkwürdige Traumfolge ergriff Angela K., denn sie musste wohl träumen, da sie sich, als sie wieder die Augen öffnete, in einem breiten Zimmer befand, ohne zu wissen, wie sie dahin gekommen wäre. Die Fenster des Raumes zeigten sich vergittert und die dazugehörige Tür, deren Klinke sie sogleich probierte, war verschlossen. Nun sah sie sich genauer um. Das Mobiliar, ein einfacher Holztisch, zwei Polsterstühle sowie ein Bett und ein schmaler Schrank, war schnell erfasst. Auffälliger schien ihr indes ein Bild, das die halbe Breite der einen Wand einnahm. Es stellte einen Mann im Richtertalar dar. Dieser saß auf einem hohen Thronsessel, dessen reiche Vergoldung aus dem Bilde hervorstach. Das Merkwürdige war, dass dieser

Richter ohne rechte Ruhe und Würde saß. Er drückte den rechten Arm fest an Rücken- und Seitenlehne. Den linken hatte er aber völlig frei und umfasste lediglich mit der Hand die Seitenlehne, als wolle er im nächsten Augenblick mit einer heftigen Wendung aufspringen, um das Urteil zu verkünden. Den Angeklagten musste man sich zu Füßen der Treppe vorstellen, deren oberste, mit einem roten Teppich bedeckte Stufe gerade noch auf dem Bilde zu sehen war.

Ob das ihr Richter war, überlegte Angela K. und trat näher ans Bild, um die Gesichtszüge des Mannes genauer betrachten zu können. Ich kenne ihn, durchfuhr es sie plötzlich, es war Helmuth, ihr väterlicher Freund aus früherer Zeit, der sie als junges Mädchen im Hause der Eltern öfter zu besuchen pflegte. Das Bild selbst stammte offenbar aus seiner eigenen Jugend, denn er wirkte geradezu übermäßig schlank und sah späteren, ihr bekannten Darstellungen kaum ähnlich, zumal er in der Szene fast gebrechlich schien. Dennoch entsprach das Gemälde im Ganzen seiner Person, auch weil Helmuth, wie sie wusste, geradezu unsinnig eitel gewesen war und gewiss an dem Bild als alles überragende Richterfigur große Freude gehabt hätte, insbesondere da diese hoch oben auf einem Thronsessel saß.

Auf einmal fiel Angela K. wieder ihr sogenannter Prozess ein, denn um einen solchen musste es sich handeln, und wie sie sich bisher verhalten hatte. War sie zu unnachgiebig gewesen oder hätte sie im Gegenteil mehr Härte zeigen sollen? Wie hätte sich Helmuth in ihrer Lage verhalten?

\*

Gregor schlug die erste Akte auf. Sie bestand aus einer paginierten Loseblattsammlung. Die erste wie auch die folgenden Seiten trugen keine Überschrift. Der in einer altertümlichen Handschrift verfasste Text setzte unmittelbar am oberen Rand ein. Gregor begann, zunächst etwas mühsam, dann immer flüssiger, das Geschriebene zu lesen:

*Einige der Schriftkundigen fragen mit Recht, weshalb es keine Möglichkeit gäbe, K. wegen verschiedener erwiesener Verstöße wider das Gesetz anzuklagen und aus dem von ihr innegehabten Amt unverzüglich zu entfernen. Denn die ihr zur Last gelegten Taten sind viele. An erster Stelle zu nennen ist die sogenannte Politik des Willkommens für den Zustrom tibetanischer, transsexueller Zuwanderer aus den ehemaligen Kolonien Samoa und Tsingtau, die alle ins Land wollten, weil für sie hier Milch und Honig fließen. Den Migrantenstrom auszulösen, ihn in der Folge nicht zu beenden und damit die ungeheuren Folgen eines unkontrollierten Hereinfließens wissentlich in Kauf zu nehmen, ja, diesen Fluss ausdrücklich zu begrüßen, läuft zwangsläufig darauf hinaus, das Land in seiner Gesamtheit abzuschaffen, wozu K. offenkundig entschlossen war und gleichfalls noch ist. Andere, und es sind nicht wenige, glauben, K. habe damit gerechnet, durch das Vorangehen in der Flüchtlingsfrage eine moralisch überlegene Position einnehmen zu können. Was immer sie dazu brachte – im Ergebnis erklärte sie Europa einseitig zum Transitlager für Flüchtlinge, die nach Deutschland wollten. In ein Land, dessen lächelnde Kanzlerin sich mit ihnen auf Selfies ablichten ließ. Es scheint klar, dass K. unterschätzte, wie viele Menschen kommen würden oder wie viel Widerstand ihr aus anderen Staaten entgegenschlagen würde.*

Hier stockte Gregor, den Inhalt des Gelesenen verstand er wohl, dennoch kam er ihm kryptisch vor. Was sollte er mit dem Text anfangen, wer erhob hier Anklage? Auf welche Rechtsnorm bezog sich diese? Oder war dies keine Klage, sondern nur eine Materialsammlung?

Er las weiter:

*Das bekannte Böse ist mittlerweile im ganzen Land allgegenwärtig. Polizei und andere Sicherheitskräfte sind rund um die Uhr beschäftigt, Mordanschläge fanatischer Tibetaner und Laoten zu verhindern. Schulen, Märkte, Flughäfen und Kaufhäuser gleichen streng bewachten Festungen, fröhliche Volksfeste werden abgesagt oder vorzeitig abgebrochen. Sportveranstaltungen finden nur noch unter den allerstrengsten Sicherheitsvorkehrungen und mit eigenen Schutzzonen für Frauen und Senioren statt. Einzelfälle aller Art, verübt von „Schutzsuchenden", überwiegend aus Ozeanien und dem Morgenland, sind kaum mehr zählbar. Frau K. sieht dies alles nicht oder will es nicht sehen, sondern wiederholt stattdessen ihr Mantra: „Wir schaffen das", während sie bereits vorher forderte, dass auch andere Staaten Europas Flüchtlinge aufnehmen sollten. Keiner außer Schweden ging darauf ein, und selbst Schweden schloss schon bald wieder seine Grenzen.*

Verwirrt schob er das Blatt zur Seite. Das sollte eine Gerichtsakte sein? Ganz offenbar machte sich in solchen Skizzen, denn mehr an Qualität war den Aufzeichnungen nicht zuzugestehen, der Nachteil dieser Gerichtsorganisation bemerkbar, die in ihren Anfängen und ihrem Wirken vor allem im Geheimen zu handeln schien. Den Beamten des Gerichtes fehlte, wie übrigens in fast jeder Behörde, der Zusammenhang mit der Bevölkerung. Für gewöhnliche, mittlere Prozesse mochte sie vielleicht gut ausgerüstet sein. Ein solcher mittlerer Prozess rollte fast von selbst auf seiner Bahn ab und brauchte nur hier und da einen Anstoß. Gegenüber den ganz einfachen Fällen aber, wie auch gegenüber den besonders schwierigen, waren die Gerichtsangehörigen offenbar ratlos. Sie hatten, weil sie fortwährend, Tag und Nacht, in ihr Gesetz eingezwängt waren, nicht den richtigen Sinn für menschliche Beziehungen, und das entbehrten die Damen und Herren in solchen Fällen schwer. Daher kamen sie zu ihm, einem einfachen Bürger und suchten seinen Rat und seine Mitarbeit. Anders ließ sich diese strukturelle Unordnung nicht erklären, zumal die Aussagen der vorliegenden Aufzeichnung rein politisch zu deuten und zudem in sich tendenziös waren.

So weit war Gregor in seinen Gedanken gekommen, da trat von der Seite ein grauhaariger Bürobote mit neuen Akten an seinen Tisch.

„Mein Herr", sagte der Mann und verbeugte sich, „hier bringe ich Ihnen Akten, die sonst geheim sind. Die Advokaten dort am Fenster", setzte er vertraulich hinzu und wies auf eine Gruppe von Herren, die geradezu trostlos nach draußen hinaussahen, „würden viel dafür geben, wenn sie Einsicht in diese nehmen könnten. Übrigens kann man gerade bei solchen Gelegenheiten sehen, wie ungemein ernst die Herren ihren Beruf nehmen und wie sie über Hindernisse, die sie ihrer Natur nach nicht bewältigen können, in große Verzweiflung geraten."

„Danke", erwiderte Gregor rasch, um das Gefasel des Alten nicht länger anhören zu müssen, und griff nach dem neuen Bündel.

\*

Helmuth, das wusste Angela K., wäre niemals in die Lage geraten, in der sie sich aktuell offenbar befand. Er war ein Meister darin gewesen, die Dinge ewig in der Schwebe zu halten und selbst außerhalb der Ereignisse zu stehen. Sie hingegen hatte im Augenblick das Gefühl, dass sich alles um sie herum selbstständig änderte und sie den Boden unter den Füßen gleichsam verlor und abzustürzen drohte.

Helmuth hätte die für ihn sicher kleine Störung leicht behoben und sich an einer anderen Stelle einen Ersatz für eventuell verloren gegangene Machtpositionen beschafft. Ganz sicher wäre er, was sogar höchst wahrscheinlich war, noch geschlossener, noch aufmerksamer, noch strenger und noch böser aufgetreten. In Rechtsfällen überlasse man am besten die ganze Arbeit einem Advokaten, hatte er einmal gesagt, statt sie zu stören. Vorwürfe nützen nicht viel, besonders wenn man ihre Ursachen in ihrer ganzen Bedeutung nicht begreiflich machen kann. Das Gleiche gelte überhaupt für den Umgang mit anderen, vor allem mit Freunden aus der Partei. Oft ließen sie sich durch einen kleinen Scherz, den man nur deshalb wage, weil alles aussichtslos scheine, zum Lachen bringen und seien dadurch in Streitfällen rasch versöhnt. Es sei eben gleichzeitig schwer und leicht, mit Menschen in rechter Form umzugehen oder gar sie zu regieren. Manchmal sei es geradezu zum Verwundern, dass ein einziges Durchschnittsleben dafür hinreiche, um so viel zu erfassen, dass man in der Regierungsverantwortung mit einigem Erfolg arbeiten könne.

Helmuth mochte in allem recht haben, selbst gegenüber dem alten Intriganten Schäufele hatte er sich mit viel Humor behaupten können. Sie jedoch, Angela K., scherzte und lachte leider nie. Schon in der Schulzeit war das so gewesen und sie hatte sich deshalb häufig außerhalb der Gemeinschaft gesehen. Oft kamen deshalb trübe Stunden, in denen sie glaubte, nicht das Geringste erzielt zu haben. In denen es ihr schien, als hätten nur die von Anfang an für einen guten Ausgang bestimmten Entscheidungen ein gutes Ende genommen, wie es auch ohne ihren Einsatz geschehen wäre, während alle anderen verlorengegangen waren, trotz aller Arbeit, aller Mühe, aller kleinen, scheinbaren Erfolge, über die sie oft ihre Freude gehabt hatte. Ja, gerade schien ihr nichts mehr sicher, und sie würde auf bestimmte Fragen hin nicht einmal zu leugnen wagen, dass ihre Regierungsarbeit ihrem Wesen nach durch bestimmte, gefühlsmäßig ausgerichtete Entscheidungen auf Abwege geraten war. Dies bezog sich besonders auf ihr tibetanisch-samoisches Projekt, ein Verfahren, das sie glaubte ausgereift, überdacht und zufriedenstellend geführt zu haben und welches ihr durch bestimmte, kaum vorherzusehende Ereignisse plötzlich aus der Hand genommen worden war. Das war wohl das Ärgste, das einem Kanzler hatte geschehen können. Plötzlich wuchs in Angela K. die sichere Gewissheit, dass es bei dem Prozess, welcher ganz offenbar gegen sie in Gang gesetzt worden war, um das Problem der tibetanischen Zuwanderung aus den früheren Kolonien Samoa und Tsingtau gehen musste. Oder auch um ihre Fehleinschätzung in Sachen BÄR und Bahnhof 21. Ihre innere „Gewissheit" geriet wieder ins Schwanken.

\*

Das nächste Blatt, zu dem Gregor griff, trug in fetten Buchstaben die Überschrift:

Verfassungsrechtliche Probleme und Fragen
*Die Väter unserer Landesverfassung haben den klassischen Grundsatz jeder Demokratie – die Trennung von Legislative, Exekutive und Judikative – sträflich missachtet. Sie folgten dem Grundsatz „Nie wieder Alleinherrschaft", haben aber in ihrem an sich lobenswerten Eifer übersehen, wie eine Trennung von Exekutive und Judikative faktisch zu realisieren wäre. Das ist in der bisherigen Geschichte des Landes nie auf-*

*gefallen und bedeutsam geworden, da bisher nie gegen einen Kanzler Strafanzeigen eingereicht wurden oder er im Verdacht stand, Gesetze zu brechen. Durch den grundsätzlichen Fehler in der Gesetzgebung, dass der Generallandesanwalt vom Justizminister die Weisung erhält, Anzeigen gegen den Kanzler/die Kanzlerin nicht zu verfolgen, ist dieses Defizit virulent geworden. Denn der Kanzler, die Kanzlerin ist berechtigt, Weisung dieser Art an den Justizminister zu erteilen, wodurch der Grundsatz der Trennung von Exekutive und Judikative faktisch ausgehebelt wird.*

Etwas nachdenklich legte Gregor auch dieses Blatt zur Seite. Der Inhalt mochte stimmen oder auch nicht, immerhin stand die Kanzlerin unter Anklage, was angeblich undenkbar war: Jedenfalls erschloss sich für ihn nicht, welche Bewandtnis es mit diesen Texten haben sollte. Es war wohl so, dass er zunächst alle Unterlagen zu sichten hatte, bevor er sich zur Qualität und zur Bedeutung der einzelnen Dokumente ein Urteil bilden konnte.

Der nächste Hefter war sehr dünn und enthielt lediglich ein Blatt:

*Aus den Jugendjahren der Angela K.,* lautete die Überschrift.

*Die kleine Angela war kein besonders hübsches Kind. Sehr früh begann sie zu sprechen, mit dem Laufen ließ sie sich jedoch viel Zeit. Erst mit fünf Jahren lernte sie, einen Berg hinunterzugehen, ohne dabei zu stürzen. Liebend gern spielte das Kind auf der Blockflöte einfache Weisen. Im Spätsommer sammelte sie Blaubeeren, die sie in Bastkörbchen dem Lebensmittelhändler verkaufte. Das hatte Angela im West-Fernsehen bei „Furry" gesehen. Sie liebte den Geruch von Kiefern und Heu. Und den Duft der Kartoffeln im Kartoffeldämpfer. Der Winter war ihre liebste Jahreszeit, alles strahlte weiß und schien so klar. Wenn man sie fragte, was sie später werden wollte, sagte Angela denn auch, sie wolle eine bekannte Eiskunstläuferin oder Ballerina werden. Doch leider war das kleine, pummelige Mädchen sehr ungelenk und unsportlich. So harrte sie als Neunjährige beim Schwimmunterricht 45 Minuten lang unbeweglich auf dem Sprungbrett aus. Erst als es schon klingelte, sprang sie. Mutig war Angela nicht und sammelte daher lieber Kunstpostkarten, das war ungefährlich und weniger anstrengend. Ihre Lieblingsblumen im alten Pfarrgarten waren Rittersporn, Lilien, rote Astern und Löwenmäulchen. Später wollte Angela unbedingt ein eigenes Boot haben. Das war jedoch damals in Ostelbien nur möglich, wenn man einen Angelschein hatte. So trat sie in einen Anglerverein ein und kam derart zu Schein und Boot. Mit zwölf hörte Angela am liebsten deutsche Schlager. Ihr Zimmer war voll mit Postern der Stars. Ihre Freundinnen nannten sie damals „Kasi". Viele hatte sie nicht, denn in der Schule war sie eine Streberin, niemand durfte bei ihr abschreiben. Zudem galt sie als spröde. In der Klasse hieß es gemeinerweise, Angela gehöre zum Club der Ungeküssten. Einen Freund hatte sie trotz aller Bemühungen nicht, aber sie schwärmte für einen Klassenkameraden namens Robert – ohne Erfolg.*

*So ist es nicht verwunderlich, dass ihr Lieblingskuschelsong „Je t'aime" war. Auf ihrer Abiturfeier, sie war nun 18 Jahre alt, erlebte man Angela K. das erste Mal völlig betrunken. Nachts um vier Uhr fiel sie aus einem Boot, schuld war der reichlich getrunkene Kirsch-Whisky.*

\*

Die Tür öffnete sich mit einem unangenehmen Quietschen. Sofort lief Angela K. zum Ausgang, um den Raum so schnell wie möglich zu verlassen,

„Nicht so hastig", sagte eine Stimme, die wohl dem Türöffner gehörte. „Nicht jedermann darf hier hinein und wieder hinaus."

„Ich doch gewiss", erwiderte Angela K. und trat beherzt über die Schwelle. Bevor es ihr aber gelang, das Zimmer vollständig zu verlassen, stellte sich ihr ein Mann entgegen, in dem sie zu ihrer Verwunderung Herrn Manstein zu erkennen glaubte.

„Herr Manstein!", rief sie überrascht. „Sie hier? Sind Sie etwa auch ein Vertrauensmann dieses angeblichen Gerichtes? Sie enttäuschen mich."

Sofort trat Manstein beiseite, richtete sich auf, rieb die Hände aneinander und sah Angela K. lächelnd an.

„Nur immer gleich mit der Wahrheit heraus", sagte er, „Ich bin der hiesige Auskunftgeber. Wenn Sie etwas über das Gericht erfahren wollen, ich erläutere gern die Verfahrensweise der Behörde. Im Übrigen haben Sie mit Ihrer Bemerkung vollständig recht, ich bin ein Vertrauensmann des Gerichtes."

„Das ist tatsächliche eine Neuigkeit", erwiderte die Kanzlerin. „Ich hätte nicht gedacht, dass Sie für eine Institution arbeiten, die Unschuldige bedroht und verfolgt."

„Sie sind demnach unschuldig?", fragte Manstein lauernd.

„Ja", sagte Angela K. Die Beantwortung dieser Frage machte ihr geradezu Freude, besonders da sie gegenüber Manstein, in der Normalität ein Minister und Mitglied ihrer Regierung, also auf beiderseitiger Verantwortung erfolgte. Noch niemand hatte sie bisher so offen gefragt. Um diese Freude auszukosten, fügte sie mit Nachdruck hinzu: „Ich bin vollständig unschuldig."

„So", sagte Manstein, senkte den Kopf und schien nachzudenken. Plötzlich hob er wieder den Kopf und sagte: „Wenn Sie unschuldig sind, dann ist ja die Sache sehr einfach."

Angela K. schüttelte unwillig den Kopf. Manstein, dieser angebliche Vertrauensmann und Auskunftgeber des Gerichtes, und ihr Minister, redete wie ein unwissender Jüngling.

„Nun, leider habe ich feststellen müssen, dass meine Unschuld die Sache nicht vereinfacht", sagte sie dann. „Es kommt auf viele andere sogenannte Feinheiten an, in denen sich dieses seltsame Gericht verliert. Zum Schluss aber zieht es von irgendwoher, wo ursprünglich gar nichts gewesen ist, eine große Schuld hervor, auf deren Basis es sein Urteil fällt."

„Ja, ja, gewiss", antwortete Manstein. „das mag so sein. Sie sind aber doch unschuldig?"

„Nun ja", sagte Angela K. „Eigentlich schon – ja!"

„Das ist die Hauptsache", gab Manstein zurück. „Dann können Sie bis zur nächsten Untersuchung das Gericht verlassen und sich weiter frei bewegen."

Er gab den Weg frei. Hinter ihm lag ein breites Tor, durch das Angela K. eilig hindurchschritt. Ein überaus helles Licht nahm sie auf.

\*

*Es ist wichtig,* begann das nächste Dokument, *und darin stimmen alle überein, dass keine leichtsinnige Anklage gegen Frau K. erhoben werden darf und dass das Gericht eine Anklage gegen K. nur zulässt, wenn es fest von der Schuld der Beklagten überzeugt ist und jedermann von dieser Überzeugung nur schwer abgebracht werden kann. Um eine derartige Schuld jedoch zweifelsfrei feststellen zu können, müssen Situationen, in denen sich eine solche möglicherweise gezeigt haben kann, umfassend geprüft werden. Zu betrachten sind daher drei der großen Krisen der letzten Jahre und inwieweit die Angeklagte sich im Umgang mit diesen schuldig gemacht haben könnte.*

*Ein erster Prüfstein wäre die Andorrakrise. Spätestens seit 2005 hatte der Große Währungsfond vor einer gravierenden Verschlechterung der Schuldensituation Andorras gewarnt. 2009, ein volles Jahr vor Ausbruch der Krise, machte sich der GWF öffentlich Sorgen um einen Bankrott der andorrani-*

*schen Banken. Dass die Haushaltsdaten des Pyrenäenstaates in großem Umfang gefälscht und geschönt waren, wusste man ebenfalls seit Jahren. Warum war Angela K. auf die Krise nicht vorbereitet? Warum stemmte sie sich der Krise nicht sofort entgegen? Hier lag und liegt eindeutig ein Fall von fahrlässigem Nichthandeln vor.*

*Ein zweiter Ansatz sind die Entscheidungen der Kanzlerin in der tibetanischen Flüchtlingskrise und der ungeregelten Zuwanderung aus den früheren Kolonien Samoa und Tsingtau. Auch hier liegen die Ursprünge bereits im Jahr 2011. Denn in diesem Jahr ergingen Urteile des höchsten Gerichtes, dass Personen, die durch Monaco unberechtigt in ein anderes Land eingereist waren, nicht zurückgeschickt werden durften. Denn Monaco sei flächenmäßig zu klein und verstoße daher bei der Unterbringung von Zureisenden gegen die Menschenwürde! Damit hätte der Regierung von Kanzlerin K. klar sein müssen, dass hier für die weitere Zukunft ein offenes Einfallstor für alle Zureisenden entstanden war. Mit dem Bürgerkrieg in Tibet und Samarkand 2012 war endlich mit riesigen Flüchtlingsströmen zu rechnen, ein Strom, der über Monaco und Andorra – und von der französischen Regierung unbehindert – das hiesige Territorium erreichen konnte. Als Frau K. die Grenzen öffnete, stand sie im Zenit ihrer Macht. In Europa hatte sie allerdings mit ihrer Sparpolitik schon viele Länder gegen sich aufgebracht, und nun verordnete sie dem Kontinent auch noch die Willkommenskultur, eine spezielle Melange aus protestantischem Pfarrhaus und deutscher Befindlichkeit. Frau K. hat es versäumt, rechtzeitig zu erkennen, was sie Europa zumuten kann. Der Preis für ihre Politik ist nicht nur der Aufstieg einer neuen rechtspopulistischen Partei und eine deutsche Gesellschaft, die so gespalten und hysterisch ist wie seit Jahren nicht mehr. Sie schuf auch ein Europa, das nicht mehr zueinanderfindet. Somit kommen wir zum dritten Problem:*

*Dieses Problem ist der sogenannte Holexit. Im Jahre 2017 verkündete die holländische Königin Beatrice, dass die Niederländer in einem Referendum über die weitere Mitgliedschaft in der Union entscheiden würden. Gleichzeitig verlangte sie eine Reform der Union, die diese weniger bürokratisch machen und den Mitgliedsstaaten erheblich mehr Freiräume einräumen sollte. Der Kanzlerin war der Hintergrund gut bekannt, sie tat jedoch nichts, um das sich anbahnende Unheil aufzuhalten, obwohl sie wusste, dass es im vielfachen Interesse des Landes ist, Holland in der Union zu halten – als wichtiger Wirtschaftspartner, als bedeutender Käse- und Tulpenlieferant und als verlässlicher Deichbauspezialist zur Stärkung unseres Landes im Kampf gegen die steigende Nordseeflut.*

*Nicht allein ein Versagen in diesen drei zentralen Bereichen ist ihr vorzuwerfen. Nein, des Weiteren hat sie, statt selbst zu entscheiden, mehrere ausländische Beraterfirmen beauftragt, die genannten Probleme zu analysieren – ohne Erfolg. So gab K. Milliarden an Steuergeldern aus, ohne einen realen volkswirtschaftlichen Nutzen zu erzielen.*

Gregor schloss den Dokumentenordner. Das alles war Kritik, fundamentale Kritik, die stimmen mochte oder nicht, seinetwegen waren es auch Anklagepunkte; er, Gregor, war jedoch zur Verteidigung Angela K.s berufen. Dazu benötigte er hilfreiche und entlastende Akten und nicht Papiere zu den oben angeführten Problemfeldern, von denen er, wie jeder andere anständige Bürger, zum Glück nichts wusste und deren Wahrheitsgehalt auch schwer zu prüfen war – zudem hatten die Medien über diese Themen nur in Umrissen und zumeist aus Sicht der Regierenden berichtet, jedenfalls mit nur sehr mäßiger Kritik.

Eindeutig, er brauchte für die Sichtung und die Analyse des Materials fachkundige Hilfe. Gregor blickte suchend zur Seite, wo überall im Saal Menschen an Tischen über Akten gebeugt zu sehen waren. Am Pult direkt neben ihm saß ein Mann unbestimmten Alters, gekleidet wie ein dörflicher Schulmeister, der gerade die Augen hob und zu Gregor hinschaute. Er bemerkte Gregors Blick, stand auf und kam zu ihm.

„Kann ich dem Herrn behilflich sein?", fragte er mit einer leichten Verbeugung. „Sie sind doch Herr Gysar, nehme ich an?"

„Das ist richtig", antwortete Gregor, den es im Hinblick auf das bisher erlebte Wesen des Gerichts nicht verwunderte, dass ein Fremder seinen Namen wusste. „Ich habe hier etliche Schriftstücke, deren Gehalt und Bedeutung mir völlig im Unklaren bleiben. Sie jedoch, Sie kennen das Gericht gewiss viel besser als ich und können mir unter Umständen behilflich sein. Ich weiß nicht viel mehr, als was ich darüber, allerdings von ganz verschiedenen Leuten, gehört und was ich heute Vormittag erlebt habe. Darin stimmten aber alle überein, dass das Gericht, wenn es einmal anklagt, fest von der Schuld des Angeklagten überzeugt ist und von dieser Überzeugung nur schwer abgebracht werden kann."

„Schwer?", fragte der Mann und warf eine Hand in die Höhe. „Niemals ist das Gericht davon abzubringen. Wiewohl", er zögerte kurz. „Es soll, sagt man, auch eine Art Befreiung von der Anklage geben."

„Wie das?", forschte Gregor.

Der Mann holte seinen Sessel zum Tisch, setzte sich und fuhr mit gedämpfter Stimme fort: „Nun, es gibt drei Möglichkeiten: die wirkliche Freisprechung, die scheinbare Freisprechung und die Verschleppung. Die wirkliche Freisprechung ist natürlich das Beste, nur, auf diese hat niemand den geringsten Einfluss. Bei ihr entscheidet wahrscheinlich nur die Unschuld des Angeklagten. Wenn Ihre Mandantin unschuldig ist, was bei einer derart wichtigen Angelegenheit denkbar ist, wäre es wirklich möglich, dass Sie sich allein auf ihre Unschuld verlassen. Dann brauchen Sie aber weder mich noch irgendeine andere Hilfe."

„Ich danke Ihnen für Ihre freundliche Auskunft", sagte Gregor. „Die Sache aber ist, wie Sie sich selbst ausdrückten, wichtig genug, und es ist meiner Überzeugung nach notwendig, trotz der Unschuld meiner Klientin, viel kräftiger in den Prozess einzugreifen, als es bisher geschehen ist."

„Ich verstehe", meinte der Mann, „Sie sind sehr ungeduldig."

„Nein, das bin ich nicht", erwiderte Gregor ein wenig gereizt, „ich müsste nur langsam wissen, was meinerseits zu tun möglich ist."

„Dann kommen Sie mir", sagte der Mann. „Ich werde Ihnen etwas zeigen."

\*

Ein düsterer Herbstmorgen, alle Häuser waren noch lichtlos im Kupfergraben an der Spree. Draußen zeigte sich nichts als klammes Dunkel. Düster die Fenster des Museums gegenüber. Ein keimender Tag, einer, der vielleicht, aber nicht sicher hell werden würde:

Angela Kestner erwachte und es war ihr, als habe sie höchst seltsame Träume gehabt, in denen zahlreiche, merkwürdige Begegnungen stattgefunden hätten. Minister Seefeld war sie begegnet und einem Kanzleidirektor namens Schulte, wie Oskar Schulte, ihr grässlicher Vize, Petra Haldenberger, der Wirtschaftsministerin und Anita Storch-Nehle, der früheren Frontfrau der Sozialisten. Dazu ein Treffen mit Herrn Manstein, dem Minister für äußere Gegebenheiten, der im Traum Pressereferent jener seltsamen Gerichtsbehörde gewesen war. Überhaupt das Gericht, eine Behörde, die sie aus dem Bett heraus verhaftet und unter Anklage gestellt hatte. Warum war dies geschehen? Wessen hatte man sie angeklagt? Eine Revolution sollte sich ereignet haben, eine schiere Unmöglichkeit in diesem Land! Hatte sie nicht auch geraucht, was sie seit Jahrzehnten nicht mehr getan hatte? Oder täuschte sie ihr Gedächtnis? Was sollte ein solcher Traum bloß bedeuten?

Doch mehr und mehr verschwand die Erinnerung an das Geträumte und die Bedürfnisse und Erfordernisse der Gegenwart gewannen über ihr Denken die Oberhand.

Es klopfte und ihr Dienstmädchen Petra Vogel brachte, wie jeden Tag gegen 6.10 Uhr, einen ersten Kaffee. Später, nach dem Besuch des Bades, der Unterstützung von Bettina Schönbach bei der Kleiderauswahl und dem Auftritt von Udo Wels, der ein wenig mit ihren Haaren zu zaubern versuchte, ging Angela K. hinüber ins Speisezimmer zum geduldig wartenden Ehemann Jonathan, den sie, wie immer, bei der Lektüre der FAZ antraf.

„Guten Morgen, Angie", begrüßte er sie und goss ihr die zweite Tasse Kaffee ein. „Wo bist du gestern bloß gewesen? Dein Vize Schulte hat dich überall gesucht, die Zeitungen sprechen bereits von einer Regierungskrise! Auch Frau Braumann wusste nicht, wo du zu finden wärest. Was war denn los?"

\*

Jürgen W. betrachtete nachdenklich die Bilder, die das Fernsehen soeben übertrug. Heute hatte ein sogenanntes Nationalkomitee Deutschland zur Demonstration gegen die Regierung von Frau K. aufgerufen. Aus dem ganzen Land strömten die Menschen mit Bahnen und Bussen in die Hauptstadt, die Proteste gegen die amtierende Regierung wurden immer heftiger. Eben sah man die weite Fläche des Pariser Platzes. Überall standen Menschen in roten Westen; sie liefen hin und her oder formten sich schon zur Masse, zum Zug, zu einem riesigen Zug, dessen Spitze achtgliedrig vor dem Brandenburger Tor Aufstellung genommen hatte. Dahinter schloss man sich an, Betriebe, Firmen und Behörden, Studenten und Arbeitslose, alle in Rot, alle zusammen, wie von selbst geregelt und geführt. Am Rand standen da und dort Gruppen von Neugierigen, die sich wenig später ebenfalls in den Demonstrationszug einfügten.

„So viele Fahnen! So viele Plakate! Überall rote Westen!", kommentierte der Reporter. „Der Zug ist endlos geworden, nicht mehr abzusehen, Unter den Linden bis zum Dom runter stehen die Menschen. Es ist ein ungeheurer Haufen von aufgebrachten Menschen, ein Heer, eine gewaltige Massendemonstrationen unter freiem Himmel, auf den Straßen und Plätzen der Stadt. Hier und im Tiergarten, eine mehr als hunderttausendköpfige Menge skandiert: ‚Angela muss weg, Angela muss weg!' Beinahe glaubte man, eine Revolution fände statt."

Nur, das wusste Jürgen W. genau, Revolutionen waren hierzulande nicht üblich. Aber wenn schon das Öffentlich-Rechtliche über Demonstrationen berichtete, musste die Lage sehr angespannt sein.

\*

Sein Nachbar führte Gregor durch mehrere Türen und über verschiedene Stockwerke – erstaunlich, wie viele Türen, Zimmer und Etagen es in diesem Gebäude gab – nach unten und dort zu einem breiten Tor.

„Sie haben gewisse Einblicke in das Wesen des Gerichtes erhalten, Herr Gysar, und dürften fürs Erste genügend Material zu Erarbeitung Ihrer Verteidigungsschrift im Fall Angela K. gefunden haben. Für heute ist es daher genug, Herr Gysar. Sie können gehen."

Mit diesen Worten öffnete er das Tor, welches, zu Gregors großer Überraschung, hinaus auf einen freien Platz führte.

Verwirrt und auch erleichtert trat er hinaus und fand sich am Gendarmenmarkt wieder. Alles wirkte ruhig und alltäglich. Vor ihm das Konzerthaus, linker Hand der Deutsche Dom, an der Nordseite der Französische Dom. Parallel die Französische Straße, gegenüber die Mohrenstraße. Die Charlottenstraße im Westen und die Markgrafenstraße im Osten. Alles wie immer. Eine Gruppe chinesischer Touristen fotografierte sich gegenseitig. Ein Musikerduo improvisierte über klassische Themen. Nirgends waren schwarze Uniformen, nirgends rote Fahnen zu sehen. Wo war die Revolution, von der so häufig die Rede gewesen war? Ein Polizeiwagen fuhr langsam vorüber. Die Polizisten wirkten völlig normal. Angeblich hatte man doch alle Abgeordneten verhaftet? Diese Behauptung stimmte möglicherweise ebenfalls nicht, vielleicht war sogar alles, was er erlebt hatte, der Versuch einer ungeheuren Täuschung gewesen?

Obwohl, die Kanzlerin hatte er doch getroffen? Oder war er auch in ihrer Person durch eine Schauspielerin getäuscht worden? Gregor entschloss sich, umgehend Leni aufzusuchen. Vielleicht wusste sie mehr darüber, was wirklich geschehen war.

\*

Die Kanzlerin blätterte in der Tagesordnung der heutigen Parlamentssitzung, Punkt 13:

*Hintergrund der Beschwerde der Bundesregierung beim Heiligen Stuhl wegen der Bezeichnung und Platzierung des Berliner Bischofs, Erzbischof Dr. Hermann Köchel in dem Verzeichnis der an der römischen Synode teilnehmenden deutschen Bischöfe; Weigerung des Papstes, zusammen mit dem Regierenden Bürgermeister von Berlin auch die Deutsche Botschafterin beim Heiligen Stuhl in Audienz zu empfangen ...*

Mal wieder Annette, ihre alte Freundin machte ihr in letzter Zeit nur Probleme. Kurz warf sie einen Blick in den Sitzungssaal. Vor ihr im Plenum ging der Schlagabtausch der Minister mit der widerspenstigen Opposition in die nächste Runde.

Soeben war die Abgeordnete der Linken Margrit Häcker zu hören, die die Verteidigungsministerin Ursula von Straußberger in die Zange zu nehmen versuchte.

„Billigt die Verteidigungsministerin die Verwendung des nationalsozialistischen Terminus ‚reinrassig' zur Kennzeichnung der Zusammensetzung eines Bataillons in der von ihr als Sonderdruck hergestellten Broschüre ‚Wissenswertes über die Bundeswehr' auf Seite 29?"

„Frau Abgeordnete", erwiderte von Straußberger. „Der Begriff ‚reinrassig' wird auch in der militärischen Fachsprache seit langem verwendet. Er hat keine weltanschauliche Bedeutung. Der Ausdruck, der auch in der Tierzucht geläufig ist, (Sehr richtig! bei den Grünen) kann nichts dafür, dass Unmenschen ihn im menschlichen Bereich für unmenschliche Zwecke missbraucht haben. Auf einen Truppenteil angewandt, bedeutet er, dass diese Einheit dem Typ einer bestimmten Waffengattung entspricht und nicht mit Teilen von Einheiten anderer Waffengattungen zu einem gemischtrassigen Kampfverband zusammengeschlossen ist ..."

Wie sie das ganze blöde Geschwätz langweilte, zumal ihr der Gedanke an ihr nächtliches Gerichtserlebnis keine Ruhe ließ. Dies insbesondere, da ihr der vergangene Tag gänzlich im Bewusstsein fehlte. Was war nur geschehen? Wo war sie gewesen? Sie konnte sich das Ganze nicht erklären. Angela K.s Miene verdüsterte sich. Und dann noch die äußere Situation. Die heutigen Rotwestendemonstrationen in der Stadt, die nahe der Bannmeile lautstark ihren Rücktritt forderten, hellten ihre Stimmung jedenfalls nicht auf. War das die sogenannte Revolution? So etwas gehörte verboten, in Ostelbien hatte der Untergang des Staates genauso begonnen.

Jetzt meldeten sich auch noch die Deutschnationalen mit Fragen zu Wort. MdB Gräulich und diese Frau von Wesel, ein grässliches Duo, das ihr mit seiner penetranten Fragerei ständig die Stimmung zu verderben suchte. Gut, dass beide nicht mehr in ihr persönliches Lieblingslokal durften. Und, ebenfalls „gut": Minister Seefelder weilte heute in seiner fernen blauweißen Heimat.

Angela K. seufzte. Der ständige Ärger. Ach, wenn sie noch einmal jung wäre … Über fünfzig Jahre war es her, dass sie das schicke Blauhemd der Freien Jugend hatte tragen dürfen. „Brüder, zur Sonne, zur Freiheit", „Brüder, seht die rote Fahne", „Brüder, reicht die Hand zum Bunde" sangen sie alle gemeinsam, die Brüder wie die Schwestern. Lang, lang war es her, auch dass sie FDJ-Sekretärin für Agitation und Propaganda gewesen war und in Moskau die Kaderschule besucht hatte; aber halt, das hatte sie ja stets bestritten. Jedenfalls hatte es so etwas wie Opposition damals nicht gegeben, da hatten Walther und die beiden Erichs schon dafür gesorgt.

Vorne tat sich etwas. Margot, nein, Margrit hieß die Frau, Alice und Co. schienen endlich mit ihrem Gerede fertig zu sein. Angela K. atmete auf und begab sich festen Schrittes zum Rednerpult. Jetzt kam ihr großer Auftritt.

\*

Das erste Läuten an der Tür zu Lenis Wohnung war, wie gewöhnlich, erfolglos. Hoffentlich ist sie zu Hause, dachte

Gregor. Er drückte zum zweiten Mal den Knopf, diesmal länger. Endlich erschienen an dem kleinen Guckfenster der Tür zwei Augen, es waren jedoch nicht Lenis Augen. Jemand schloss die Tür auf, stemmte sich aber vorläufig noch gegen sie, und rief in die Wohnung zurück: „Es ist Gregor!" Dann wurde die Tür geöffnet und er trat hinein. Da sah er, wie durch den Flur, der zwischen den Zimmern der Wohnung hindurchführte, Leni, welcher der Warnruf des Türöffners gegolten hatte, im Morgenmantel davonlief. Er blickte ihr kurz nach und sah sich dann nach dem Rufer um.

Dieser war ein kleiner, rundlicher Mann, der eine Kaffeetasse in der Hand hielt und in dem er, zu seiner Überraschung, den Abgeordneten von Tane erkannte.

„Sie sind hier zu Besuch?", fragte Gregor verwirrt.

„Nein, das nicht", antwortete von Tane. „Ich bin lediglich mit Frau Knecht, Lenis Mutter, gut bekannt, die ich wegen einer dringenden Rechtsangelegenheit sprechen wollte."

„In Hemdsärmeln?", fragte Gregor und zeigte mit einer Handbewegung auf die mangelhafte Bekleidung des Politikers.

„Ach, verzeihen Sie!", sagte von Tane, „mir war heiß und daher habe ich abgelegt."

„Leni wohl auch", bemerkte Gregor sarkastisch. „Ist sie Ihre Geliebte?"

„O Gott, nein!", erwiderte von Tane und hob die eine Hand in erschrockener Abwehr vor das Gesicht, „Nein, nein, was denken Sie denn?"

„Ich überlege, ob ich Ihnen glauben kann", sagte Gregor scharf. „Lügen Sie?"

„Nein, nein! Ich lüge nicht. Ich lüge nie! Ich kann gar nicht lügen. Kommen Sie mit ins Wohnzimmer und fragen Sie Sarah selbst, sie ist auch im Hause."

Beide traten in das Wohnzimmer, doch weder Leni noch Frau Knecht befanden sich in diesem.

„Wo sind denn jetzt die Damen?", fragte Gregor. „Sie haben sich doch nicht versteckt, oder?"

„Nein, gewiss nicht, sie dürften in der Küche sein und kochen."

„Warum haben Sie das nicht gleich gesagt?", rügte ihn Gregor.

„Ich habe zunächst nicht daran gedacht", behauptete von Tane. „Folgen Sie mir, ich führe Sie hin."

In der Küche war Gregor noch nie gewesen, sie war überraschend weitläufig und sehr modern ausgestattet. Allein der Herd war dreimal so groß wie gewöhnliche Herde. Dort stand Leni in weißer Schürze und rührte eifrig in einem Topf. Ihre Mutter Sarah war nicht zu sehen.

„Guten Tag, Gregor", begrüßte sie ihn mit einem schelmischen Seitenblick.

„Tag, Leni. Was macht Herr von Tane hier?"

„Er besucht meine Mutter. Sie sind gut befreundet, wie du sicher weißt."

„Mag sein, aber warum warst du im Morgenmantel?"

Lenin rührte schweigend weiter.

„Hast du auch etwas mit von Tane?"

„Hör mal, Olaf ist der Geliebte meiner Mutter!"

„Das ist keine Antwort."

„Ich denke, es gibt Wichtigeres zu besprechen", sagte Leni, stellte den Topf zur Seite und ergriff seine Hand. „Komm, wir gehen ins Wohnzimmer, ich werde dir alles erklären."

„Gut", sagte Gregor, „ich bin sehr gespannt auf deine Erklärungen. Gehen wir!"

Im Wohnzimmer hing sich Leni sogleich an ihn und wollte ihn küssen. Gregor wehrte sie ab. „Ich will nicht, dass du mich jetzt küsst, ich erwarte erst eine zufriedenstellende Erklärung."

„Gregor", sagte Leni und sah ihn bittend an, „du wirst doch nicht auf Herrn von Tane eifersüchtig sein. Er ist ein alter Mann und wirklich nur wegen Mama gekommen. Ich habe ihm geöffnet und war eben noch im Morgenrock. Was ist schon dabei?"

Sie setzten sich. Gregor wusste nicht recht, ob er mit der Antwort zufrieden sein konnte. Anderseits war er wegen etwas ganz anderem zu Leni gekommen, und da mit Herrn von Tane und Sarah Knecht zwei Bundestagsabgeordnete im Hause waren, die ihm sicher Aufklärung geben konnten, sollte er vielleicht die Morgenrockfrage vorerst ruhen lassen.

„Ich hatte dich gestern zum Essen erwartet", sagte Leni soeben. „Du bist nicht gekommen, was war los?"

„Ich habe Seltsames erlebt", begann Gregor und erzählte ausführlich von dem Geschehen, beginnend mit seiner Abholung durch Herrn Finsterwald, über die Situation im Gericht, seine Begegnung mit der Kanzlerin bis hin zu seiner plötzlichen Verabschiedung am unteren Tor des Gebäudes. Während er sprach, traten Olaf von Tane und Sarah Knecht in das Zimmer, setzten sich und hörten aufmerksam seinen Worten zu. Als er schließlich endete, herrschte einen Augenblick betretendes Schweigen. Dann ergriff Sarah Knecht das Wort.

„Es ist", sagte sie und strich sich das schwarze Haar, das sie heute offen trug, aus ihrem Gesicht, „es ist schwer, alles zu glauben, was Sie erzählen, Gregor. Doch ich habe das Ganze selbst schon so erlebt. Mein eigener Prozess dauert bereits viel länger, er begann kurz nach dem Tod meiner Eltern, und das ist mehr als fünfeinhalb Jahre her."

„Es geht dabei aber nicht um eine gewöhnliche Rechtssachen, oder?", fragte Gregor.

„Nein, darum geht es nicht", erwiderte Frau Knecht. „Aber verstehen Sie bitte, dass ich über den Inhalt heute nicht weiter sprechen möchte. Jedenfalls gibt es spezielle Verbindungen dieses geheimen Gerichtes zur öffentlichen Justiz, die einen durchaus beunruhigen können."

„Nun", mischte sich Herr von Tane ein, „vor allem, meine Liebe, willst du deinen Prozess nicht verlieren."

„Das ist doch selbstverständlich", sagte Sarah Knecht. „Infolgedessen darf ich nichts, was mir nützen könnte, außer acht lassen; selbst wenn die Hoffnung auf Nutzen in einem bestimmten Falle nur ganz gering ist, darf ich sie nicht verwerfen."

„Was ist mit der sogenannten Revolution? Es wurde geschrieben, alle Abgeordneten seien verhaftet worden?", hakte Gregor nach, dem Frau Knechts Erklärungen ohne den richtigen Kontext weitgehend unverständlich schienen.

„Es stimmt, man hatte unsere Verhaftung geplant, ja bereits angeordnet", erklärte von Tane zu Gregors Überraschung. „Doch im Revolutionskomitee gab es zu wenig gemeinsame Interessen, sodass man sich nicht auf das konkrete Vorgehen einigen konnte. Ohne eine Gemeinsamkeit lässt sich bei Gericht nichts durchsetzen. Das war unsere Rettung."

„Und die Regierung unternimmt nichts gegen dieses revolutionäre Komitee?", fragte Gregor ungläubig.

„Nein, nichts", sagte von Tane. „Im Gegenteil, man glaubt einfach nicht an die Existenz der Revolution und leugnet jegliche Gefahr, die von ihr ausgeht. Innenminister Seefelder sagt, in Deutschland könne es keine Revolution geben, das läge dem Volk nicht im Blut."

„Auch eine nette Erklärung", meinte Gregor, „ein Deutscher sein, heißt, kein Revolutionär sein. Wenn Seefelder dran glaubt ..."

„Was heißt ‚glauben'? So eine Äußerung ist die pure Dummheit", ärgerte sich Sarah Knecht. „Die Regierung, Kanzlerin wie Minister, weigert sich, die Leute im Komitee politisch wahrzunehmen, obwohl man sie kennt und weiß, dass deren Tun brandgefährlich ist. Wenn es wirklich zu einem Verfahren gegen die Regierung käme, manche sprechen sogar von einem Volksgericht, müssen Sie bedenken, dass in diesem Verfahren viele Dinge zur Sprache kommen, für die der Verstand der normalen Bürger nicht mehr ausreicht. Die Öffentlichkeit ist einfach zu müde und zu abgelenkt für vieles, und zum Ersatz verlegt man sich auf Amüsements wie Sport, Showbusiness, die Medien und das allgemeine Genussleben. Wir reden von den anderen, sind aber selbst nicht viel besser. Eine echte Revolution, so wie 1917 in Russland, das wäre etwas. Aktiver Sozialismus, Enteignung des Kapitals, als erstes die Wohnbaugesellschaften und die Quandts und dann …"

Sie hielt inne und schüttelte den Kopf.

„Nein, das sind wohl Chimären, auch wenn die Grünen bei diesem Tun mitzögen. Die Geschichte wiederholt sich selten, auch nicht im Guten, eher im Schlechten und oft als Karikatur … Jetzt, Gregor, entschuldigen Sie Olaf und mich, wir müssen zur Sitzung. Die Kanzlerin spricht. Da muss man auf alles gefasst sein und notfalls gegenhalten."

Beide brachen auf und Gregor blieb mit Leni allein zurück.

## 3. Kapitel

## Schuld oder Unschuld

*Frau K. fiel einmal auf, dass sie in ihrem Amt nie Schwangere sehe. Also ging sie zu ihrem Sekretär Herrn S. und beauftragte ihn, festzustellen, was es damit auf sich habe. Sie würden in eine andere Abteilung, ins „Mutterhaus", versetzt, teilte S. ihr alsbald mit. „Typisch", meinte Herr H. „Alles was Hand und Fuß hat, wird ausgelagert."*

Im Reichstag sprach noch immer die Kanzlerin, die Rede ging in die dritte Stunde. Allmählich machte sich im Plenum Unruhe breit, so lange und so ausführlich hatte sich Frau K. noch nie geäußert. Diese mochte die veränderte Atmosphäre spüren, denn, nach einem Exkurs zu den aktuellen Wirtschaftsdaten, die sie als sehr positiv bezeichnete, schien sie sich endlich einem Abschluss zu nähern:

„… Meine Damen und Herren, ich komme zum Ende. Wir erleben – und ich habe das in aller Ausführlichkeit erläutert – weltweit den Aufstieg von autoritären Kräften. Ob in Amerika, Asien, Afrika oder in Europa, und auch im eigenen Land."

Unruhe im ganzen Haus.

„Wer, so frage ich Sie, trägt die Verantwortung für diese Stärkung der Extremen, der Autoritären, rechts wie links?"

Zuruf von der Linken, „Meinen Sie uns?"

„Darauf werde ich jetzt nicht eingehen. Die Verantwortung für den Aufstieg, von dem ich spreche, liegt zum guten Teil bei den Medien. Der Ruck in die Extreme wäre ohne Medien nicht möglich gewesen, und zwar sowohl bei den sogenannten sozialen Medien, die sich immer häufiger gegen die Regierung empören und unsere Arbeit in nicht zu akzeptierender Weise zu kritisieren wagen. Es gibt aber auch für uns selbst aus dieser Verantwortung kein Entrinnen. Wer nicht möchte, dass unser Land in die Hände der bekannten rechten und linken Bauernfänger fällt, muss sich dieser Verantwortung stellen."

Zuruf von rechts: „Und was ist mit Ihren Fangnetzen?"

„Wir reden nicht über Fischerei."

Zuruf von links: „Auch nicht über Fangquoten!"

„Nein, wir reden über die Freiheit, da gibt es keine Scheinneutralität. Und um diese müssen wir kämpfen!"

Zuruf von rechts: „Und das Gericht? Fürchten Sie das Gericht!"

Die Kanzlerin starrte für einen Augenblick in die Richtung, aus der der Zuruf gekommen war. Wer wusste hier in diesem Plenum über ihre Erlebnisse Bescheid? Was sollte diese impertinente Frage? Sichtlich verärgert und mit erhobener Stimme sprach sie endlich weiter:

„Nach der Verfolgung, die ich persönlich von der von Ihnen, Herr Abgeordneter, genannten Institution namens Gericht erfahren habe, wird billigerweise niemand von mir verlangen oder erwarten können, dass ich dieses und seine Methoden hier in irgendeiner Weise benenne oder gar akzeptiere. Noch niemals, seit es einen Deutschen Bundestag gibt, ist die Kontrolle der öffentlichen Angelegenheiten durch den gewählten Vertreter des Volkes in solchem Maße von einem Judikativ-Organ ausgeschaltet worden, wie man es mir gegenüber versucht hat. Kommen Sie mir also nicht mit dem Gericht, Herr Abgeordneter! Die Zustände, die in diesem herrschen, dürfen nie für unser Land verbindlich werden. Das erkläre ich hier in aller Öffentlichkeit!"

Applaus von CDU und Grünen, deutliche Zurückhaltung bei den Sozialen und dem Zentrum sowie der Bayernpartei, klare Ablehnung auf der rechten Seite des Hauses.

Die Kanzlerin setzte sich wieder, jetzt erteilte Bundestagspräsident Schäufele dem Vorsitzenden der größtem Oppositionspartei, Franz Mäuler von den Deutschnationalen, das Wort.

„Sie haben sich Zeit gelassen, Frau Kanzlerin, mit Ihrer Erklärung zur Lage, sie war schon lange fällig. Nun ja, spät kommt ihr, doch ihr kommt!"

Lebhafte Zustimmung von den Deutschnationalen.

„Doch Ihre schönen Theorien, die Sie, Frau Kanzlerin, soeben hier verkündeten, sind der Weltöffentlichkeit absolut zu spät mitgeteilt worden. Ihre Erkenntnisse sind keine Erkenntnisse, sondern nur Behauptungen. Sie sagen, wir hätten weltweit einen Aufstieg der autoritären Kräfte zu verzeichnen und sehen dafür uns hier in Deutschland in der Verantwortung. Für was alles soll dieses Land denn noch verantwortlich sein? Für die Kriege im Nahen Osten? Für den Hunger in Afrika? Für den Wahnsinn des amerikanischen und des türkischen Präsidenten? Für den Austritt Hollands aus der Union? Für das Weltmachtstreben Chinas, für den arabischen Winter? Abgesehen davon, dass diese sogenannte Verantwortlichkeit völliger Unsinn ist, sollten wir zunächst die Begrifflichkeiten klären. Fragen wir also erst einmal, welche Absichten verfolgen diese von Ihnen genannten Kräfte, vor denen Sie und Ihre Mitstreiter in den Medien so nachdrücklich warnen? Das wissen Sie offenbar nicht, also erkläre ich es Ihnen und Ihrer Partei mitsamt Ihren rotgrünen Sympathisanten. Diese Kräfte wollen endlich Rechtssicherheit im Land, das heißt Schutz vor Willkür aller Art. Sie wollen Gerechtigkeit und Bestrafung der Schuldigen. Kurz, sie wollen das Gericht!"

Stürmischer Beifall bei den Deutschnationalen, laute Unmutsäußerungen in der Mitte und vor allem seitens der Linken.

\*

Jürgen W. besaß eine kleine Buchhandlung, die in der Kastanienallee neben einem veganen Café angesiedelt war. Das Sortiment des Ladens war eher übersichtlich, aber beeindruckend, und es war ihm bislang gelungen, neben touristischen Laufkunden, die zumeist Stadt- und Kiezführer in ihrer Muttersprache suchten und erwarben, und trotz Amazoniens, ein gewisses Stammpublikum zu halten. Heute allerdings war wenig los und er blätterte in den Tageszeitungen.

„Mysteriöses Verschwinden der Kanzlerin" titelte der Tagesspiegel. „**Wo war Angie?**", fragte in Fettdruck die Bild.

Offenbar war Angela K. für gute 24 Stunden absolut von der Bildfläche verschwunden gewesen. Na ja, das mochte vielleicht im politischen Betrieb aufgefallen sein; den normalen Bürger hatte die Abwesenheit der Kanzlerin nicht berührt. Zumal das politische Tun der sogenannten Elite das Alltagsleben der Menschen und ihre realen Probleme meist nicht erreichte. Dennoch schien es spannend, über den Grund der kanzlerinschen Abwesenheit und vor allem über den Ort, an dem sie sich verborgen haben mochte, zu spekulieren. Ob sie insgeheim einen ihrer bekannten Urlaubsorte aufgesucht hatte? Ischia oder Südtirol, zum Beispiel Sulden am Ortler, ein kleines Bergdorf mit etwa 400 Einwohnern im Vinschgau. Oder war Angela K. in Sexten gewesen, einem Ort, der ebenfalls in „Deutsch-Italien" lag? Oder, eine weitere Möglichkeit, war Frau K. auf die kleine Kanareninsel La Gomera „abgewandert"? Spekulationen über Spekulationen. Neulich, er wusste nicht mehr wo, hatte Jürgen W. zum Thema eine ganz andere Variante gelesen oder auch gesehen. Angela K. müsse ein paar Tage untertauchen, hatte es geheißen, aus Sicherheitsgründen. Wohin also? Die Lösung schien einfach: In das im fernen Südwesten auf der Alb gelegene Eigenheim der gutbürgerlichen Familie Leible sollte sich die Kanzlerin begeben, hin zu den unauffälligsten Leuten des Landes. Weltoffen waren die Leibles wie ein bayerischer Dorfmusikverein, als Schwaben äußerst sparsam und noch durchschnittlicher als die Mustermanns. Na ja, Humor eben, skurril wie bei seinem Freund Peter. Wie auch immer, das Verschwinden als solches schien Jürgen W. ein bedeutsames Vorzeichen zu sein. Ob die Rotwesten ihre Finger dabei im Spiel hatten?

Die Ladentür ging auf, ein Kunde trat ein und unterbrach seine Gedankengänge.

„Haben Sie Handkes Furcht vor dem Elfmeter?"

Hatte Jürgen W., jedenfalls einen so ähnlich lautenden Titel.

\*

„Was soll das für ein ominöser Prozess sein, von dem du uns erzähltest?", fragte Leni. „Ich muss gestehen, dass mich das alles sehr verwirrt und auch ein wenig ängstigt."

„Ich weiß auch nicht, was ich davon halten soll", sagte Gregor. „Ich hatte nur den Eindruck, als ich mit meinem Onkel zusammenkam, dass ihm an dem Prozess viel gelegen wäre."

„Aber warum bestand er darauf, dass du für ihn die Verteidigung übernehmen solltest? Du hast zwar ein paar Semester Jura studiert, doch ist das eine völlig unzureichende Basis, um in einem solchen Verfahren als Anwalt aufzutreten, zumal wenn es um die Kanzlerin geht."

„Ich glaube, der Onkel ist alt und hofft, dass mir der Prozess leichter fallen würde als ihm. Er hat mir die Vertretung sicher nur übergeben, um die Last des Prozesses von sich abzuwälzen. Mit dem Erfolg, dass ich mir immer größere Sorgen wegen des Prozesses mache."

„Und wie siehst du das Gericht?", forschte Leni.

„Ich bin mir nicht sicher, was sich hinter dieser seltsamen Behörde verbirgt", erwiderte Gregor. „Ich habe auch den Eindruck, dass ich in der Sache von Frau K. nichts unternehmen kann, ich weiß ja noch nicht einmal, wessen die Kanzlerin angeklagt ist. Ich bekam, wie ich erzählt habe, vom Gericht verschiedene Akten und Dokumente vorgelegt, mit denen ich allerdings nichts anzufangen wusste. Aber das kann nicht genügen, wenn jetzt der Prozess, förmlich im Geheimen, immer näher an mich rückt."

Gregor schwieg, irgendwo tickte eine Uhr.

„Es ist so stickig hier", sagte Leni plötzlich und ging zum Fenster. Es ließ sich nur schwer öffnen, sie musste mit beiden Händen die Klinke drehen. Frische Luft strömte herein und helle Sonne, die durch die stark verschmutzten Scheiben vorher nicht wahrnehmbar gewesen war.

„Ein schöner Herbst."

Leni zeigte hoch zum Himmel. Da klingelte es an der Tür.

„Ich gehe öffnen, entschuldige mich."

Gregor nickte und trat ans Fenster. Draußen lag ein typischer Berliner Hinterhof mit exklusivem Blick auf die Fläche eines Parkdecks. Auf einer grauen Fassade hatte ein Sprayer riesengroß die Buchstabenfolge SAKOE geschrieben. Tauben gurrten und flogen umher.

Leni kam eben zurück und Gregor wandte sich wieder dem Zimmer zu. Ein Mann war mit ihr ins Zimmer getreten, in dem Gregor Herrn Finsterwald erkannte. Trotz dessen unerwarteten Auftauchens fühlte er keine große

Überraschung, fast hatte er mit einem derartigen Besuch gerechnet. Eher beunruhigte ihn die Aktentasche des Herrn, aus der dieser nun wohl irgendwelche Papiere herausziehen würde, um Gregor das Ergebnis der bislang erfolgten gerichtlichen Verhandlungen mitzuteilen. Finsterwald aber folgte seinem Blick, klopfte auf seine Tasche und sagte, ohne sie zu öffnen:

„Sie wollen sicher hören, was es Neues gibt. Ich trage schon fast einen ersten Untersuchungsbericht in der Tasche. Ein reizender Mensch, der Voruntersuchungsrichter Blum, aber durchaus nicht ungefährlich. Die Staatsanwaltschaft teilt natürlich meine Meinung."

Er lachte laut, schüttelte Gregors Hand und wollte auch ihn zum Lachen bringen. Aber Gregor schien es nun wieder verdächtig, dass ihm der Finsterwald die Papiere nicht zeigte, und er fand an seiner Bemerkung auch nichts zum Lachen.

„Herr Gysar", sagte Finsterwald, da er nicht lachte. „Sie sehen heute so bedrückt aus. Haben Sie Kopfschmerzen?"

„Gewissermaßen", antwortete Gregor knapp.

„Sehr richtig", sagte Finsterwald, der ein eiliger Mensch zu sein schien, der niemanden ruhig anhören konnte, „jeder hat sein Kreuz zu tragen."

Unwillkürlich machte Gregor einen Schritt gegen die Tür, als ob er gehen wolle.

„Augenblick, warten Sie!", rief der Besucher. „Ich hätte noch eine kleine Mitteilung für Sie. Ich fürchte sehr, dass ich Sie gerade jetzt damit vielleicht belästige, aber ich darf es nicht wieder vergessen. Denn schiebe ich die Mitteilung weiterhin auf, verliert diese wahrscheinlich vollständig ihren Zweck. Das wäre schade, denn im Grunde ist meine Mitteilung in keiner Weise wertlos."

Ehe Gregor Zeit hatte zu antworten, trat Finsterwald nahe an ihn heran, klopfte mit dem Fingerknöchel leicht an seine Brust und sagte leise: „Sie haben die Verteidigung im Prozess gegen Frau K. übernommen, nicht wahr?"

Gregor trat ein Stück zurück und überlegte: „Hat Ihnen das der Auskunftgeber gesagt?"

„Das nun eben nicht", sagte Finsterwald. „Er weiß viel, vielleicht sogar alles, aber darüber haben wir nicht gesprochen. Nein, ich erfahre hie und da etwas von dem Gericht und das betrifft eben die Mitteilung, die ich Ihnen machen wollte."

„Nehmen Sie erst einmal Platz", sagte Leni. „Ich mache den Herren einen Kaffee und dann können Sie sich in Ruhe austauschen."

Gregor bot Finsterwald einen Stuhl an und sie setzten sich.

„Es ist leider nicht sehr viel, was ich Ihnen mitteilen kann", sagte Finsterwald. „Aber in solchen Dingen soll man nicht das Geringste vernachlässigen. Außerdem drängt es mich, Ihnen, da ich Sie schon zu wecken hatte, auch irgendwie zu helfen, und sei meine Hilfe noch so bescheiden. Sie sollten", sagte er dann, „sich unbedingt mit der Skulptur in der großen Kunsthalle beschäftigen. Sie haben sie gesehen?"

„Das habe ich nicht", erklärte Gregor. „Und ich wüsste auch nicht, wie ein Standbild im Prozess eine Hilfe sein könnte."

„Lassen Sie sich die Skulptur bei Ihrem nächsten Gerichtsbesuch unbedingt zeigen. Sie wird Ihnen das Eigentliche, um das es geht, verdeutlichen. Und sprechen Sie auch mit dem Künstler, es ist ein gewisser Herr Titorelli, ein Bildhauer. Titorelli ist nur sein Künstlername, seinen wirklichen Namen kenne ich nicht. Grüßen Sie ihn von mir und fragen Sie ihn nach der Bedeutung der Skulptur. Er könnte, wie ich sagte, helfen."

Mit diesen Worten erhob sich Finsterwald und verließ ohne Abschied das Zimmer. Draußen klappte die Tür, gerade als Leni mit einem Tablett eintrat. Sie stellte dieses auf den Tisch.

„Wo ist denn dein Besuch?", fragte sie überrascht.

„Gegangen", antwortete Gregor knapp. „Jedenfalls habe ich durch sein Kommen eine Neuigkeit im Hinblick auf das Gericht erfahren. Vielleicht bekomme ich doch allmählich einen gewissen Einblick in die Angelegenheit. Obwohl ich nicht weiß, was ein Künstler mit dem Prozess zu tun haben soll."

\*

Termine, Termine, Termine. Morgens die Kabinettssitzung und Diskussionen mit widerspenstigen Ministern. Dann der Auftritt im Bundestag und ihre Regierungserklärung, die sich zu einer Marathonrede entwickelt hatte. Angriffe der Opposition und weitere Reden. Im Anschluss die Bürozeit, in der sie haufenweise Akten studiert und eine Vielzahl von Dokumenten unterzeichnet hatte. Abends war dann der Empfang des Ministerpräsidenten der Republik Moldau gewesen; eine Begrüßung mit militärischen Ehren, das gemeinsame Essen – deutsche Küche: Ente mit Pflaumensoße oder Königsberger Klopse – und weitere, sehr ermüdende Gespräche. Morgen sollte sie zu einer zweitägigen Reise nach Albanien, Serbien und Bosnien-Herzegowina aufbrechen ...

Angela K. merkte, wie die Anstrengungen mehr und mehr wuchsen. Dabei fühlte sie sich seit ihrem Gerichtstraum – denn es konnte nur ein Traum und kein reales Erleben gewesen sein – wie gerädert und heute zudem ziemlich am Ende ihrer Kräfte. Sie blickte auf die Uhr, 23.45, endlich endete der Arbeitstag. Jetzt lag sie im Bett, Jonathan schlief in seinem Zimmer, und schloss erleichtert die Augen, wenn es gut ging, konnte sie sechs Stunden schlafen ...

Sie erwachte von einem schlurfenden Geräusch, richtete sich auf und zuckte zusammen. An ihrem Bett stand derselbe Mann wie an jenem bewussten Morgen, als sie verhaftet worden war. Schlank und muskulös gebaut und ganz in ein sehr dunkles Schwarz gekleidet. Auch der Anzug mit den verschiedenen Taschen, Schnallen, Knöpfen und dem Gürtel schien der gleiche zu sein.

„Sie schon wieder!", rief Angela K. erbost und setzte sich im Bett auf. „Was soll diese Störung, was wollen Sie heute von mir?"

Der Mann aber ging erneut ohne eine Antwort über die

Frage hinweg, als müsse sie sein Erscheinen ohne weitere Erklärung hinnehmen, und sagte lediglich:

„Wollen Sie nicht läuten?"

„Natürlich will ich das", erwiderte Angela K. „Frau Vogel soll mir den Kaffee bringen und dann erwarte ich Beate Braumann zum Morgenrapport. Und Sie, Sie gehen besser."

Der Fremde nickte kurz und wandte sich zur Tür, die er ein wenig öffnete, um jemandem im anderen Zimmer mitzuteilen:

„Sie will wieder, dass Petra Vogel den Kaffee bringt!"

„Gut, Kaffee soll sie heute haben", kam es von nebenan zurück. „Danach brechen wir auf."

„Soll es wieder ins Gericht gehen?", forschte Angela K.

Eine Antwort erhielt sie nicht, dafür erschien Frau Vogel mit dem Kaffee. Doch ehe die Kanzlerin einen Schluck nehmen konnte, öffnete sich die Außentür und die bekannten Bewaffneten traten mitsamt ihrem Anführer herein. Dieser grüßte höflich.

„Frau Kanzlerin, ich darf Sie bitten, nachdem Sie Ihren Kaffee getrunken haben, sich unverzüglich anzukleiden und uns erneut zu begleiten."

„Ins Gericht, nehme ich an", sagte Angela K. resigniert, denn alles schien von vorn zu beginnen und ihr fehlte die Kraft, sich gegen das Geschehen aufzulehnen.

„Es geht zum Gericht", bestätigte der Sprecher. „Voruntersuchungsrichter Blum hat noch einige Fragen an Sie zu stellen."

\*

Jürgen W. schritt an diesem Morgen durch den Schillerkiez nahe dem Tempelhofer Feld. Der gestrige Regen hatte geendet, heute schien die Sonne, ein prächtiger Herbsttag kündigte sich an. Links und rechts des Weges standen schön sanierte Gründerzeitbauten, im Erdgeschoss viele neue Lokale, Bars und zahlreiche Galerien. Dort drüben gab es sogar ein israelisches Café, das „Gordon Café", das gleichzeitig ein Plattenladen war. Ein gutes Viertel? Ein Viertel, in dem es sich zu leben lohnte? Er wusste es nicht so genau, zu viel hatte in den letzten Jahren in den Zeitungen über Luxussanierungen in großem Stil gestanden. Obwohl, was unter Luxus konkret zu verstehen war, erschloss sich ihm nicht. Der Einbau eines Kachelofens, einer Fußbodenheizung oder eines neuen Bades schienen ihm kein großer Luxus zu sein. Ein Aufzug für ein Auto war natürlich etwas anderes. Schwierig schien ihm eher das Bevölkerungsgemisch im Kiez. Die Zeitung sprach von hoher Kriminalität und in sich geschlossenen Clans, die das Viertel angeblich kontrollierten. Daran mochte etwas sein, ein paar Straßen weiter befand sich die Gegend zum überwiegenden Teil in tibetanischer Hand. Hier wohnten vor allem Laoten, Monegassen, Tibetaner, eine angemessene, ausgeglichene Bevölkerungsbalance hatte die Stadtverwaltung wohl nicht zustande gebracht. Zuwanderung, Integration, Gerechtigkeit und Toleranz, das waren sicher schwierige Themen, eine echte gesellschaftliche Herausforderung. Er kannte viele, die den Eindruck hatten, alles würde für die Flüchtlinge gemacht, keiner kümmere sich um die Alten, um die

Bildung der Kinder, um die heimischen Werte. Ein idealer Nährboden für Extremisten. Die Politik schien sich in dieser Hinsicht wegzuducken, die einfache Formel lautete, wer uns nicht zustimmt, kann nur ein Radikaler sein. Kürzlich hatte sogar eine linke Abgeordnete die Aussage getwittert, alle Rentner seien verkappte Faschisten. Durch solchen Unsinn war auch die Rotwestenbewegung entstanden. Ob die wirklich viel bewegen würde? Jürgen W. hatte seine Zweifel, Populisten, ganz gleich ob grüner, roter oder blauer Couleur, waren ihm samt und sonders unsympathisch.

Ein Ball rollte ihm vor die Füße, Kinder, die spielten. Ein kleines Mädchen folgte ihm, nahm ihn auf und lief zu ihren Spielgefährten zurück.

Da und dort hatte er Gerüchte über ein drohendes Gericht gehört, das die Machenschaften der Politik genau untersuchen würde. Angeblich hatte dieses bereits die Kanzlerin vorgeladen oder, wie andere sagten, ausführlich vernommen. Ob das stimmte? Ein Volksgericht sollte sich gebildet haben? Er konnte es kaum glauben. Hatte Brecht recht und auch die Mächtigen kamen einmal zu Fall?

Wieder der Ball, gekonnt schoss Jürgen ihn zurück: Tor!

\*

Gregor begab sich in die Redaktion, um dort zu erfahren, was die Kollegen über den Prozess und das ganze Verfahren gegen Angela K. wussten. Doch jeder, den er danach fragte, gab vor, nie etwas von einem Prozess gegen die Regierung und die Kanzlerin im Besonderen gehört zu haben. Der eine oder andere glaubte sogar, dass Gregor scherze. Er schüttelte noch den Kopf über seinen Misserfolg, als eine Sekretärin ihn auf zwei Herren im Anzug aufmerksam machte, die im Vorzimmer auf einer Bank saßen. Sie warteten schon lange darauf, zu Gregor vorgelassen zu werden, sagte sie. Jetzt, da der Sekretärin mit ihm sprach, waren sie aufgestanden, und jeder wollte eine günstige Gelegenheit ausnutzen, um sich vor den anderen an Gregor heranzumachen. Da man von Seiten der Zeitung so rücksichtslos gewesen war, sie im Wartezimmer ihre Zeit verlieren zu lassen, wollten auch sie keine Rücksicht mehr üben.

„Herr Gysar", sagte schon der eine. „Ich muss Sie unbedingt sprechen. Sie wissen, es geht um die drohende Zwangsräumung in der Schönhauser Allee."

„Und die Protestdemo gegen Verdrängung und Mietwucher", rief der zweite.

Aber Gregor zog bereits den Mantel wieder an, denn er wollte rasch aufbrechen, um im Hauptstadtstudio des ZDF, in dem ein früherer Bekannter tätig war, weiter zu recherchieren.

„Verzeihen Sie, meine Herren", sagte er, „ich habe augenblicklich leider keine Zeit und kann Sie nicht empfangen. Ich habe einer dringenden Recherche nachzugehen und muss sofort los. Ich weiß, Ihre Anliegen sind sicher wichtig. Aber wären Sie dennoch so freundlich, morgen wiederzukommen? Wir können heute Abend auch telefonieren."

Diese Vorschläge brachten die Herren, die fest damit gerechnet hatten, Gregor hätte heute Zeit für sie, in solches Staunen, dass sie auf die Schnelle keine Antwort fanden.

„Wir sind uns also einig?", fragte Gregor.

Da trat aus dem Nebenzimmer Herr Manstein hervor, sah lächelnd Gregor an und fragte: „Sie wollen doch nicht jetzt schon gehen, Herr Gysar?"

„Eigentlich schon", erwiderte Gregor. „Es sei denn, Sie könnten mir die gewünschte Auskunft geben, nach der ich suche."

„Nun, das wäre denkbar", erwiderte Manstein. „Kommen Sie in mein Büro, damit wir die Angelegenheit ausführlich und unter vier Augen besprechen können."

„Gern", sagte Gregor, ließ die Herren stehen und folgte Herrn Manstein, verwundert, dass dieser in der Redaktion ein Büro haben sollte.

\*

Die Männer geleiteten die Kanzlerin aus der Wohnung und zur Straße hinab. Dort musste sie in eine Limousine steigen, es war die gleiche wie vor zwei Tagen. Kaum dass sie Platz genommen hatte, startete der Fahrer. Im Gegensatz zur kürzlichen Entführung wurde ihr heute die Aussicht nicht verwehrt und Angela K. konnte erkennen, wohin die Tour ging. Die Straßen, durch die der Wagen fuhr, alles Hauptverkehrsadern der Stadt, waren zu dieser frühen Stunde wenig belebt, doch mit zunehmendem Tageslicht wuchs von Minute zu Minute die Menge der Fahrzeuge stärker an. Bald wogte nach beiden Richtungen ein dichter Verkehrsstrom vorüber, Busse, Pkws, Laster. Angela K. starrte fasziniert und erschreckt zugleich aus dem Fenster. Noch nie vorher hatte sie sich zu dieser Tageszeit in einer ähnlichen Lage befunden, und das stürmende Gewühl da draußen erzeugte in ihr ein seltsam beängstigendes wie neugieriges Gefühl. Das war also das Volk, von dem sie schon so viel gehört und selbst auch gesprochen hatte und das sie im Eigentlichen kaum kannte. Bald kümmerte sie sich nicht mehr darum, wohin sie gebracht wurde, sondern vertiefte sich ganz in die Betrachtung des Straßengewoges. Die meisten der Menschen in den vorüberfahrenden Wagen hatten ein fast grimmiges Aussehen und schienen nur daran zu denken, sich mit ihren Automobilen rasch einen Weg durchs Gedränge zu bahnen. Ihre Brauen waren gerunzelt, und ihre Augen blickten misstrauisch umher. Mussten sie wegen anderer Fahrzeuge halten, zeigten sie große Ungeduld und hupten heftig. Viele hatten hastige Bewegungen und gerötete Gesichter; sie gestikulierten und schimpften lautstark, zumindest schien es Angela K. so. Ein paarmal versuchte sie, durch Winken auf sich aufmerksam zu machen, doch niemand schien weiter auf sie zu achten und ihre Person hinter den Scheiben wahrzunehmen. Schließlich bog ihre Limousine in eine schlecht gepflasterte Querstraße ein und der Verkehr verebbte schlagartig.

Links und rechts standen hohe, graue Mietshäuser. An diesem Morgen lagen die meisten der Bewohner wohl noch im Bett und schliefen oder mussten bereits zur Arbeit gegangen sein, denn an den Fenstern war niemand zu sehen. Mittlerweile schienen Stunden vergangen zu sein, jedenfalls war es schon spät am Vormittag, als der Wagen offenbar das Ziel erreichte und in eine breite Toreinfahrt bog. Sie hielten an und die Türe wurde geöffnet. Wie beim letzten Mal wurde Angela K. über unterschiedliche Treppen und Gänge geleitet und endlich zur großen Tür gebracht, die in den Untersuchungssaal führte. Auf das Klopfen eines ihrer Begleiter wurde die Tür sogleich geöffnet. Eine feiste Person, die gleiche, die Angela K. vor kurzem für Frau Storch-Nehle gehalten hatte, stand auf der Schwelle.

„Was wollt ihr hier?", fragte sie mit vorwurfsvoller Stimme. „Heute ist keine Sitzung!"

„Warum sollte keine Sitzung sein?", sagte K.s Begleiter, „Das will ich nicht glauben."

Zur Antwort öffnete die Frau beide Türflügel.

„Ich lüge nicht", beteuerte sie, „schaut selbst!"

Der Saal war wirklich leer und sah in seiner Leere sehr kläglich aus. Lediglich einige einfache Tische standen im Raum, auf denen verschiedene Akten lagen.

„Ich würde gern sehen, was die Akten enthalten", sagte Angela K. „Nicht aus besonderer Neugierde, sondern nur, um nicht vollständig nutzlos hier gewesen zu sein."

„Nein", erwiderte die Frau und schloss die Tür rasch wieder, „das ist nicht erlaubt. Die Akten dürfen nur vom Untersuchungsrichter eingesehen werden. Ätschi!"

„So ist das also", gab Angela K. zurück. „Die Angeklagten haben nicht einmal die Möglichkeit der Akteneinsicht? Kein Wunder bei diesem schludrigen Verfahren. Es gehört wohl zu der Art dieses Gerichtswesens, dass man nicht nur unschuldig, sondern auch unwissend verurteilt wird."

„Damit kenne ich mich nicht aus", sagte die Frau, die vorgab, nicht genau verstanden zu haben. „Widde, widde, wie es jedem gefällt!", fügte sie merkwürdigerweise hinzu.

„So? Dann können wir wieder fahren, oder?", wandte sich die Kanzlerin nun an ihren Begleiter.

„Nein", sagte dieser. „Da der Untersuchungsrichter nicht im Hause ist, werde ich Sie zum Kanzleidirektor führen, denn schließlich sollen Sie nicht umsonst die Mühe der Fahrt auf sich genommen haben."

\*

Manstein beugte sich hinab und sperrte eine tiefer gelegene Tür auf, die Gregor bislang noch nicht bemerkt hatte. Gregor trat vor und zog den Fuß wieder zurück.

„Was ist denn das?", fragte er verblüfft.

„Es sind die Gerichtskanzleien", erklärte Manstein. „Wussten Sie nicht, dass die Gerichtskanzleien direkt an die Räume der Redaktion grenzen? Gerichtskanzleien sind nahezu überall in der Stadt zu finden, vor allem in Wedding, Moabit und Kreuzberg – warum sollten sie gerade hier fehlen? Im Eigentlichen gehören große Teile der Redaktion ebenfalls zu den Gerichtskanzleien, das Gericht hat sich aber aus diesen Räumen zurückgezogen."

Gregor spürte erneut, wie unwissend er im Hinblick auf die Angelegenheiten dieses Gerichtes war. Eine Grundregel schien zu sein, immer auf alles vorbereitet zu sein, sich niemals überraschen zu lassen, nicht ahnungslos nach rechts zu schauen, da möglicherweise links einer der Gerichtsbediensteten auftauchen konnte oder sich sonstwie das Gericht bemerkbar machte.

Vor ihm dehnte sich ein langer Gang, aus dem ihm eine frische Luft entgegen wehte. Bänke waren zu beiden Seiten aufgestellt, genauso wie in einem Wartezimmer. Augenblicklich war wenig los, nur eine Person saß dort halb liegend, das Gesicht hatte sie auf der Bank in die Arme vergraben und schien zu schlafen. Eine andere Gestalt stand im Halbdunkel am Ende des Ganges.

„Ich kann Sie nicht mehr begleiten!", rief der Auskunftgeber. „Sie finden aber allein den Weg. Immer geradeaus! Auf Wiedersehen! Und überlegen Sie nicht zu lange!"

Ein überraschender Abgang, dennoch sah sich Gregor nicht nach ihm um, da ihn die Neugier vorwärts trieb. Er folgte dem Gang, der ihn mit einigen Windungen zu einer breiten Türe führte. Diese öffnete er. Vor ihm befand sich ein ihm bis dahin unbekannter Saal, der, bis auf einige mit Akten bedeckte Tische, leer war. Gerade schloss sich gegenüber eine Tür, hinter der er für einen kurzen Augenblick glaubte, Kanzlerin K. gesehen zu haben – er mochte sich aber getäuscht haben; Frau K. befand sich, wie er gelesen hatte, auf Staatsbesuch im fernen Sarajewo.

Von der Seite her hörte er ein lautes Räuspern. Dort saß

in einer Ecke ein dicker, asthmatisch schnaufender Mann, vor sich ebenfalls einen Tisch, angefüllt mit Akten. Kaum erblickte er Gregor, zog er eine Uhr aus der Westentasche und legte sie vor sich auf das Pult.

„Sie sind da", stellte er fest, „das ist gut, dann können wir endlich mit der Einweisung in die Prozessordnung beginnen."

Er deutete auf einen schmalen Stuhl, der direkt vor dem Tisch stand.

„Nehmen Sie Platz, Herr Gysar. Mein Name ist Blum, ich bin der Untersuchungsrichter."

Gregor setzte sich.

„Da ich dem Gericht sozusagen vorstehe, werde ich Ihnen sagen, was Ihre Mandantin erwarten könnte. Zunächst wäre es möglich, wenn auch nicht denkbar, dass diese wirklich freigesprochen würde. Das heißt, die Prozessakten werden vollständig abgelegt und verschwinden gänzlich aus dem Verfahren. Die Anklage, der Prozess, ja sogar der Freispruch werden vernichtet, alles ist so, als hätte es dieses Verfahren nie gegeben. Tabula rasa, Sie verstehen, was ich meine."

„Sicher. Aber, warum wird dann überhaupt ein Verfahren eingeleitet? Und, die Frage wurde mir, der ich die Angeklagte offenbar zu vertreten habe, bislang nicht beantwortet: Wessen ist Frau K. denn beschuldigt?"

„Dazu später", wies Blum die Frage mit einer vagen Geste zurück. „Ich komme nun zum scheinbaren Freispruch. Mit dem Akt geht keine weitere Veränderung vor sich, als dass dieser um die Bestätigung der Unschuld, um den Freispruch und um die Begründung des Freispruchs bereichert worden ist. Im Übrigen aber bleibt er im Verfahren, er wird zu einem höheren Gericht weitergeleitet und so weiter. Kann sein, das Verfahren kommt zu uns zurück, kann sein, es pendelt mit größeren und kleineren Schwingungen hin und her. Das Ganze ist unberechenbar."

„Wenn dies alles so unberechenbar ist", empörte sich nun Gregor, „dann muss ich das Verfahren grundsätzlich, inhaltlich wie formal, in Frage stellen. Ich werde", und mit diesen Worten erhob er sich, „in einer Angelegenheit, in der so viel Unklarheit herrscht, keine Verteidigung übernehmen."

Er wandte sich zur Tür.

„Warten Sie!", befahl Blum plötzlich in scharfem Ton.

„Sie müssen bedenken, wir befinden uns noch im Rahmen der Voruntersuchung und diese ist noch lange nicht zu Ende. Ihnen wird bald Raum gegeben, sich über die Anklage genau zu informieren. Hinter diesem Gericht, das ich zu vertreten die Ehre habe, steht eine umfassende Ordnung. Eine moralische Ordnung, die unbestechlich danach fahndet, schuldige Personen zu verhaften und gegen sie ein Rechtsverfahren einzuleiten. Nur so lässt sich die ganze Sinnlosigkeit der aktuellen Regierungsarbeit, die Unbedarftheit, ja sogar Korruption der herrschenden Amtsträger und Parteigänger von Frau K., aber auch der sogenannten Opposition aufdecken."

„Das mag alles richtig sein", antwortete Gregor, „erklärt aber nicht, warum mir nicht die einfachste Frage beantwortet wird. Ich jedenfalls lege mein Mandat nieder und wünsche Ihnen, Herr Richter Blum, viel Erfolg mit Ihren Untersuchungen."

Gregor öffnete die Tür, Blum schien aber noch schneller als er gewesen zu sein, denn er erwartete ihn bereits dort.

„Einen Augenblick", sagte er ruhig. Gregor blieb unschlüssig stehen. Was konnte Blum noch von ihm wollen?

„Ich will Sie nur darauf aufmerksam machen", sagte Blum, „dass Sie sich heute – es dürfte Ihnen nicht richtig klar geworden sein – des Vorteils beraubt haben, den eine Information über das Verfahren in jedem Falle bedeutet. Sie hätten die Gelegenheit nutzen und meinen Erläuterungen zuhören sollen. Das taten Sie leider nicht, schade! Gehen Sie ruhig, doch seien Sie gewiss, Ihre Aufgabe ist nicht beendet!"

Gregor wandte sich ab, trat hinaus und befand sich wieder auf dem Gendarmenmarkt. Scheinbar gab es bei diesem Gericht doch gewisse Regeln, auch wenn er die zugrunde liegende geografische Ordnung bislang nicht verstand. Eilig lief er heimwärts.

\*

„Kanzleidirektor Schulte ist bereit, Sie zu empfangen, gnädige Frau."

Schon wieder Oskar Schulte, ihr Stellvertreter! Doch dieser gerichtliche Schulte tat, als kenne er sie nicht und nickte nur kurz zur Begrüßung. Er sah auch etwas anders aus, gebeugter und älter. Schulte bot Angela K. mit einer nachlässigen Geste einen Stuhl an und begann, gleich nachdem sie sich gesetzt hatte, mit einigen Erklärungen zum Verfahren.

„Von außen gesehen, Frau K., kann es mitunter den Anschein bekommen, dass Ihr Tun und Lassen, Ihr Wirken und Ihre Arbeit längst vergessen, alle Akten über Ihre Schuld und Ihre Verfehlungen verloren sind und im Hinblick auf Ihre Anklage nur ein vollkommener Freispruch zu erwarten ist. Ein mit dem Wesen des Gerichts Vertrauter kann und wird das nicht glauben. Es geht kein Akt verloren, nie und nimmer, es gibt bei Gericht kein Vergessen. Nie und nimmer! Eines schönen Tages – gerade dann, wenn Sie es nicht erwarten – nimmt ein eifriger Richter Ihre Akten in die Hand, blättert in ihnen und erkennt beim Lesen, dass in Ihrem Fall die Anklage noch lebendig ist, und ordnet Ihre sofortige Verhaftung an. Denken Sie nicht, dass zwischen dem scheinbaren Freispruch und der neuen Verhaftung immer eine längere Zeitspanne liegt. Das ist möglich, und ich weiß von solchen Fällen, es ist aber ebenso gut möglich, dass der Freigesprochene vom Gericht nach Hause kommt und dort schon Beauftragte warten, um ihn wieder zu verhaften. Dann ist natürlich das freie Leben zu Ende."

„Und der Prozess beginnt von Neuem?", fragte Angela K. ungläubig.

„Sicher", bestätigte Schulte, „der Prozess beginnt neu. Man muss wieder alle Kräfte zusammennehmen und darf sich nicht ergeben."

„Das ist schön und gut", hielt Angela K. entgegen, „erklärt aber nicht im Geringsten, was mir eigentlich vorgeworfen wird. Wohlgemerkt, ich bin Kritik an meiner Arbeit und meinen Entscheidungen gewöhnt. Die Opposition lässt keinen Tag aus, mir alles nur Denkbare vorzuwerfen. Manches mag auch stimmen, gewisse Entscheidungen würde ich heute vielleicht, im Hinblick auf die Konsequenzen, anders oder gar nicht treffen. Es ist nun einmal schwierig, alle Bälle im Spiel gleichzeitig im Blick zu behalten. Natürlich", sprach sie weiter, da der Kanzleidirektor ihr schweigend zuhörte und offenbar nicht weiter vortragen wollte, „natürlich gibt es im Volk sehr unterschiedliche Bewegungen. Aber die Mehrheit stützt die Regierung und läuft nicht brüllend und vor Wut schreiend durch die Gegend. Es gab dazu auch keinen Anlass; freilich, da und dort haben Tibetaner das Messer gezogen, es soll auch angeblich zu Tötungsdelikten gekommen sein, doch viele arbeiten bereits, also fast 175.000 von den zwei Millionen – und das ist ein guter Ansatz. Wir müssen nur Geduld haben und natürlich Respekt vor der fremden Kultur. Ich selbst halte es zum Beispiel für angebracht, vom Hochfrühlings- sowie vom Winterfest zu sprechen, nicht weil ich nicht christlich erzogen worden bin, mein Vater war immerhin Pastor, er ist sogar ins östliche Heidenland gezogen, um den Glauben zu verkünden ..."

Angela K. schwieg plötzlich, irgendwie hatte sie den Faden verloren.

„Das kann man so sehen oder auch nicht", sagte nun der Kanzleidirektor, als ob er auf eine Frage Antwort gebe.

„Aber in dieser Hinsicht kann man eigentlich nichts Bestimmtes sagen. Jedenfalls kann auf die zweite Verhaftung ein zweiter Freispruch erfolgen. Dieser zweite Freispruch ist jedoch nicht endgültig. Dem zweiten Freispruch folgt häufig die dritte Verhaftung, dem dritten Freispruch die vierte Verhaftung, und so fort. Das liegt schon im Begriff eines scheinbaren Freispruchs."

Angela K. schwieg erneut, diesmal fast entmutigt.

Hatte sie sich wirklich etwas zuschulden kommen lassen, dass sie sich einer solchen Willkür ausgesetzt sehen musste? Sicher, es gab das eine oder andere in ihrer Biografie, das bedenklich erscheinen mochte, aber eigentlich fühlte sie sich unschuldig und völlig zu Unrecht angeklagt. Angela K. wusste auch, dass beim Verfassungsgericht von rechter Seite her eine Vielzahl von Anklagen wegen angeblichen Verrats gegen sie angestrengt worden war – was selbstverständlich keine Folgen gehabt hatte. Doch dieses Verfahren schien ihr gefährlicher zu sein. Wer steckte hinter dem Ganzen? Die Sozis? Die Deutschnationalen? Die Bayernpartei von Herrn Seefelder? Die Amerikaner oder die Chinesen? Oder die Bilderer? Zum Treffen der Gruppe Ende Mai in Montreux war sie in diesem Jahr nicht eingeladen worden, dafür die Generalsekretärin der Liberalen sowie die Verteidigungsministerin Ursula von Straußberger und sogar ihre eigene Parteivorsitzende Rosemarie Kessel-Köhler. Nein, die Bilderer hatten ihren Einsatz in Harvard gebraucht. Aber wer sonst hatte die Macht, sie rechtlich zu belangen und zu drangsalieren? Plötzlich fiel ihr der schlimmste aller denkbaren Schrecken ein – konnte das undankbare Volk gegen sie vorgegangen sein?

„Ein scheinbare Freispruch ist also nur bedingt vorteilhaft", dozierte Schulte weiter. „Es gibt allerdings auch die Variante der Verschleppung. Das Wesen der Verschleppung dürfte Ihnen als Politikerin sicher näher liegen. Allerdings", er blickte auf seine Uhr, „muss ich jetzt zur nächsten Verhandlung. Es mag also für heute reichen. Die anderen denkbaren Möglichkeiten erläutere ich beim nächsten Termin. Man wird Sie nach Hause geleiten."

Mit diesen Worten erhob er sich, trat durch eine Seitentür und schloss diese. Angela K. blieb allein zurück.

\*

Es war früher Nachmittag und Gregor überlegte, den Heimweg zu verschieben und eher die Zeit zu nutzen, um die geplante Medienrecherche fortzusetzen, die durch den Auftritt des sogenannten Auskunftgebers unterbrochen worden war. Er fragte sich auch, was die Ausführungen zur Frage eines Freispruchs für einen Sinn gehabt hatten. Denkbar war allerdings auch, dass in den Aussagen des Untersuchungsrichters, trotz ihres seltsamen Inhalts, Hinweise im Hinblick auf die Anklage versteckt gewesen waren. Ein Freispruch sollte mit der Vernichtung aller Akten und Unterlagen einhergehen, was nur bedeuten konnte, dass der rechtlichen Seite des Verfahrens keine Bedeutung zugemessen wurde. Es konnte sein, dass die Zielsetzung der

Gerichtsbehörde darin zu sehen war, ein politisches Verfahren in Gang zu setzen, um die vermuteten oder auch realen Verfehlungen seiner Klientin medienwirksam öffentlich werden zu lassen. War diese angebliche Behörde somit ein Hilfsorgan der aktuell stattfindenden Revolution? Nur, wo war denn diese Revolution, wo hatte sich diese gezeigt und was sollte von Grund auf umgedreht und verändert werden? Wer hatte überhaupt ein Interesse an derartig umfassenden Veränderungen? Womöglich war diese Revolution ebenso geheim und unfassbar wie die Gerichtsbehörde selbst. Der Onkel hatte solches angedeutet.

Unter diesen und ähnlichen Gedanken erreichte Gregor das an der Spree gelegene öffentlich-rechtliche Rundfunkgebäude, zückte seinen Presseausweis und ließ sich bei seinem alten Gönner Hannes Moser melden, in der Hoffnung, von ihm, der doch alles kommentierte und über jegliche Hintergründe Bescheid zu wissen schien, Näheres über Angela K. und ihre vermeintlichen Verfehlungen zu erfahren.

Hannes Moser, ein bereits älterer Herr, der dennoch eine gewisse Agilität besaß, kannte Gregor aus dessen Volontariatszeit und zeigte sich bereit, den jungen Kollegen zu empfangen. Eigentlich war Moser studierter Jurist und selbst einige Jahre anwaltlich tätig gewesen, vielleicht konnte er Gregor somit auch wichtige Hinweise zum Umgang mit dem Gericht geben. Allerdings neigte HM, wie er in Medienkreisen genannt wurde, ein wenig zu Selbstüberschätzung. Er sah sich als journalistisches Aushängeschild seines Senders, als die einzig verlässliche Instanz der

Nachrichtenvermittlung. So überzeugt war er von seiner Bedeutung, dass er vor kurzem eine Streitschrift mit dem Titel: „Der Retter der Wahrheit" verfasst hatte, in der er auf knapp hundert Seiten erläuterte, dass sein öffentlich-rechtlicher Sender allen anderen Nachrichtenanbietern und -portalen haushoch überlegen sei, wenn es darum gehe, die Welt zu erklären und die laufende Medienrevolution zu nutzen. Natürlich gehörte dazu das Monopol der Sprache, der richtigen natürlich, die sich die Begrifflichkeiten zu eigen machte und klar definierte. Denn nicht umsonst hieß es „unser gemeinsamer, freier Rundfunk". Es ging eben nicht um Fakten, sondern immer um moralische Argumente, die den Menschen nur kommuniziert werden mussten und dann ... Jedenfalls kannte HM Gott und die Welt und hatte sich vielfach politisch zugunsten der Kanzlerin und ihrer Regierung exponiert. Wenn also einer über Frau K. und ihr Tun Bescheid wusste, dann Hannes Moser.

Der Empfang war freundlich, aber distanziert. Gregor merkte dem Nachrichtenfürsten an, dass dieser lediglich einer möglichweise lästigen Pflicht nachkam und – der Blick auf seine Uhr machte dies deutlich – den Besuch zeitlich kurz halten wollte. Die Darstellung seiner gerichtlichen Erlebnisse jedoch schien Moser zu interessieren, insbesondere die Verfahrensweise und die Ausführungen des Untersuchungsrichters Blum über das Wesen des Freispruchs. Sein Urteil allerdings war vernichtend.

„Hinter diesem obskuren Geschehen und der haltlosen Anklage stecken rechtsradikale Kreise aus dem Umfeld der

Deutschnationalen, das ist als sicher anzunehmen", kommentierte er. „Alles Menschen, die das Wirken und Tun der Kanzlerin nicht verstehen, weil ihnen die Einsicht in die Notwendigkeit gewisser Maßnahmen fehlt, häufig ein rein intellektuelles Problem."

„Meinen Sie damit die tibetanische Zuwanderung?", fragte Gregor, sich an die ihm vorgelegten Schriften erinnernd.

„Das ist genau das Thema, das gewisse Kreise für sich populistisch ausschlachten wollen", empörte sich Moser, „Mag sein, dass sich die Erwartungen an die fachliche Qualität der Zugewanderten nicht zur Gänze bewahrheitet haben, es können auch nicht alle Akademiker oder Facharbeiter sein, nicht wahr?", fügte er mit einem Lachen, um zu zeigen, dass er scherze, hinzu. „Immerhin haben etwa 183.000 von den zwei Millionen eine Arbeit aufgenommen, das ist ein guter Anfang."

Moser hielt inne, offenbar hatte er den Faden verloren.

„Aber wieweit ist die Kanzlerin wirklich gefährdet?", hakte Gregor nach.

„Ich denke, das Ganze ist blühender Unsinn, besonders dieses Gerede von einer Revolution. Dass sich Ihr Onkel dazu hergibt, bei derartigen Hirngespinsten mitzutun, verwundert mich. Glauben Sie mir, in Deutschland sind Revolutionen undenkbar. Das Volk liebt den Umsturz nicht. Und jetzt entschuldigen Sie mich, Herr Gysar. Ich muss noch das Interview mit Herrn Marat im Hinblick auf den bahnbrechenden Straßburger Vertrag vorbereiten. Eine wahre Persönlichkeit, ein Vordenker, dessen zukunftsweisende Ideen die Masse – und mit ihr der sogenannte Mann auf den Straßen Frankreichs, ähnlich seinem Pendant in Sachsen –, natürlich nicht zu begreifen vermag!"

Gregor sah sich entlassen und verließ das Rundfunkgebäude. Hilfreich war das Gespräch nicht gewesen.

\*

Nach knapp einer Viertelstunde erreichte das Gerichtsfahrzeug den Bahnhofsvorplatz, wo der Wagen hielt. Die Tür wurde geöffnet und Angela K. zum Aussteigen genötigt. Zu Fuß und unerkannt erreichte sie, die Spree überquerend, das Kanzleramt, wo sie Frau Braumann bereits erwartete. Routiniert ging diese mit ihr die aktuellen Tagestermine durch, offenbar war ihr Fehlen niemandem aufgefallen, zumal die Uhr gerade erst acht zeigte. Nur die Balkanreise stand nicht auf der Agenda, ganz so, als habe jemand anderes diese Aufgabe für sie übernommen und zur offensichtlichen Zufriedenheit aller erledigt. Wie konnte dies möglich sein?, fragte sich Angela K., während sie den Ausführungen ihrer Chefsekretärin scheinbar aufmerksam lauschte. Agierte sie etwa in doppelter Form, einmal als Kanzlerin und parallel als Angeklagte oder hatte sie sich völlig in einem Tagtraum verfangen?

Nachdem die Besprechung endlich vorüber war, ein paar Mal hatte Beate Braumann die Kanzlerin irritiert angeschaut, sie musste erkennbar abwesend gewirkt haben, blieb ihr bis zum nächsten Termin – das wöchentliche Treffen mit den Fraktionsvorsitzenden der Koalition Rosemarie Kessel-Köhler, Josef Knötter und für die Sozis, statt Storch-Nehle, Killian Klüwer – noch eine knappe halbe Stunde Zeit, die eigentlich für Aktenarbeiten reserviert war. Angela K. indes nutzte die dreißig Minuten zur Lageanalyse. Was stand an?

In dieser Woche würde sie mit den Franzosen einen neuen Vertrag abschließen, der unter Umständen das Elsass wieder für die deutsche Sprache und jedenfalls das Saarland für das Französische öffnete und ihre Streitkräfte mittelfristig zusammenlegte. Ganz gleich, was die Bevölkerung oder das Parlament darüber dachte, das hatte sie so und nicht anders entschieden. Denn sie, Angela K., war, wie vom Times-Magazine mehrfach geschrieben, die mächtigste Frau Europas, wenn nicht gar der gesamten Welt. Ein Satz und ein Bild von ihr mit Schutzsuchenden, das um die ganze Welt ging, hatten dazu geführt, dass Millionen ihre Heimat verließen und sich nach Deutschland auf den Weg machten. Andere Worte hatten die Energieversorgung des Landes völlig umgekrempelt. Die Geschlechterrollen waren von ihr neu definiert worden, sie hatte dafür gesorgt, dass Männer Männer und Frauen Frauen heiraten und Diverse endlich divers sein konnten. Sie hatte echten Männern wie Pate, Endowahn und Ji Xiping die Hand gereicht und geschüttelt; die übrigen europäischen Herrscher, soweit ihr Land eine Bedeutung hatte, nahmen ihre Anweisungen, mitunter zähneknirschend, entgegen – ganz gleich, ob sie Marat, Sorbas,

Mayday, Jungleur, Bertolucci oder Rioja hießen. Mochten diese sie auch hassen, Hauptsache, sie spurten. Denn wenn es darum ging, einen Gegner oder Kritiker rasch und effektiv auszuschalten, dann kannte Angela K. keine Gnade. Das hatten all ihre Widersacher von Schäufele über Juli bis Seefelder und Schradel erfahren und letztlich zu Kreuze kriechen müssen; selbst von Helmuth hatte sie sich rechtzeitig gelöst und ihn in die politische Wüste geschickt. Und jetzt sollte sie sich von diesem anonymen und obskuren Gericht, dessen Häscher sich mehrfach widerrechtlich Zugang zu ihrer Wohnung verschafft hatten, vorladen und entführen lassen? Sie sollte sich einer Anklage stellen, deren Inhalt ihr, trotz mehrfacher Aufforderung, nicht genannt worden war und die auf Beweisen fußte, die es nicht gab beziehungsweise ihr nicht vorgelegt wurden? Nein, das würde sie nicht zulassen, sondern sie würde gegen dieses Gericht, was auch immer sich hinter seiner angeblich rechtlichen Fassade verbarg, gnadenlos vorgehen. Wofür hatte das Land einen Verfassungsschutz, zumal sie die Leitung neu eingesetzt und weniger maßlos, dafür umso gefügiger konfiguriert hatte. Sie wollten Krieg, den konnten sie haben!

Entschlossen griff Kanzlerin K. zum Telefon.

\*

Jürgen W. und Gerd S. trafen sich in ihrer Stammkneipe, dem „Schusterjungen" Ecke Danziger und Lychener Straße. Gerd S., sein ältester Freund, war das, was man in ihren

Kreisen einen Basisdenker nannte. Wie Jürgen W. war er in der Buchbranche tätig, wenn auch indirekt, da er von Haus aus Schriftsetzer gelernt hatte und jetzt als Layouter seine Vollkornbrötchen und Sojaschnitzel verdiente. Der dritte im Bunde war Peter M., eine wahre Frohnatur, der aber im Hinblick auf die Tagespolitik durchaus kritische, mitunter fast extreme Positionen einnahm.

Der „Schusterjunge" selbst gehörte zu den gut bürgerlichen Lokalen mit typischer Alt-Berliner Küche und deftig-deutscher Hausmannskost: Bouletten, Sauerbraten, Gulasch und Schnitzel bis hin zu Leber, Roulade und Eisbein. Neuerdings gab es auch einen gemischten Salatteller für Gerd. Natürlich alles mit 'ner Molle und 'nem Korn garniert und serviert. Die Herren saßen heute beim zweiten Bier und dritten Korn und Peter M. war mal wieder am Schimpfen – es ging um Politik.

„Überall Tibetaner. In der TV-Werbung, im Tatort, in Schulen, gestern auf Plakaten: drei Neugeborene, davon eines eindeutig tibetanischer Herkunft, als ob unsere Gesellschaft zu einem Drittel aus asiatischen Zugezogenen bestünde. Dahinter steckt Methode, dieser OB Palm hat das ganz richtig erkannt!"

Er griff zu seinem Bier und trank es in einem Zug aus.

„Noch eine Runde, Susi!"

„Kommt gleich, junger Mann!"

„Und dann noch das ständige Rühren in der Vergangenheit", redete sich Peter M. weiter in Rage, „Geschichten, die achtzig, zum Teil mehr als hundert Jahre her sind. Jeden

Abend mindestens ein Nazifilm im Fernsehen, angeblich als Erinnerungskultur. Nur, um uns als Land klein zu halten."

„Das kannst du so nicht sagen", protestierte Gerd S., der sich als Altachtundsechziger verstand, obwohl er in der Zeit gerade erst geboren worden war. „Wir haben eine echte Verantwortung vor und gegenüber der Geschichte ..."

„Wir?", unterbrach ihn Peter M. „Vielleicht die Großvätergeneration, alle längst verstorben. Unsere Väter und Mütter waren in braunen Zeiten allenfalls im Kindergarten oder noch gar nicht geboren. Kein anderes Volk der Welt hat sich derartig intensiv und in Permanenz mit der eigenen Vergangenheit und deren Schrecken beschäftigt. Denk an deine Schulzeit, NS-Zeit in Geschichte, in Deutsch, in Religion, in Französisch, sozusagen auf allen Kanälen. Die anderen Länder interessieren sich für ihre dunklen Seiten nicht. Nimm zum Beispiel die Briten. Die englische Königin Viktoria war eine Drogen- und Sklavenqueen, Großbritannien führte gegen China mehrere Kriege, um das Land zum Opiumkauf zu zwingen. Frankreich, Spanien, Portugal, Holland, das sind alles Länder mit einer langen Geschichte von Ausbeutung, Krieg und Gewalt. Selbst die Belgier. Öffentlich betrachtet wird das Geschehen allerdings nicht. Und die Russen, Chinesen und Amerikaner erst ..."

„Immer langsam mit den jungen Pferden", schaltete sich nun Jürgen W. ein. „Kehren wir alle erst einmal vor unserer eigenen Tür, da ist für jeden genug zu tun. Gerade hier im dreckigen und versifften Berlin."

„Sehe ich genauso", stimmte Gerd S. zu.

„Schön. Doch wie dunkel auch immer die deutsche Vergangenheit gewesen ist", ergänzte Jürgen W., „und zwölf Jahre lang war sie verdammt dunkel. Was für die heute Lebenden zählt, ist die Gegenwart. Unsere Stadt jedenfalls ist tolerant und weltoffen."

„Offen und tolerant? Geh mal mit 'ner Kippa auf dem Kopf durch Neukölln oder auch über den Helmholtzplatz", hielt Gerd S. dagegen. „Vom Schwabenbashing gar nicht zu reden."

Zum Glück erschien jetzt Susi mit drei neuen „Pilsen" und die Gesprächshitze kühlte sich etwas ab.

„Wie siehst du die aktuellen Chancen für Hertha?", wechselte Jürgen W. das Thema. „Meister werden die auch in der neuen Saison nicht. Selbst wenn sie zurzeit ganz ordentlich spielen."

„Ich setze auf Union!"

„Mal sehen. Hauptsache, die Bayern schaffen es diesmal nicht, meinetwegen Freiburg, aber nicht München!"

Die Bayern mochte das Trio nicht, da waren sich die Herren vollständig einig. Und auch gegenüber Dortmund und Leipzig hegte man begründete Skepsis. Auch und gerade politisch.

\*

Jonathan fühlte sich seit einigen Tagen ziemlich unwohl. Das lag nicht an seiner Gesundheit, körperlich war bei ihm alles völlig in Ordnung. Nein, ihn beschlich mehr und mehr das Gefühl, den Beginn eines Ehedramas zu erleben. Ständig war seine Frau irgendwo in der Weltgeschichte unterwegs, das war seit Wochen so gewesen. Die geplante Herbstwanderung hatten sie verschoben, ebenfalls ihren bereits gebuchten gemeinsamen Opernbesuch in Bayreuth. Seit drei Monaten hatten beide nicht mehr in ihrem Lieblingsrestaurant „Borchardt" zu Abend diniert. Im Gegenteil, jetzt ließ Angela ihn allein frühstücken, bereits zweimal innerhalb weniger Tage, gänzlich ohne Erklärung. Und vor allem quälte Jonathan eine Frage besonders: Wo war sie die letzte Nacht gewesen? Und die Nacht davor? Gab es etwa einen anderen? Neulich das Geturtel mit diesem jungen Franzosen. War sie auf dem Absprung? Ihren ersten Ehemann hatte sie damals einfach Knall auf Fall verlassen. Wer seinen „Ersten" so spontan verließ, würde das bei dem zweiten wohl auch so halten. Oder wollte sie sogar zu Ulrich zurückkehren? Seinen hässlichen Nachnamen hatte Angela nie abgelegt. Sie würde auf Robert Redford stehen und schöne Augen machten Männer attraktiv, hatte sie kürzlich wieder gesagt. Robert Redford war er nicht, nur ein einfacher Professor. Und seine Augen, na ja ... Was war mit seiner Frau nur los? Jonathan machte sich allmählich Sorgen, große Sorgen.

\*

Nach den Erlebnissen des Tages fühlte Gregor keine große Lust mehr, weiter in Sachen K. zu recherchieren. Er hatte von K. und Co einfach genug. So lief Gregor vom Gendarmenmarkt das kurze Stück zur Friedrichsstraße und fuhr mit der M 1 nach Hause. Vielleicht, dass er noch ein Bier trinken würde.

In der Eselsbrücke an der Gethsemanekirche war draußen ein Tisch frei. Gregor setzte sich und bestellte ein Pils. So pflegte er oft die Abende zu verbringen, dass er nach der Arbeit, wenn dies noch möglich war, einen kleinen Spaziergang allein oder mit Leni machte und dann in eine Bierstube ging, wo er mit Freunden bis elf Uhr zusammensaß. Heute jedoch trank er nur ein Bier, hörte fremden Gesprächen zu und brach schließlich um halb zehn Uhr auf. Als er das Haus, in dem er wohnte, erreichte, klingelte sein Handy. Es war Leni, die ihn bat, noch kurz bei ihr vorbeizuschauen, sie habe für ihn einige wichtige Unterlagen. Trotz seiner Müdigkeit sagte er zu, da Lenis Wohnung keine fünf Minuten entfernt lag. Vor ihrer Haustür traf er auf einen jungen Tibetaner, der dort breitbeinig stand und eine Pfeife rauchte. Er grinste Gregor nur an und machte keine Anstalten, zur Seite zu gehen.

„Ich möchte ins Haus", sagte Gregor, „machen Sie bitte Platz!"

Der Fremde brummte etwas, das Gregor nicht verstand, nahm die Pfeife aus dem Mund und wich betont langsam zur Seite.

„Danke", sagte Gregor, ging hinein und stieg die Treppe hinauf. Die Tür zu Lenis Wohnung stand offen. Er trat ins Innere. Aus ihrem Zimmer schien Licht, er klopfte an die Tür und öffnete. Sie saß mit einem Ordner am Küchentisch, auf dem noch mehrere andere Akten und Papiere lagen.

„Warum arbeitest du noch so spät?", fragte er. Sie saßen nun beide am Tisch.

„Es gibt eben viel Arbeit", antworte Leni und schloss den Ordner. „Ich muss auch noch einmal los. Du kannst im anderen Zimmer warten, dort ist's netter. Ich bin gleich wieder da."

Leni stand auf und öffnete die Tür zu ihrem zweiten Zimmer. Der Mond schien still in den dunklen Raum. Soviel man sehen konnte war alles aufgeräumt, nur über einem Stuhl hing eine Bluse. Gregor trat ein.

Draußen klappte die Tür, Leni war gegangen. Er ging zum Fenster und blickte auf die Straße hinab. Eine Tram fuhr gerade vorbei, von Leni war nichts zu sehen. Als er des Hinausschauens auf die leere Straße überdrüssig geworden war, legte sich Gregor auf das Kanapee. Etwa eine halbe Stunde lag er da mit geschlossenen Augen und wartete, Leni kehrte jedoch nicht zurück. Eine weitere halbe Stunde verging. Es war halb zwölf vorüber, und er war schon eingenickt, als im Flur ein lautes Geräusch zu hören war. Die Tür öffnete sich und das Licht wurde angedreht. Eine unbekannte junge Frau in einem kurzen roten Kleid stand im Zimmer. Gregor schreckte hoch.

„Guten Abend, Gregor", sagte sie lächelnd und sie reichte ihm die Hand. „Ich bin Elsa, eine Freundin Lenis. Sie kommt nicht weg und hat mich geschickt, Ihnen die versprochenen Unterlagen zu bringen."

„Das ist ein wenig sonderbar, Leni hat mich extra hierher bestellt und ich warte seit zehn Uhr auf sie", antwortete

Gregor verärgert. „Sie können natürlich nichts dafür", fügte er rasch hinzu. „Nehmen Sie doch Platz, Elsa."

Sie setzte sich neben ihn, kreuzte leicht die Beine und zog aus ihrer Handtasche eine grüne Mappe mit Papieren hervor, die sie ihm reichte. Gregor schlug die Mappe auf, blätterte kurz in den Unterlagen und legte sie dann zur Seite. Er wandte sich der Besucherin zu, die ihn neugierig anblickte.

„Es geht um eine Untersuchung?", fragte sie.

„Ja", antwortete Gregor. „Im weiten Sinn darum, ob die Kanzlerin Frau K. im Sinne einer gegen sie erhobenen Anklage schuldig ist."

„Nein!", rief Elsa und lachte laut auf. „Das ist unmöglich, die Kanzlerin soll unter Anklage stehen? Das kann ich mir nicht vorstellen."

„Doch", sagte Gregor, „genau darum geht es. Glauben Sie denn, dass Frau K. schuldlos ist?"

„Nun, schuldlos ...", sagte die junge Frau. „Ich weiß nicht, worum es in der Untersuchung im Einzelnen geht und ich will nicht gleich ein vielleicht folgenschweres Urteil aussprechen, auch kenne ich den Fall nicht. Es muss allerdings etwas vorliegen, wenn man Frau K., unserer Kanzlerin, gleich eine Untersuchungskommission auf den Leib schickt. Da diese aber noch frei ist – sie wurde vorhin im Fernsehen gezeigt –, kann Frau K. kein großes Verbrechen begangen haben. Möglicherweise ist das alles ein Irrtum, meinen Sie nicht?"

„Das ist denkbar", sagte Gregor, „dass alles ein Irrtum ist. Vielleicht sieht die Untersuchungskommission bald ein, dass Frau K. unschuldig ist oder doch nicht so schuldig, wie vom Gericht angenommen wird."

„Gewiss, das kann sein", sagte Elsa. „Was haben Sie eigentlich mit dem Fall zu tun, wenn ich fragen darf?"

„Ich soll die Kanzlerin verteidigen."

„Haben Sie denn Erfahrung in Gerichtssachen?"

„Nein, das habe ich nicht", sagte Gregor, „was ich bedauere, denn ich möchte die Verteidigung so optimal wie möglich ausrichten."

„Jetzt haben Sie wenigstens die Unterlagen", erwiderte die junge Frau und lachte erneut.

„Ja", sagte Gregor, aber er dachte gerade an etwas anderes, denn er war ganz vom Anblick Elsas ergriffen, die das Gesicht auf eine Hand stützte. Der Ellbogen ruhte auf dem Kissen des Sofas, die langen Beine streckte sie weit von sich, der Rock war über die Knie hochgerutscht, und die andere Hand strich langsam über die Hüfte.

Beide schwiegen.

Plötzlich beugte sich Gregor zu ihr und küsste sie.

„Nicht!", sagte sie und ließ sich dennoch, ihn mitziehend, auf das Kissen zurücksinken. Jetzt fiel ihm erst ihr Haar auf, es war fest und rötlich und roch süßlich und irgendwie fremdartig. Er legte seinen Arm um sie, eine Zeitlang lagen beide ruhig beieinander. Dann richtete sich Elsa auf und schob ihn sacht von sich.

„Du weißt", sagte sie leise, als fürchtete sie, gehört zu werden, „dass meine Mutter eine gebürtige Tibeterin ist."

„Das Wissen berührt mich nicht", erwiderte Gregor, zog

sie wieder an sich und küsste sie weiter, erst auf den Mund und dann das ganze Gesicht, schließlich den Hals und alles, was er von ihrer Haut zu erreichen vermochte. „Vielleicht sind wir alle Tibetaner."

„Oh!", rief sie sofort, „das ist wahrscheinlich richtig. Und vor allem, du hast mich geküsst!"

Sie kletterte auf seinen Schoß. Der Geruch, den er vorhin schon bemerkt hatte, wurde, da sie ihm so nahe war, noch stärker bemerkbar; es war ein bitterer, aufreizender Geruch wie von einem exotischen Gewürz. Elsa nahm seinen Kopf in ihre Hände, beugte sich über ihn hinweg und küsste ihn ihrerseits leidenschaftlich und wild. Da rutschte sie ab und fiel mit einem kleinen Schrei auf den Teppich. Gregor umfasste sie, um sie zu halten, und wurde zu ihr hinabgezogen.

Dabei glitt die Mappe mit zu Boden und öffnete sich. Ein Bild rutschte heraus, eine Fotografie, die Angela K. in jungen Jahren zeigte. Es war eine Momentaufnahme, Angela K. war während eines Wirbeltanzes aufgenommen, wie man ihn in damaligen Discotheken gern getanzt hatte. Ihr Rock flog im Faltenwurf der Drehung um sie her, die Hände hatte sie auf die Hüften gelegt und sah mit geneigtem Kopf lachend zur Seite. Wem dieses Lachen galt, ließ sich aus dem Bild nicht erkennen.

Elsa ergriff das Foto und setzte sich wieder auf das Sofa.

„Ein Jugendbild von Angela K.", sagte sie und drehte die Fotografie hin und her. „Ich wusste nicht, dass sie Discotheken besuchte."

„Warum sollte sie das nicht getan haben?", gab Gregor zurück. „Junge Mädchen tanzen gern."

„Sie scheint mir ziemlich kräftig zu sein", sagte Elsa, ohne auf Gregor einzugehen, und zeigte auf eine Stelle, wo dies ihrer Meinung nach zu sehen war. „Sie hätte mir als junger Mann nicht gefallen, ganz und gar nicht. Sie wirkt auf dem Bild unbeholfen und langweilig. Und unfreundlich."

„Sie lacht doch", wandte Gregor ein. „Und in der Öffentlichkeit erscheint mir Frau K. stets freundlich und klar zu sei. Von so einem Foto, das vor vierzig, fünfzig Jahren aufgenommen wurde, kann man doch nicht auf den Charakter der Dargestellten schließen."

„Doch, sicher, man kann", widersprach Elsa. „So kräftig gebaute junge Mädchen tun oft sanft und freundlich. In Wirklichkeit aber sind sie fordernd und unnachgiebig. Angela K. würde sich nie für andere opfern!"

„Nun", sagte Gregor, „das wäre auch zu viel verlangt. Ihre Aufgabe ist auch nicht, sanft und freundlich zu sein oder sich zu opfern. Sie muss führen und sachgemäße Entscheidungen für das Volk treffen. Sie ist die oberste Volksvertreterin und hat für die Belange des Landes einzutreten."

Elsa schwieg und studierte weiter das Foto. Gregor fand es allmählich seltsam, welchen Verlauf der Abend genommen hatte. Er griff zum Ordner, offenbar befanden sich weitere Fotografien in ihm, die er vorhin beim schnellen Blättern übersehen hatte.

„Ich glaube nicht, dass ihr an irgendjemandem viel

liegt", sagte Elsa wie abschließend und erhob sich. „Eine sehr eigensüchtige Frau. Ich mag sie jedenfalls nicht."

Sie verschloss ihr Kleid, an dem sich während ihres Sturzes einige Knöpfe geöffnet hatten, ergriff ihre Handtasche und ging zur Tür.

„Auf Wiedersehen, Gregor, und grüße Leni von mir!"

## 4. Kapitel

## Erneute Verhaftungen

*Frau K. trank ungern Milch. In Mongolistan bekam sie diese angeboten, frisch und von einer Stute. K. fand das ekelhaft, traute sich aber nicht, das Gereichte abzulehnen und leerte die Schale. Später wurde ihr schlecht. „Ich hätte das nicht getrunken", erklärte Herr H. „Aber ich kenne Land und Sprache nicht", erwiderte Frau K., „und wusste daher nicht, was ‚Nein' heißt."*

Auch an diesem herbstlichen Morgen mangelte es im Kupfergraben entschieden an Sonne, die Häuser lagen wie an den Morgenden zuvor lichtlos in der Düsternis. Im „Pergamon" schwieg die Vergangenheit. Und draußen zeigte sich nichts als klammes Dunkel. Ein kürzer werdender Tag, ein weiteres Jahr neigte sich dem Ende zu, einem Ende, das vielleicht nicht mehr hell werden würde:

Die Kanzlerin erwachte und fühlte sich, trotz des Herbstes, frisch und geradezu jung, denn in dieser Nacht hatte sie keine seltsamen Träume, keine merkwürdigen Begegnungen und Besuche sonstiger Art gehabt. Minister waren Minister geblieben und keine Kanzleidirektoren und Untersuchungsrichter gewesen oder zu sonst einer fantastischen Traumgestalt geworden.

Man hatte sie auch nicht gestört oder überfallen, die Verstärkung der Sicherheitsmaßnahmen schien zu wirken.

Es klopfte, und ihr Dienstmädchen Petra Vogel brachte, wie jeden Tag gegen 6.10 Uhr, einen ersten Kaffee. Alles ging seinen gewohnten Gang. Später, nach dem Bad, der Unterstützung von Bettina Schönbach bei der Kleiderauswahl und dem Besuch von Udo Wels, der wie immer mit ihren Haaren zu zaubern versuchte, ging Angela K. hinüber ins Speisezimmer zum geduldig wartenden Ehemann Jonathan, den sie, wie an jedem normalen Morgen, bei der Lektüre der FAZ antraf.

„Guten Morgen, Angela", begrüßte er sie und goss ihr die zweite Tasse Kaffee ein. „Schön, dass du hier bist. Denn gestern habe ich dich vermisst. Auch Frau Braumann wusste nicht, wo du finden wärest. Was war denn los?"

„Nichts, mein Lieber, gar nichts. Es ist zurzeit terminlich einfach zu viel zu erledigen", versuchte Angela K., ihren sichtlich aufgeregten Gatten zu beruhigen.

Doch heute ließ sich Jonathan nicht so einfach beruhigen.

„Ich habe mir Sorgen gemacht, genau die Art von Sorgen, die sich ein Ehemann macht, wenn seine Frau zum wiederholten Male nächtlich nicht zu Hause ist."

Die Kanzlerin lachte hell auf, was ihr schon lange nicht mehr passiert war.

„Der Herr Professor ist eifersüchtig! Dazu gibt es wirklich keinen Anlass, Jonathan. Ich kann dir alles erklären."

Doch bevor sie ihm von ihrem doppelten nächtlichen Traumgeschehen erzählen konnte, ließ sich Beate Braumann melden, um das politische Tagesgeschäft mit ihrer Chefin durchzugehen und im Detail zu besprechen.

*

Hannes Moser lehnte sich bequem in seinem Sessel zurück. Die Ereignisse, von denen ihm Gregor Gysar gestern berichtet hatte, schienen ihm, nachdem er eine Nacht darüber geschlafen hatte, höchst interessant zu sein. Natürlich hatte er die Erlebnisse des jungen Mannes in das Reich der Fantasie verwiesen. Doch als Profi, der wusste, worauf es ankam und was das Publikum interessierte, war ihm sofort klar gewesen, dass sich hinter Gysars Erzählungen eine knallharte Story verbarg. Kanzlerin K. vor Gericht, das war eine Meldung, die ihm jeden Preis wert schien. Daher hatte er heute früh sofort Beate Braumann angerufen und einen Interviewtermin mit der Kanzlerin vereinbart, um der Sache auf den Grund zu gehen. Natürlich erhielt er aus dem Kanzleramt umgehend eine positive Bestätigung seiner Anfrage. Niemand würde es wagen, ihm, Hannes Moser, eine Absage zu erteilen, seine mediale Replik würde keiner und keine überleben, zumal er sich der Unterstützung der Kolleginnen Moskwa, Slimka und Gaukelei sicher sein konnte. So waren die Regeln im Geschäft, ihr Quartett herrschte über die Nachrichtenlandschaft, genauer: er und seine drei Grazien oder sollte er sagen die Schicksalsgottheiten Klotho, Lachesis und Atropos? Moser musste über seinen kleinen Scherz lächeln. Vielleicht sollte sein nächstes Buch eine Aphorismensammlung werden? Das war sicher eine Überlegung wert. Jedenfalls hatte er heute Mittag um zwölf Uhr einen Termin bei der Kanzlerin, ohne Vorabfrageliste, das verstand sich von selbst. Er hatte nur durchblicken lassen, dass es um den Straßburger Vertrag gehe. Für sich selbst würde er natürlich einige vorbereitende Notizen anfertigen.

\*

Der Terminkalender war gut gefüllt. Heute stand zunächst der Empfang des Präsidenten Usbekistans Mirsijów im Bundeskanzleramt auf dem Programm. Nach kurzen Pressestatements würden sich K. und Mirsijów über die bilateralen Beziehungen, darunter auch Handel und Wirtschaft, sowie über Fragen der Außen- und Sicherheitspolitik austauschen. Die asiatische Wanderungsbewegung und die besonders wirtschaftlichen Bedrohungen der von China neu geplanten Seidenstraße durch Usbekistan bis Rotterdam würden jedoch außen vor bleiben, man musste nicht zusätzlich Öl ins Feuer gießen.

Am Nachmittag sollte die Kanzlerin am „Global Forum for Food and Agriculture" teilnehmen und dort vor Agrarministerinnen und -ministern aus mehr als fünfzig Ländern eine Rede zur Bedeutung der Digitalisierung für die Landwirtschaft halten.

Frau Braumann gab die Stichworte vor:

„Es geht um eine der wichtigsten globalen Herausforderungen unserer Zeit: die Ernährung der stetig wachsenden

Weltbevölkerung zu sichern und gleichzeitig Ressourcen, Umwelt und Klima zu schützen. Hier gilt es, die Chancen der Digitalisierung zu nutzen."

„Und was ist mit diesem Schwedenmädchen? Sie wissen, dieses eigenartige Kind?"

„Beziehen Sie Gretel ruhig in Ihren Vortrag ein. Loben Sie ihr großes Engagement, stellen Sie das Mädchen als Vorbild dar – das kommt in der Öffentlichkeit sicher gut an."

„Ein Lob des Schulschwänzens?"

„Natürlich. Hauptsache, es nützt Ihren Umfragewerten."

Für den Abend war ein Austausch der Bundeskanzlerin mit den Vorsitzenden der Kommission „Wachstum, Strukturwandel und Beschäftigung", den zuständigen Bundesministern und den von einer Reduzierung und Beendigung der Braunkohleverstromung betroffenen Ministerpräsidenten vorgesehen.

„Heute Mittag um zwölf Uhr ist etwas dazu gekommen", erklärte Frau Braumann, „ein Interview. Den Termin musste ich einschieben, Hannes Moser wollte unbedingt ein Gespräch wegen des Straßburger Vertrages mit Ihnen führen!"

„Moser", wiederholte die Kanzlerin, „Ein Gespräch über den neuen Vertrag mit Marat. Im Detail kann das problematisch werden, wenn der Mann seinen kritischen Tag hat."

„Das werden Sie meistern", meinte ihre Chefsekretärin zuversichtlich. „Er ist ein eitler Gockel, bleiben Sie in Ihren Aussagen wie immer unverbindlich, Moser schneidet das Interview ohnehin nach eigenem Gusto zusammen und ist dann, wenn das Ergebnis uns missfällt, ein Fall für die Rechtsabteilung. Oder den Intendanten."

\*

Die Unterlagen zum Fall K., die er gestern Nacht von Elsa erhalten hatte, schienen Gregor von einer derartigen Brisanz, dass er ihren Inhalt gern mit dem Onkel besprechen wollte. Er machte sich deshalb am Vormittag auf den Weg zu dessen Kanzlei, die im Zentrum der Stadt im vierzehnten Stock eines Hochhauses nahe dem Bahnhof Friedrichstraße lag.

Der Tag war nach dunklem Beginn noch sonnig geworden und die Straßen entsprechend belebt. Zum Teil waren sie auch mit Rotwestendemonstranten angefüllt, die lautstark gegen das Treffen der Kanzlerin mit dem französischen Präsidenten Marat und die geplante Vertragsunterzeichnung protestierten. Sämtliche Tram- und U-Bahnen waren ausgefallen oder wurden blockiert, sodass Gregor die ganze Strecke zu Fuß zurückzulegen hatte und sehr müde war, als er endlich das Hochhaus erreichte. Dies auch, da Gregor die halbe Nacht mit dem Studium der Papiere und der zahlreichen Fotos, die ihnen beigefügt waren, verbracht hatte. Bei seiner Ankunft begrüßte ihn die Sekretärin mit der Mitteilung, gerade habe der Onkel sie beauftragt, ihn anzurufen, damit er komme. Und da er schon hier sei, möge er so freundlich sein und ins Empfangszimmer hinüberkommen, der Onkel erwarte ihn bereits.

„Ich komme schon", sagte Gregor, nahm die Unterlagen und ging durch das Büro in das Zimmer des Onkels. Als er ins Empfangszimmer eintrat, erhob sich ein weiterer Herr aus dem tiefen Fauteuil. Der Onkel lächelte freundlich, offenbar war er sehr erfreut über Gregors rasches Kommen. Er stellte den Unbekannten vor, ein Kollege des Onkels aus Hamburg. Dieser, ein Herr Augenthaler, schüttelte Gregor kräftig die Hand und meinte, er sei sehr erfreut, endlich den Mann kennenzulernen, der die höchst schwierige Aufgabe der Verteidigung von Frau K. übernommen habe. Man setzte sich und Gregor wartete, was der Onkel nun von ihm wolle, bevor er sein eigenes Anliegen vortrüge.

„Ich habe bislang abgewartet und gezögert", begann der Onkel und legte ein Schriftstück, das er offenbar gerade studiert hatte, zur Seite, „einen weiteren Kollegen in der Angelegenheit, in der du mich vertrittst, hinzuzuziehen."

Er setzte sich eine Brille auf und sah Gregor scharf an. „Nun ist es aber soweit, dass ich denke, du könntest Unterstützung gebrauchen."

„Das kommt mir sehr entgegen", sagte Gregor. Bei seinen Worten lächelte der Hamburger, wobei er mehrmals mit nervöser Hand über seinen dunklen, buschigen Schnurrbart fuhr.

„Leni hat dir gestern die Unterlagen überbracht, die du sicher bereits genau studiert hast", stellte der Onkel mit Blick auf den Ordner fest, den Gregor noch immer in der Hand hielt.

„Das habe ich und ich habe mich gefragt, woher die Dokumente und vor allem die Bilder stammen und wie sie zu deuten sind."

„Das ist auch unsere Fragestellung", mischte sich der Hamburger ein. „Es geht primär um die Provenienz, denn ohne Quellenangaben sind die Unterlagen wertlos."

„Leni, die aufgrund ihrer Mitgliedschaft in der Bezirksvertretung hervorragende Kontakte hat, sollte sich um die Herkunftsfrage kümmern", erklärte der Onkel. „Sie hat allerdings telefonisch bei meiner Sekretärin abgesagt und ich konnte sie bislang nicht erreichen. Weißt du Näheres, Gregor?"

„Mir ist nichts bekannt", antwortete Gregor mit leichtem Zögern und schüttelte den Kopf. Dass der Onkel Leni in die Untersuchung beziehungsweise Verteidigung mit einbezogen hatte, war ihm neu. Warum sie sich von der Aufgabe, die Quellen zu recherchieren, jetzt zurückzog, konnte er nicht sagen, obwohl er befürchtete, ihr „Abtauchen" habe etwas mit Elsa und seinem kleinen Flirt zu tun. Doch wie konnte Leni davon erfahren haben, denn dass Elsa etwas gesagt hatte, durfte wohl ausgeschlossen sein.

„Dann müssen wir uns über das weitere Vorgehen Gedanken machen", sagte der Onkel, der Gregors Unsicherheit nicht zu bemerken schien. Nur sein Kollege Augenthaler schaute Gregor prüfend an.

„Wer hat Ihnen denn die Unterlagen zugespielt, Herr Gysar?", fragte er dann.

„Sie kamen gestern am späten Abend mit einem Sonderkurier aus Prag", antwortete der Onkel. „Einen Absender gab es nicht."

„Eine anonyme Dokumentensendung aus Prag", wiederholte der Hamburger nachdenklich. „Das Verfahren nimmt offenbar kafkaeske Formen an."

„Das mag sein oder auch nicht, jedenfalls sollte jemand von uns in die Stadt an der Moldau fahren und die Quelle ausfindig machen", sagte der Onkel. „Es ist möglich, denn es gibt eine kleine Spur, die Adresse der Kurierfirma!"

Die beiden älteren Männer richteten ihren Blick auf Gregor.

„Sie wären für die Aufgabe, da das Fräulein nicht zur Verfügung steht, der geeignete Kandidat", sagte Augenthaler. „Denn wie mir Ihr Onkel versichert hat, sind Sie zeitlich unabhängig und mit einer großen Begabung für Geheimnisse und deren Erforschung ausgestattet."

Obwohl sich Gregor der Gehalt dieser Aussagen nicht richtig erschloss, erklärte er sich nach einigen Überlegungen, die der Frage der zwischenzeitlichen Prozessvertretung galten, im Falle, dass diese nötig sein würde – Augenthaler wollte die Aufgabe wahrnehmen – bereit, die gewünschte Suche durchzuführen und die Reise nach Prag unverzüglich anzutreten.

So begab sich Gregor Gysar am Mittag des gleichen Tages, finanziell großzügig ausgestattet und mit der Adresse des Kurierdienstes versehen, mitsamt zwei Koffern zum Hauptbahnhof, wo er um 14.59 Uhr in den Eurocity EC 177 nach Prag stieg und abfuhr.

\*

Die Kanzlerin lehnte sich entspannt zurück. Der Besuch und der Austausch mit dem Präsidenten Mirsijów waren routiniert und absolut konfliktfrei abgelaufen. Das Ansinnen des Usbeken, vom Land einen größeren Milliardenkredit zinsfrei und mit einer Laufzeit von dreißig Jahren zu erhalten, hatte Angela K. mit einigen unverbindlichen, freundlich formulierten Absichtserklärungen beantwortet. Sicher, der junge Marat hätte blumigere und glamourösere Worte gefunden, der Franzose war eben ein Meister des charismatischen Entertainments, ein typischer Repräsentant der Finanzelite seines Landes. Nur mit ihrer direkten Art, das hielt sich Angela K. zugute, hatte sie schon ganz andere Brocken wie zum Beispiel Pate und Tump in die Schranken gewiesen. Obwohl, neulich das Treffen mit Tump, als er ihr die Raute entwendet hatte – das war nicht nett gewesen von ihm, ganz und gar nicht. Und damals Präsident Osama, der hatte sie erst freundlich lächelnd umarmt und parallel umfassend abhören lassen. Andersfarbige Ethnien konnte sie einfach nicht einschätzen, so etwas hatte man ihr in Ostelbland nicht beigebracht. Tibeter zum Beispiel waren dort eine absolute Rarität gewesen. Trotz allem hatte Angela K. Osama immer wieder getroffen. Erst vor kurzem war er bei ihr privat in Berlin gewesen – sie konnte ihm einfach nicht widerstehen.

Die Kanzlerin blickte auf ihre Uhr. Kurz vor zwölf, gleich würde Hannes Moser kommen, der selbst ernannte Fernsehnachrichtenfürst und Kritiker. Ein Mann mit einem absoluten Ego, der nach einer Karriere in der Politik oder in der Wirtschaft strebte. Einer seiner Vorgänger, der vor Jahren ähnliche Ambitionen an den Tag gelegt hatte, war von ihr kurzerhand zum Regierungssprecher umfunktioniert worden, ein gelungener Coup. Mosers Ansprüche waren jedoch höher, hatte er kürzlich durchblicken lassen; er visierte Ministeriales an, und sie hatte zurzeit keine Vakanz. Angela K. seufzte. Die Medien und ihre Vertreter, ein schwieriges Thema. Obwohl, sie konnte sich eigentlich nicht beklagen, die öffentlich-rechtlichen Sender besorgten weitgehend das Geschäft ihrer Regierung, auch wenn sie für ihren Geschmack mitunter zu sehr im Grünen zu Hause waren.

Frau Braumann kündigte den Journalisten an.

„Führen Sie Herrn Moser in den Presseraum!"

Die Kanzlerin begab sich in das Interviewzimmer und setzte sich. Kurz danach trat Hannes Moser ein, im maßgeschneiderten Anzug in der Farbe taubenblau mit passendem Hemd und dazugehöriger Krawatte, das Gesicht zerknittert und das spärliche Haar gefärbt und gescheitelt – wie ihn jedermann aus den abendlichen Nachrichten kannte. Begleitet wurde er vom üblichen Kamerateam. Angela K. runzelte die Stirn, war das abgesprochen worden?

„Ich dachte, Frau Kanzlerin, wir setzen uns ein wenig zusammen und plaudern gemeinsam über Aktuelles", erläuterte Moser lächelnd. „Die Kamera zeichnet unser Gespräch auf und im Studio wird anschließend das Markanteste zu einem Film geschnitten. Natürlich legen wir das fertige Produkt Ihrer Presseabteilung zur Imprimatur vor ..."

Angela K. stimmte, ebenfalls lächelnd, zu. Vor ihrem inneren Auge sah sie die Überschriften vor sich, die das Thema der nächsten Sendung sein würde, wenn sie ablehnte: *Was hat die Kanzlerin zu verbergen? Geheimnisse im Kanzleramt?* Jedenfalls sollte sie bei Gelegenheit doch einmal mit dem Intendanten über Mosers Aktivitäten reden. Oder die geheime Gerichtsbehörde einschalten, kam ihr ein obskurer Gedanke. Warum sollte nicht auch Moser erleben, was ihr bereits zweimal widerfahren war? Irritiert über die eigene Rachsucht schob sie die bösen Gedanken zur Seite. Erst einmal wollte sie prüfen, welche Motive Moser für das plötzliche Interview hatte.

Kanzlerin und Interviewer setzten sich in die Besuchersessel. Die Kamera wurde ausgerichtet, Licht und Ton geprüft, etwas Farbe gegen die Blässe aufgetragen. Die Aufzeichnung begann. Schon die ersten Sätze riefen in Angela K. Panik hervor:

„Frau Kanzlerin, Sie stehen angeblich Nacht für Nacht vor Gericht. Können Sie uns zum Wesen des Verfahrens Auskunft geben? Handelt es sich um eine Zeugenschaft, eine Anklage oder um eine Inszenierung mit Alptraumcharakter?"

\*

Jürgen W. fuhr den Computer runter. Die mittägliche Medienschau war ein Ritual, das er seit einigen Jahren betrieb. Er hatte Newsletter von Focus, Spiegel, Welt, FAZ,

Zeit, Morgenpost und den Tagesspiegel abonniert, las dazu ein paar aus dem alternativen Bereich, die ihm seine alte Freundin Lola zusandte und warf abschließend einen Blick in seine Accounts bei Twitter und Facebook. Ein zeitaufwendiges Verfahren, und er war sich nicht sicher, ob sein Tun überhaupt sinnvoll war. Vor allem schien es ihm zu einseitig, er fühlte sich hauptsächlich in die Rolle eines Konsumenten willkürlich veröffentlichter Informationen gedrängt. Klar, man konnte Leserbriefe schreiben. Er selbst hatte das eine oder andere gepostet oder kritisch kommentiert. Kritik war allerdings nur bedingt erwünscht, wenn überhaupt:

*„Ihr Beitrag wurde von uns nach Prüfung durch einen Administrator nicht veröffentlicht. Es gibt mehrere mögliche Gründe, die zu dieser Entscheidung geführt haben. Nutzer-Kommentare werden abgelehnt, wenn sie von einem User stammen, der mit einem Namen in unserer Community registriert ist, der aus unserer Sicht keinem realen Namen entspricht ..."*

Er hatte sich nach dem Login mit seinem Vornamen, Jürgen, und Nachnamen, W., eingetragen, was das Problem dieser „Community" gewesen war, hatte er nicht verstanden. Das andere war die Stromlinienförmigkeit der meisten Zeitungsportale und der TV-Medien. Nachrichten und Kommentare wurden bunt gemischt, die Hofberichterstattung über sogenannte Promis dominierte und überdeckte alles andere. Vieles war in den letzten Jahren ausgeblendet worden, das tibetanische Thema schien zeitweise überhaupt nicht existent zu sein. Aber das alles war nichts gegenüber der Vielzahl der Verschwörungsportale. Dort fand sich einfach alles: Natürlich war Angela K. Hitlers Tochter, wahlweise auch von Kanzler Helmuth und von Charles de Gaulle. In Rauchmeldern versteckten sich Überwachungschips. Das Land an sich existierte nicht oder war paranoid und wurde von einem geheimnisvollen Gericht kontrolliert, zu dem einzelne Regierungsmitglieder gehörten, die ihrerseits planten, die Kanzlerin, also Hitlers 1954 geborene Tochter, zu entführen und unter Anklage zu stellen. Dazu überall im Netz Gruppen von „Hatern", „Dislikern" und „Dissern" mitsamt ihren egomanischen Infoblasen.

Verkehrte Welt, Jürgen W. griff zum nächsten Buch: „Alice hinter den Spiegeln". In der Literatur erwartete der Leser derartige Spiegelungen, in der wirklichen Welt transparente Wahrheiten.

*

Einen Augenblick zögerte Angela K., die Fragen des Journalisten überraschten sie völlig. Wie kam Moser bloß auf das Gericht? Was wusste der Mann von der Angelegenheit? Oder handeltet es sich um pure Mutmaßungen? Hier half nur eisernes Leugnen.

„Wessen sollte man mich anklagen oder warum mich vor ein Gericht stellen?", gab die Kanzlerin zurück. „Das sind die Fantasien von Wutbürgern. Wer hat Ihnen diesen Bären aufgebunden, Herr Moser? Ihre Gerüchteküche sollte wirklich einen neuen Koch engagieren."

„Also ist an diesen Gerüchten, wie Sie es bezeichnen, nichts dran?", blieb Moser hartnäckig. Etwas an der Reaktion von Frau K., ein leichtes, kaum wahrnehmbares Zittern in ihrer Stimme signalisierte ihm, dass Gysars Geschichte, bei aller Fantastik, womöglich einen wahren Kern besaß.

„Ich kann nur wiederholen, dass ich Ihre Frage ausschließlich negativ beantworten kann, was Sie, wenn Sie sich mit unserem Grundgesetz auskennen, wovon ich ausgehe, natürlich genau wissen. Wenn Sie sonst keine Fragen haben, Herr Moser …"

Hannes Moser beschloss, aufs Ganze zu gehen.

„Wenn Sie gestatten, Frau Kanzlerin, noch ein paar kleine Fragen. Unserem Sender wurden verschiedene Dokumente, unter denen sich auch Bilder von Ihnen befinden, zugespielt. Könnten Sie unseren Zuschauern den Hintergrund erläutern?"

Der Reporter zog einen Stapel von Fotografien hervor, die er fast genüsslich vor der Kanzlerin ausbreitete. Das erste zeigte Angela K. als FDJ Pionierin inmitten anderer Uniformierter.

„Ach, das alte Foto", sagte die Kanzlerin ruhig, wobei ein leichter Ton der Verärgerung in ihrer Stimme mitschwang. „Wie alle anderen Jugendlichen in der Zeit Ostelbiens gehörte ich der staatlichen Jugendbewegung an und war dort als Kulturbeauftragte tätig, eine absolute Normalität. Und das hier ..."

Die Kanzlerin zeigte auf das nächste Bild, auf dem sie ausgelassen im Kreis der engen Ostelbführung feierte. „Das ist, wie bereits anwaltlich erklärt wurde, nichts weiter als eine plumpe Fälschung."

„Das dachte ich mir", sagte Moser. „Ist dieses Foto auch gefälscht?"

Damit präsentierte er eine weitere Aufnahme, die die junge Angela K. in einer Discothek beim wirbelnden Tanz zeigte. Der Rock flog im Faltenwurf der Drehung um sie her, die Hände hatte sie fest auf die Hüften gelegt und sah mit geneigtem Kopf lachend zur Seite.

Die Kanzlerin erblasste.

„Woher haben Sie dieses Foto?", fragte sie mit heiserer Stimme und griff nach diesem.

„Dieses Foto?", erwiderte Moser gedehnt. Das ihm heute Vormittag zugespielte Material schien ein Volltreffer zu sein.

„Sie kennen also das Foto?", hakte der Journalist nach.

Die Kanzlerin atmete tief aus.

„Wie ich schon sagte. Das alles ist längst bekannt beziehungsweise es handelt sich um plumpe Fälschungen und wir werden gegen jeden, der sie verwendet, rechtlich vorgehen."

Frau K. erhob sich, wobei sie das Bild in der Hand behielt.

„Ich bedaure, Herr Moser, so gern ich auf Ihre Fragen Auskunft gebe. Die Zeit ist leider um. Sie wissen, mein Terminkalender ist übervoll, gerade auch heute. Sollten Sie noch Fragen haben, lassen Sie sich über Frau Braumann einen neuen Termin geben. Auf Wiedersehen!"

Damit verließ Angela K. den Presseraum und kehrte in ihr Kanzlerinzimmer zurück. Dort ließ sie sich in ihren Schreibtischstuhl fallen. Einen Augenblick verharrte sie so, wobei sie erneut die Fotografie in ihrer Hand betrachtete. Wo hatte Moser das Foto nur her? Frau K. beugte sich vor und betätigte den Knopf der Sprechanlage.

„Frau Braumann, lassen Sie sofort die Herren Kehlmann und Haldendamm kommen. Ganz gleich, welche Termine bei den Herren anliegen, ihr Erscheinen hier im Kanzleramt hat absolute Priorität!"

\*

Prag, das waren die vielen romanischen Kirchen und gotische Dome mit vergoldeten Türmen, die barocken Paläste und Gärten, Jugendstilbauten und kubistische Architektur, kurz, die Goldene Stadt. Aber Gregor kam nicht als Besucher in die Stadt. Die Rotunde des Heiligen Martin, das Wallenstein-Palais und der Hradschin waren heute nicht seine Ziele. Dennoch stand er jetzt hier auf der Karlsbrücke, unter ihm floss die Moldau, und betrachtete neugierig die vor ihm liegende Stadt. Warf nun einen Blick auf die Silhouette: auf Türme und Kirchen, Brücken und Gärten, auf die Häuserzeilen mit ihren verwinkelten Gassen und den mondänen Einkaufsmeilen. Doch er würde kaum zum Einkaufen kommen, sondern vor allem versuchen, die ursprünglichen Besitzer jener Dokumente aufzuspüren, sozusagen die Quelle zu finden, aus der ihnen die mysteriösen Unterlagen zugespielt worden waren. Wer steckte hinter diesem Tun? Welche Absichten verband er mit der Weitergabe der Texte und Bilder? Der Hamburger Kollege Augenthaler hatte zufällig Kontakte in der Stadt; eine wahre Fügung, sonst hätte Gregors Suche der nach der berühmten Nadel im Heuhaufen geglichen. Das erste Treffen sollte um 17 Uhr in einem Kaffeehaus, dem Slavia, stattfinden, der zweite Kontakt erwartete Gregor um acht in der Braustube „Zu den bösen Zeiten", die im Stadtteil Nusle lag. Eine eigenartige Stimmung lag über allem, der Geruch des Herbstes erfüllte die Gassen. Die Luft war von einer feuchten Kühle, die sich über alle Farben legte und sie lichter und einander ähnlicher macht. Der Tag ging zu Ende, die Häuser am Ufer nahmen den schweren graublauen Ton des Himmels an. Fenster leuchteten im ersten Licht der Dämmerung.

„Wenn die Moldau nicht so rasch flösse, heut' noch wäre sie rot von Blut", sagte eine sonore Stimme neben Gregor. „Vom Ursprung bis zur Elbe – wo immer man am Ufer einen Stein aufhebt, stets sind kleine Blutegel darunter. Das kommt daher, weil früher der Fluss ganz aus Blut bestand. Und die Egel warten, weil sie hoffen, dass sie eines Tages wieder neues, frisches Futter kriegen. Jandera mein Name, genauer Ladislav Jandera, Poet", stellte sich der Fremde vor. „Wir sind im Slavia verabredet, aber ich dacht' mir schon, dass ich Sie hier finde. Kommens, geh'n wir ein bisserl."

Die beiden Männer liefen los.

„Sehen Sie drüben den Turm von St. Veit in seinem Grau? Er ist ein echtes Wahrzeichen", erklärte Jandera. „Ja, ich kenne mein Prag bis ins Herz, das ist die Kleinseite mit dem Hradschin. Doch ich rede und rede, ohne das zu beantworten, weswegen Sie wohl hier sind."

Gregor sagte nichts, denn genau das hatte er soeben gedacht.

„Es geht um Dokumente, nicht wahr?"

\*

Ein echter Volltreffer, dachte Moser, während er sich zurück zum Studio begab. Allerdings wusste er leider nicht, was genau die heftige Reaktion der Kanzlerin bewirkt hatte. Er musste die Bilder nachher nochmals in aller Ruhe studieren. Dafür war bislang keine Zeit gewesen, denn das Material hatte ihn erst eine knappe Stunde vor dem Interviewtermin erreicht. Zunächst hatte er gezögert, es einzusetzen. Die meisten Fotografien zeigten Bekanntes und waren vom Bundeskanzleramt längst zu Fälschungen erklärt oder als harmlose Jugendbilder eingestuft worden. Dennoch, nach der eigenartigen Reaktion auf seine Frage nach dem nächtlichen Gericht hatte er der Versuchung nicht widerstehen können. Und die Provokation schien gewirkt zu haben.

Das Studio war erreicht, Hannes Moser begab sich sofort in sein Büro, um die besagte Fotografie erneut zu betrachten. Doch das Bild befand sich nicht mehr in seinen

Unterlagen. Dabei hatte er es doch eingesteckt ... nein, die Kanzlerin hatte das Foto bei ihrem plötzlichen Aufbruch in der Hand gehalten und mitgenommen. Moser blickte hinaus auf die Spree. Jetzt konnte er nur hoffen, dass der Kameramann richtig geschaltet und auf das Bild gezoomt hatte.

Es klopfte, und ohne auf eine Antwort zu warten, traten zwei ihm unbekannte Männer ein. Sie wirkten schlank und muskulös gebaut und waren ganz in ein sehr dunkles Schwarz gekleidet. Ihr Anzug erschien mit den verschiedenen Taschen, Schnallen, Knöpfen und dem Gürtel sehr militärisch. Waffen trugen sie jedoch nicht.

„Wer sind Sie und was wollen Sie?", fuhr Moser die Männer an. „Das ist kein öffentlicher Raum, gehen Sie oder ich hole den Sicherheitsdienst."

Zur Bekräftigung seiner Aussage griff Moser zum Telefon. Doch der größere der Männer zog mit schnellem Griff und ohne ein Wort zu sagen das Verbindungskabel aus der Wanddose.

„Sie werden gar nichts tun, Herr Moser", sagte er ruhig. „Sie sind verhaftet."

Niemand kam ihm zu Hilfe. Die Männer ergriffen Hannes Moser an den Armen und zogen ihn mit sich. Das Vorzimmer war unbesetzt, die Gänge schienen wie ausgestorben, selbst das Pförtnerhaus war leer und verlassen. Es gab nicht eine Person, die die Verhaftung und seinen Abtransport hätte wahrnehmen oder gar verhindern können. Eine Entführung am hellichten Tag – und niemand schritt ein!

Gleich nach dem Ausgang hängten die Männer sich bei ihm in einer Weise ein, wie Moser noch niemals mit einem Menschen gegangen war. Sie hielten die Schultern eng hinter den seinen, knickten die Arme nicht ein, sondern nutzten sie, um seine Arme in ihrer ganzen Länge zu umschlingen. Dazu fassten sie die Hände mit einem eingeübten, unwiderstehlichen Griff. Hannes Moser ging straff gestreckt zwischen ihnen, sie bildeten jetzt gleichsam eine Einheit.

An der Ecke stand ein großer schwarzer Transporter, in den zu steigen er gezwungenen wurde. In diesem saßen zu Mosers Erschrecken bereits die Kolleginnen Moskwa, Slimka und Gaukelei. Die Frauen waren verheult und offenbar durch ihre gleichsam erfolgte Verhaftung derart geschockt und entsetzt, dass sie auf seine Fragen, was denn um Gottes willen passiert sei, schwiegen und lediglich mit angstvollen Gebärden auf die sie begleitenden Wächter zeigten.

Sie fuhren eine Weile, bis sie die Stadt hinter sich gelassen hatten und ländliche Regionen erreichten. Schließlich, es war bereits stockdunkle Nacht geworden, hielt der Wagen vor einem großen Fabrikgebäude. Das Eingangstor öffnete sich und der Transporter glitt hinein und hielt an.

Die Fahrzeugtüren wurden geöffnet. Eine Gruppe dunkel Gekleideter, ähnlich denen, die Moser verhaftet hatten, erwartete sie. Einer, offenbar der Anführer, obwohl dies nicht erkennbar war, denn ein Abzeichen seine Ranges trug er nicht, trat vor.

„Aussteigen!", befahl er in scharfem Ton. „Das Ziel Ihrer kleinen Reise ist erreicht. Bis zum Prozess finden Sie hier eine Aufnahme."

„Was für ein Prozess?", rief Moser. „Wie lautet die Anklage?"

„Das wird man Ihnen mitteilen", erklärte der Mann ruhig und wandte sich ab, worauf die anderen vortraten und die Gefangenen an den Armen ergriffen.

„Loslassen!", protestierte Moser. „Ich will sofort meinen Anwalt sprechen."

Er musste sich aber dem harten Zugriff der Männer fügen und sich in das Gebäude verbringen lassen, wo man ihn in einen fensterlosen, nur durch eine Neonröhre beleuchten Raum sperrte. Was mit den Frauen geschah, wusste er nicht. Sie waren gleich beim Betreten des Gebäudes von ihm getrennt worden.

*

„Meinen Herren", eröffnete die Kanzlerin die Sitzung, „man bedroht mich und versucht, mich zu erpressen."

„Wer bedroht Sie?", wollte BND-Chef Kehlmann wissen. „Sind das die gleichen Leute, wegen denen Ihr Sicherheitspersonal ausgetauscht und verstärkt wurde?"

„Ich hatte den Eindruck, dass mehrmals Fremde in meine Wohnung eingedrungen sind", erklärte die Kanzlerin vorsichtig. Von der sogenannten Verhaftung und der Anhörung durch diesen angeblichen Untersuchungsrichter Blum wollte sie nichts erzählen. Bei hellem Tageslicht schienen ihr die Erlebnisse zu fantastisch und ihre Rolle in dem Geschehen wenig glanzvoll. Stattdessen berichtete sie von Moser und den Bildern, die er ihr vorgelegt hatte und die sie en Detail beschrieb.

„Das ist dann wohl die Erpressung", meinte der oberste Verfassungsschützer Haldendamm. „Eigentlich ein Fall fürs Bundeskriminalamt."

„Nein", korrigierte Angela K. „Ich brauche Sie nicht als Strafverfolger, sondern in Ihrer Funktion als Aufklärer. Ich muss wissen, woher Moser das Material hat. Wer kennt es? Wer hat es ihm geliefert? Wer steckt hinter der Geschichte? Machen Sie die in- oder ausländische Quelle ausfindig, meine Herren. So lautet der Auftrag."

„Haben Sie einen Anhaltspunkt, einen Ansatz für unsere Recherchen, Frau Kanzlerin?", fragte der BND-Mann.

Angela K. überlegte, wie viel sie preisgeben konnte.

„Prag", sagte sie schließlich. „Prag ist der einzige Hinweis, den ich Ihnen geben kann."

„Das ist besser als nichts", sagte Kehlmann. „Ich werde sogleich mein bestes Team nach Prag schicken."

„Meine Leute kümmern sich um alle hier lebenden Tschechen", ergänzte Haldendamm.

Eine knappe Stunde später brachen Ingo Mölders und Katja Lenski, beides erfahrene Mitarbeiter des BND, in einem dunklen Mercedes der S-Klasse in Richtung Prag auf. Ihr erster Kontakt in der goldenen Stadt sollte der Dichter und geheime Polizeispitzel Ladislav Jandera sein.

Zweieinhalb Stunden später überquerten sie die erste Moldaubrücke, die Operation „Wirbel" konnte starten. BND-Chef Kehlmann informierte die Kanzlerin zeitgleich per SMS über den eigentlichen Beginn des Einsatzes. Angela K. steckte das Handy ein. Gut, die Sache lief. Sicher würde bald geklärt sein, wer hinter der ganzen mysteriösen Geschichte steckte und dann würden der oder die Verantwortlichen dafür bezahlen – und der Preis würde hoch sein. Kanzlerin K. gestattete sich ein kleines Lächeln und wandte sich wieder der ministerialen Gesprächsrunde zu.

*

Jürgen W. saß in seinem Arbeitszimmer. Er hatte die Bücher zur Seite gelegt und las in einem politischen Wochenmagazin. Gerade blätterte er auf die nächste Seite, „Machtfragen" lautete die Überschrift:

*Was könnte auf Angela K.s Regierung folgen? Varianten der politischen Machtweitergabe oder -übernahme gäbe es aus heutiger Sicht mehrere. Die Unwahrscheinlichste, die Fortführung einer sogenannten Großen Koalition, scheitert schon an dem Begriff der Größe, der kaum noch für die CDU und schon gar nicht für die Sozialdemokraten anzuwenden wäre. Die Schwäche der Sozis erspart denn auch dem Land die Berliner Chaosvariante Rot-Rot-Grün und damit die direkte Rehabilitierung der SED inklusive Enteignungen, Kaderdenken und linksozialen Utopien. Mitunter glaubt der Wähler doch nicht alles. Eine Variante des Zusammengehens der CDU mit den Deutschnationalen, wie sie etwa typisch für die Wirtschaftswunderjahre der Bundesrepublik unter Adenauer (CDU/CSU/FDP/Deutsche Partei) von 1949 bis 1961 war, dürfte aufgrund des großen Einsatzes der linksliberal dominierten Medien und der bedenklich offenen rechtsbraunen Flanke der Blauen ausgeschlossen und – historisch gesehen – nicht wünschenswert sein. Denkbar ist eher die Schwarz-Grün-Kombination im Stile Hessens oder vielleicht auch Grün-Schwarz (Baden-Württemberg) – denkbar, wenn auch schwieriger vorzustellen, ist natürlich auch Jamaika. Welches Ergebnis auch immer die Farbenspiele um die Macht hervorbringen werden, es dürfte weitreichende Folgen haben. Unter Umständen wird es in der Folge einer (der) angeführten Verbindung(en) zu einem Erdbeben innerhalb der deutschen Gesellschaft kommen. Mancher Kommentator hält dies für weniger wahrscheinlich und argumentiert, dass das Beben längst stattgefunden habe. Denn der Kern des Landes, seine Kultur, seine Identität und seine Werte seien im Grundsätzlichen erschüttert und unwiederbringlich verändert worden. Wahr ist, das Deutschland von heute ist kaum noch mit dem der Jahre 1960, 1970, 1980 oder auch der Zeit der neuen Einheit von 1990 zu vergleichen. Diese Veränderungen beruhen zum Teil auf natürlichen Entwicklungen, aber auch auf falschen Annahmen und unüberlegten Entscheidungen – und sind zum Großteil irreversibel. Andererseits erzeugen all diese Geschehnisse heftige Reaktionen bei Teilen des Volkes. Viele sind nicht mehr bereit, die herrschende, angeblich liberale, in Wahrheit aber linksökologische Meinungsdiktatur ohne entschiedene Gegenwehr hinzunehmen.*

Eine interessante Darstellung, dachte Jürgen W., auch wenn er nicht jede Aussage teilte. Was wäre, gingen seine Gedanken weiter, wenn sich der Widerstand gegen die dargestellten Entwicklungen nicht mehr nur in Wahlergebnissen und in den Kommentaren der sozialen Netzwerke widerspiegeln würde? Wenn die Rotwestenbewegung, die sich da und dort bereits bildete, sich über das ganze Land ausbreitete und die selbsternannten Meinungsträger, die sogenannte politische und intellektuelle Elite, beiseite schob, um selbst ihre Geschicke und die des Landes in die Hand zu nehmen? Würde es zu Anklagen, zu Prozessen kommen? Diesmal nicht von Alliierten inszeniert – zu Recht, wie jeder wusste –, sondern vom Volk selbst ausgehend? Ein wildes und gefährliches Gedankenszenario, das Volk war unberechenbar, ob im Paris des Jahres 1789, in St. Petersburg 1917, im Deutschland des Jahres 1933 oder auch heute …

Es läutete an der Haustür. Es war Gerd S., der ihn zum Krafttraining in Jusups Gym abholte.

\*

„Es geht um Dokumente", bestätigte Gregor.

„Gut, ich bin allerdings nicht derjenige, der Ihnen nähere Auskunft zu geben vermag", sagte Jandera. „Ich kann

Sie aber zu jemandem führen, der möglicherweise mehr Wissen hat."

„Und wer ist diese Person?", forschte Gregor.

Jandera antwortete nicht, sondern schritt einfach los. Er wandte sich dem älteren Teil der Stadt zu; der Weg ging durch schmutzige Gassen, dann über den baumbestandenen Wall, der zum Pulverturm führte. Es herbstete im Laub der Bäume und es wurde deutlich kühler. Das Bild der Straßen wechselte ständig, fast war es Gregor, als träume er, und doch, das wusste er, dies war sicherlich kein Traum. Nun bog Jandera in die Zeltnergasse im ehemaligen jüdischen Viertel ein und blieb plötzlich stehen.

„Unser Ziel ist die alte Synagoge", erklärte er, „wir suchen den Rabbi Löw auf."

„Den Rabbi Löw?"

Jandera nickte nur und wandte sich dem nächsten Haus zu, wo er die unverschlossene Haustür öffnete. Direkt traten nun die Männer in eine niedrige, kahle Stube, das Wohnzimmer des Rabbis. Nur zwei Strohsessel und ein rohgehobelter Tisch standen im Raum. Die Wände waren grob verputzt, eine Tür führte in eine einfache Schlafkammer. Der Rabbi selbst war ein groß gewachsener Mann. Das Profil war scharf geschnitten und ein grauer, schmutzig wirkender Bart umrahmte das Gesicht. In diesem zeigten sich unter schweren, weiß-buschigen Brauen tiefliegende dunkle Augen. Der riesige Leib war in einen schwarzseidenen Kaftan gehüllt. Gregor faszinierte die ganze Person, gleichzeitig aber fühlte er sich von der seltsamen Erscheinung abgestoßen. Löw erhob sich und trat auf den Besuch zu.

„Seien Sie in meinem Haus willkommen", begrüßte der Rabbi die Gäste und verneigte sich. „Sie sind zu mir gekommen, da Sie sich bemühen, ein Geheimnis zu lösen."

„Nein, mich interessieren keine Geheimnisse. Es geht um die Dokumente im Fall K.", stellte Gregor klar und schaute sich nach Jandera um, von dem er sich Unterstützung erhoffte. Doch Jandera befand sich nicht mehr im Raum.

„Suchen Sie Ihren Begleiter?", fragte der Rabbi. „Er wird gegangen sein. Herr Jandera ist ein Poet und hält es nie lange an einem Ort aus", fügte er hinzu, als wäre damit alles erklärt.

„Sie zieht es zur Wahrheit?", fragte er dann. „Um zu dieser zu gelangen, muss man mitunter dem Himmel Gewalt antun."

„Wie ist das gemeint?", fragte Gregor verunsichert.

„Nun, Sie sind doch auf der Suche nach dem Recht und damit nach der Wahrheit. Diese wird nur bezwungen, wenn sie gefunden wird."

„Wie soll meine Suche erfolgreich sein und zu einem Ziel gelangen, wenn ohne gehörige Auskunft alles sinnlos ist?"

„Das habe ich nicht gesagt", antwortete der Rabbi.

„Was haben Sie denn gesagt?", fragte Gregor, den das Gespräch allmählich verwirrte. „Ich bin gekommen, weil ich hoffte, dass Sie mir im Hinblick auf die Dokumente weiterhelfen …"

„Missverstehen Sie mich bitte nicht", unterbrach ihn Löw. „Ich werde Sie gern unterstützen. Vorab jedoch verweise ich auf Grundsätzliches und zeige nur die Meinungen, die über das Recht und die Wahrheit bestehen. Man muss nicht zu viel auf Meinungen achten. Das Recht ist unveränderlich und die Meinungen sind oft nur ein Ausdruck der Verzweiflung darüber."

„Was wollen Sie damit sagen, Rabbi?"

„Sie werden es erfahren. Kommen Sie mit!"

Er erhob sich und öffnete eine Tür, die zu einem Hinterausgang führte. Gregor folgte ihm und fand sich am Ufer der Moldau wieder. Dunkel war es geworden, ringsherum herrschte finstere Nacht. Nur jenseits der Moldau über dem unruhigen Zentrum der Stadt hing rötlich-gelber Dunst hoch am Himmel. Eine Mauer trennte den Weg vom Fluss. Auf dem kaum handbreiten Sims schritt langsam und aufrecht eine Frau. Sie hielt die Hände tastend vorgestreckt wie eine Blinde – gespenstisch verdeckt durch die silhouettenhaften Schlagschatten der Bäume, dass es Gregor erschien, als wäre sie aus glitzerndem Mondlicht geronnen und schwebte gleichsam frei über dem Dunkel.

\*

Das Gespräch mit den Ministerpräsidenten und das folgende Arbeitsessen waren vorüber. Zehn Uhr abends, die Kanzlerin befand sich im Wagen auf dem Weg zum Kupfergraben. Angela K. blickte auf den Tag zurück. Besonders positiv war dieser nicht verlaufen. Schon der Empfang des Präsidenten Usbekistans, Mirsijów, war ein einziger Eiertanz gewesen. Die Tibetfrage hatte sie geschickt umgangen und dazu die Wünsche des Usbeken nach deutschem Geld und verbindlichen Wirtschaftszusagen in andere Angebote transferiert. Am Nachmittag das Landwirtschaftstreffen, eine an sich harmlose Veranstaltung, aber wie immer eingebettet in ein opulentes Essen – wo sie ohnehin schon ständig ihre Kleidergröße erweitern durfte. Politik sei nichts für Hungerhaken, hatte Petra Haldenberger, ihre Wirtschaftsministerin, kürzlich verlauten lassen. Haldenberger konnte gut locker daher reden, sie hatte ohnehin nichts mehr zu verlieren. Aber für Jonathan gab es bei aller Freude an weiblicher Fülle doch gewisse Grenzen der körperlichen Expansion. Dann hatte sie heute Abend erfahren, dass die Partei, ohne sie zu informieren oder gar hinzuzubitten, für morgen Vormittag ein Gespräch zur Flüchtlingspolitik angesetzt hatte. Ihre potentielle Nachfolgerin Rosemarie Kessel-Köhler wollte angeblich das Gespräch nutzen, um sich als Schlichterin im parteiinternen Streit zu profilieren. Nach Aussagen ihres Informanten hatte KK geäußert, sie sei im ganzen Jahr viel in der Partei unterwegs gewesen und dabei immer wieder mit dem Thema Flüchtlingspolitik konfrontiert worden. Die Partei müsse nun die Debatte führen und sie, Kessel-Köhler, wolle die Migrationspolitik endlich umfassend diskutieren. Denn die deutsche Migrationspolitik sei – im Nachhinein betrachtet – nicht klug gewesen. Man müsse sich um die Konsequenzen kümmern und dies alles ganz in Ruhe mit Praktikern diskutieren. Ihre Migrationspolitik war also für KK nicht klug gewesen? Das

Dumme war, die Frau hatte recht, denn die steigende Zahl der Tibeter hatte zu einer zunehmenden Gefährdung des inneren Friedens geführt. Nur, das würde sie nie öffentlich zugeben, und dass ihr Rosemarie Kessel-Köhler, die sie eigentlich immer unterstützt hatte, so in den Rücken fiel, verärgerte Angela K. am meisten. Auch deren Aussagen zur Europapolitik Marats ... Die Angelegenheit mit dem Störenfried Moser würde sich jedoch bald zu ihrer Zufriedenheit lösen. Auf den BND war Verlass. Dennoch, das Auftreten des Journalisten war grenzwertig gewesen, bei Gelegenheit musste sie unbedingt ein paar Worte mit dem Intendanten Zellhut reden, so ging das mit Moser und seinem arroganten Auftreten nicht weiter. Ihr Handy läutete. Das Display zeigte ZZ an, Zellhut, wenn man an den Teufel dachte. Angela K. nahm das Gespräch an. ZZ war außer sich:

„Zellhut, Frau Kanzlerin, Hannes Moser und die Moderatorinnen Moskwa, Slimka und Gaukelei sind verhaftet worden. Waren das Ihre Leute? Das ist ein Eingriff in die Pressefreiheit. Das wird Folgen haben, die Spiegelaffäre von 1962 wird dagegen wie ein Sturm im Wasserglas sein!"

Zellhut legte, ohne auf ihre Antwort zu warten, auf.

Moser, Moskwa, Slimka und Gaukelei verhaftet, das konnten nur die Schergen der geheimnisvollen Gerichtsbehörde gewesen sein. Die Frauen taten Angela K. leid, zumal alle drei zu ihren treuesten Anhängerinnen zählten. Im Hinblick auf Moser konnte sie jedoch ein Gefühl der klammheimlichen Genugtuung nicht verleugnen.

\*

Ingo Mölders und Katja Lenski betraten den Buchladen in der Karmelitská Straße, der Ort, an dem sie den Dichter und Kontaktmann Ladislav Jandera treffen wollten. „Antiquariat von Oskar Hammer" stand auf Deutsch in großen Goldbuchstaben auf der Spiegelscheibe. Dahinter türmten sich wahre Berge von Büchern auf. Innen herrschte das träumerische Halbdunkel der literarischen Welt. Vom Boden bis hoch zur Decke reichten schwere Holzregale, deren Bretter sich unter dem Gewicht von Hunderten von Folianten bogen. Mölders ließ den Blick über diesen Wirrwarr von Texten aus allen Sprachen und Wissenschaften vieler Jahrhunderte schweifen, über die sich in allen Farben zeigenden Einbände, die zumeist alt und abgenutzt aussahen und auf denen fast durchweg dicker Staub lagerte. Dumpfe Luft erfüllte den Laden, auch die Wände schienen mit Büchern tapeziert zu sein. Man konnte sich kaum bewegen, ohne an einen schweinslederen Folianten oder einen Ballen zusammengeschnürter Drucke zu stoßen. Katja Lenski trat plötzlich einen großen Schritt vor. Ganz hinten in einer Ecke, neben zwei Werken, die ihrem Äußeren nach aus dem siebzehnten oder achtzehnten Jahrhundert stammen mochten, stand im Halbdunkel ein Mann, der der Beschreibung nach besagter Jandera sein musste.

„Herr Jandera?", fragte sie.

Der Mann nickte.

„Wir kommen auf Empfehlung von Herrn Miroslav ..."

„So, auf Empfehlung", wiederholte Jandera. „Dann folgen Sie mir bitte."

Er führte die beiden Besucher nach hinten in einen weiteren Raum, der, den herumliegenden Ordnern und Papieren nach, als Material- und Aktenlager diente.

„Es geht um Dokumente, wurde mir gesagt?", fragte er Katja Lenski.

„Um die Herkunft gewisser Dokumente", bestätigte diese.

„Dann", er machte eine einladende Geste, „schauen Sie sich bitte um!"

„Hier?", fragte Mölders ungläubig. „Die Quelleninformation, die Sie bieten, besteht darin, in alten Akten und vergilbten Papieren zu wühlen?"

„Was immer nach Berlin abgegangen ist", sagte Jandera ruhig, „stammt aus diesem Aktenkonglomerat. Die Staatssicherheit Ostelbien, Ihre frühere Konkurrenzfirma, hat den Buchladen als getarnten Kontakt unterhalten."

„Und unter den Büchern brisantes Material versteckt – das könnte stimmen", überlegte Katja Lenski laut. „Aber woher wissen Sie davon, Herr Jandera?"

„Dinge zu erfahren und zu wissen gehört zu meinem Handwerk."

„Ich dachte, Sie seien ein hauptamtlicher Poet", stichelte Mölders.

„Im eigentlichen Sinne geht es immer um Dichtung und Wahrheit", gab der Tscheche lächelnd zurück. „Ich muss wieder in den Laden. Viel Erfolg bei Ihrer Suche!"

\*

Der Herbsthimmel über Berlin zeigte die ersten zarten Ansätze von Morgensonne. Doch in den Häusern im Kupfergraben schien noch kein Licht, als Angela Kestner aus ruhigen Träumen erwachte. Ein keimender Tag, einer, der hell werden würde. Reflektierende Strahlen von der Kugel des Alex'. Herrlich hatte sie geschlafen, ohne schwere Träume, in gänzlicher blauer Ruhe.

Es klopfte und ihr Dienstmädchen Petra Vogel brachte, wie jeden Tag gegen 6.10 Uhr, einen ersten Kaffee. Angela K. frohlockte innerlich. Niemand stand an ihrem Bett und zwang sie, aufzustehen und zu einem obskuren Gericht mitzukommen. Niemand hatte ihr den Kaffee verwehrt, alles war wie immer – und damit gut.

Später, nach einem ausgiebigen Bad, der Unterstützung von Bettina Schönbach bei der Kleiderauswahl und dem Besuch von Udo Wels, der mit ihrem Haar magisch wirbelte, ging Angela K. hinüber ins Speisezimmer zum geduldig wartenden Ehemann Jonathan, den sie heute bei der Lektüre der Berliner Zeitung antraf.

„Guten Morgen, Angie", begrüßte er sie und goss ihr die zweite Tasse Kaffee ein. „Du bist spät dran. Hast du heute gebummelt? Gut, das muss auch mal sein."

Er deutete auf die Zeitung. „Weißt du, was gestern passiert ist? Hannes Moser und die bekannten Moderatorinnen Moskwa, Slimka und Gaukelei sind verschwunden. Angeblich hat man sie verhaftet. Die Presse spricht von einer Geheimdienstaktion und hat Proteste angekündigt. Schulte hat deswegen schon zweimal angerufen. Was ist los?"

„Ich weiß nicht, wer dahinter steckt. Intendant Zellhut hat mich schon gestern Abend kontaktiert. Haldendamm kümmert sich bereits um die Angelegenheit."

Es klopfte, Beate Braumann kam herein.

„Frau Kanzlerin, der Justizminister möchte Sie unbedingt sprechen."

„Jetzt, beim Frühstück?"

„Minister Lemberger sagt, es sei absolut dringend."

„Bitten Sie den Minister herein!"

Frau Braumann öffnete die Tür: „Die Kanzlerin lässt bitten!"

Christian Lemberger stürzte herein.

„Frau Kanzlerin, wir stecken in einer Krise. Pardon, Herr Professor!", Lemberger stockte.

„Sprechen Sie ruhig weiter, Christian. Mein Mann ist in alles eingeweiht."

„Es geht um die Verhaftung der Journalisten. Die Medien erheben den Vorwurf, die Regierung, speziell das Justizministerium, sei dafür verantwortlich."

„Wir haben mit dem Geschehen nicht das Geringste zu tun. Das wissen Sie doch. Wie kommt die Presse zu ihren Aussagen?"

„Die Deutschnationalen Parteiführer Gräulich und Frau von Wesel haben auf Twitter behauptet, Moser und seine Kolleginnen hätten Unregelmäßigkeiten in Ihrer Biografie aufgedeckt und seien deshalb aus dem Verkehr gezogen worden."

„Eine unseriöse Quelle. Wer gibt denn etwas auf die Aussagen dieser Nazis?"

„Immerhin sind beide Bundestagsabgeordnete und vertreten die größte Oppositionspartei und – wenn ich das so sagen darf, Frau Kanzlerin – in den neuen Ländern herrscht in Teilen unserer Partei die Meinung, man könne die Ergebnisse der ostdeutschen Wahlen nicht länger ignorieren und solle endlich auf die Deutschnationalen zugehen. Gräulich stammt bekanntlich aus unseren Reihen. Die Presse hat sich jedenfalls auf die Aussagen von Gräulich und von Wesel gestürzt. Ich empfehle, die anderen Minister in der Kabinettsrunde umfassend zur Causa Moser zu informieren."

„Beruhigen Sie sich, Herr Lemberger, das werde ich. Alles andere später."

Lemberger sah sich entlassen, verabschiedete sich mit einer knappen Verbeugung und ging.

Der Tag hatte so positiv begonnen und jetzt das. Verärgert ließ sich Angela K. ins Kanzleramt fahren. Der Chauffeur musste verschiedene Umwege nehmen, die Rotwesten blockierten etliche der Hauptverkehrsstraßen der Stadt. Ins Kanzleramt selbst gelangte sie nur über den unterirdischen Zugang. Es war bereits zehn Uhr, als die Kanzlerin endlich ihr Arbeitszimmer betrat. Sie ließ sich umgehend mit dem BND-Chef verbinden. Hoffentlich zeigte wenigstens die Pragexpedition einen Erfolg.

\*

Die ganzen Abend und die halbe Nacht hindurch hatten sich die beiden Ermittler des BND durch die schier unüberschaubaren Aktenberge gewühlt. Endlich, gegen halb zwei Uhr morgens, nach unzähligen Bechern Kaffee, die ein nahe gelegenes 24-Stunde-Bistro geliefert hatte, wurde Katja Lenski fündig. Es handelte sich bei ihrem Fund um ein Aktenkonvolut mit der rätselhaften Aufschrift: „Tanzen und andere Bewegungsformen." Lenski blätterte kurz hinein und wollte den Ordner gerade beiseite schieben, da fiel ihr Blick auf ein Foto ähnlich dem, weswegen sie nach Prag gekommen waren: Es zeigte eine weitaus jüngere Kanzlerin K. beim Tanz. Sie mochte auf dem Bild höchstens 17 oder 18 sein und tanzte einen Standardtanz, vielleicht Walzer. Von ihrem Tanzpartner sah man nur den Rücken. Er schien sehr groß und massig zu sein und trug einen dunklen Anzug. Mölders, dem sie den Ordner zeigte, hielt ihren Fund ebenfalls für bedeutsam.

„Wir sollten uns das morgen in aller Ruhe anschauen", sagte er mit einem Blick auf die Uhr. „Jetzt sind wir derart übermüdet, dass die Gefahr besteht, dass wir Wichtiges übersehen!"

Katja Lenski stimmte seinem Vorschlag gähnend zu, und mit dem Ordner unterm Arm verließen sie den Buchladen, um sich in ihr Hotel zu begeben.

\*

Bisher keine Nachricht von Klaus Kehlmann, der BND-Chef ließ sie warten. Und in einer Viertelstunde sollte die Kabinettssitzung beginnen. Angela K. erhob sich, um sich im Waschraum etwas frisch zu machen. Als sie den Korridor passierte, der ihr Büro von der Haupttreppe trennte, hörte sie hinter einer Tür, hinter der sie immer nur einen Lagerraum vermutet hatte, ohne diesen jemals selbst gesehen zu haben, ein seufzerartiges Stöhnen. Sie hielt erstaunt und verwirrt inne und lauschte, ob sich das Geräusch wiederhole. Es blieb eine gute Minute still, und sie wollte schon weitergehen, als es erneut laut seufzte. Angela K. zögerte, vielleicht war es besser, den Sicherheitsdienst zu informieren. Dann aber erfasste sie eine geradezu unbezähmbare Neugierde und sie riss die Tür auf. Es war, wie sie richtig vermutet hatte, eine Art Lagerraum. Unbrauchbare alte Drucker und Computer, leere Tintenkartuschen und alte Aktenordner lagen umher. Im hinteren Teil des Raumes aber standen drei Männer. Die Beleuchtung schien nicht intakt, eine auf einem Regal aufgestellte trübe Lampe gab nur wenig Licht.

„Was ist hier los?", fragte Angela K.

„Das geht Sie nichts an!", sagte der größte der Männer, ein breitschultriger, kräftiger Kerl mit kantigen Gesichtszügen, der in einer Art dunkler Lederkleidung steckte, die den Hals bis zur Brust und die Arme unbedeckt ließ.

„Gehen Sie und stören Sie uns nicht!"

Doch die zwei anderen riefen: „Frau Kanzlerin! Wir sollen geprügelt werden, weil Sie sich öffentlich über uns beklagt haben."

Nun erst erkannte Angela K., dass sich bei den Männer um Hannes Moser und Joseph Seefelder handelte und dass der Ledermann einen Stock in der Hand hielt, um sie mit diesem zu schlagen.

„Ich habe mich nicht öffentlich beklagt", sagte Angela K. „Ich habe nur festgestellt, dass mir Ihr Tun nicht gefällt."

„Frau Kanzlerin", erwiderte Moser mit kläglicher Stimme. „Wenn Sie wüssten, wie sehr ich um meine Position zu kämpfen habe und wie schlecht im Vergleich zu anderen meine Arbeit bezahlt wird, würden Sie besser über mich urteilen."

„Ihr Einkommen, Herr Moser, scheint mit mehr als ausreichend, hungern muss in Ihrer Branche niemand", entgegnete Angela K. „Aber ich muss gestehen, dass Sie zu prügeln nicht die richtige Methode der Konfliktbewältigung darstellt. Und Sie, Joseph? Was haben Sie zu Ihrer Verteidigung zu sagen?"

„Ich bin unschuldig, völlig unschuldig", beteuerte Seefelder. „Ich wollte Ihnen nie etwas Böses tun. Mein innerparteilicher Konkurrent Dödel hat mich zu allem angestiftet."

„Hören Sie nicht auf die beiden Schurken", sagte der Ledermann zu Angela K. „Die Strafe der beiden ist gerecht und unvermeidlich und hat, auch in Ihrem Interesse, unverzüglich zu erfolgen."

Kurz und hart schlug er zu.

„Au!", schrie Moser und führte die Hand, über die er den Hieb bekommen hatte, schnell an den Mund. „Wir werden nur gestraft, weil Sie uns hassen. Sonst wäre uns nichts geschehen, selbst wenn jemand erfahren hätte, was wir getan haben. Das ist nicht gerecht!"

„Jetzt, Frau Kanzlerin, ist alles verloren, meine Laufbahn ist beendet", rief Seefelder, „und die von Moser auch und überdies bekommen wir diese schrecklich schmerzhaften Prügel."

Angela K. fühlte, dass ihr die Angelegenheit unangenehm wurde. Was immer die beiden ihr angetan hatten, es war keine Berechtigung, dass sie Schmerzen erleiden sollten, jedenfalls nicht solche.

„Gibt es keine Möglichkeit, den beiden Herren die Prügel zu ersparen?", fragte sie daher den Prügler.

„Nein", sagte dieser und schüttelte den Kopf. „Ich darf meine Pflicht nicht vernachlässigen. Sie sollten auch den Kerlen nicht alles glauben, was sie sagen. Seefelder wollte Sie dreimal aus dem Amt drängen. Moser hat in mindestens vier Sendungen Sie und Ihre Regierungsarbeit auf das Übelste kritisiert und in Wahrheit ist er für die Bunten. Und sehen Sie nur, wie fett Joseph ist – die Prügel werden ihn kaum erreichen."

„Ich würde Sie gut belohnen, wenn Sie die beiden laufen lassen", versprach Angela K.

„Ich lasse mich nicht bestechen", erwiderte der Mann. „Ich bin zum Prügeln angestellt, also prügle ich."

„Dann werde ich jetzt gehen", sagte Angela K. „Das schaue ich mir nicht an. Sie entschuldigen, meine Herren, ich kann nichts weiter für Sie tun."

Sie trat zur Tür und öffnete diese.

Der Prügler fasste den Stock mit beiden Händen und hieb auf Moser ein, während Joseph Seefelder in einem

Winkel kauerte und vor Angst wimmerte. Moser brüllte laut auf, der Korridor tönte von seinem Geschrei, die ganze Etage musste ihn hören.

„Schreien Sie nicht so laut", rief Angela K., „es stört!" und warf schnell die Tür zu.

Vor Aufregung zitternd lief sie rasch zurück in ihr Büro und ließ sich in ihren Sessel sinken. Hier ging es ihr wie so oft, da ihr einfiel, wie sie die Situation doch hätte positiv lösen können. Ganz sicher, wenigstens sehr wahrscheinlich, hätte sie ein Mittel gefunden, den Prügler zu überreden. Sie hätte einfach eine hohe Summe nennen müssen, denn der Kerl hatte mit dem Prügeln offenbar nur deshalb Ernst gemacht, um die Bestechungssumme kräftig zu erhöhen. Aber wichtiger noch schien es Angela K., zu überlegen, wer hinter der Strafaktion steckte. Das Gericht? Bei der Verderbnis des Gerichtswesens war diesem absolut zuzutrauen, dass es zu solchen brutalen Methoden griff. Wie sollte sie weiter vorgehen? Den Sicherheitsdienst verständigen?

Es klopfte und Frau Braumann trat ein und hielt inne.

„Ist Ihnen nicht gut, Frau Kanzlerin, Sie sind so blass?", fragte sie besorgt.

„Es ist nichts", erwiderte Angela K. rasch. „Was gibt es?"

„Die Ministerrunde ist versammelt."

„Ist die Runde komplett?"

„Es sind alle da, bis auf Herrn Manstein, der heute früh nach Südamerika aufgebrochen ist."

„Und Herr Seefelder?"

„Der Herr Minister ist ebenfalls anwesend."

Gott sei Dank, dachte Angela K., wenn Seefelder anwesend war, dann war das alles nicht real und nur ein bizarrer Tagtraum gewesen, der sie genarrt hatte. Eigentlich schade, dachte sie dann, ein bisschen Strafe hätte Joseph Seefelder, diesem bayerischen Intriganten, sicher nicht geschadet.

## 5. Kapitel

### Vor dem obersten Gericht

*"Ich bin viel gereist", erzählte Frau K. eines Tages Herrn H. "Und war in meiner Jugend gern mit dem Rucksack in den Gebirgen wandern." Was es denn zum Essen gegeben habe, wollte Herr H. wissen. "Nur Tütensuppen. Es war alles sehr schwierig und auch sehr interessant", antwortete Frau K. "Heute esse ich aber keine Suppe mehr." "Sondern brocke sie selbst ein", kommentierte Herr H.*

Gregor folgte wie in Trance der merkwürdigen Erscheinung. Sie liefen und liefen, es kam ihm vor, als ob schon Stunden vergangen seien, dass die Frau ihnen voranschritt. Nun führte die Unbekannte den Rabbi und ihn an eine Brücke, die hell im Mondschein lag. Das im Mondlicht glänzende und zitternde Wasser teilte sich um eine kleine Insel, auf der sich zwischen zahlreichen Bäumen ein helles, schlossartiges Gebäude erhob. Ein schmaler Weg führte auf dieses zu. Sie nahmen den Pfad und standen bald vor einem weißen Marmorpalast. Wie aus Eichendorffs Träumen, fiel es Gregor ein. Er blickte auf den Rabbi. Was war zu tun? Der Rabbi nickte ihm zu, machte einen Schritt vor und öffnete die große Flügeltür vor ihnen. Die Männer traten ein.

Eine weite Halle zeigte sich Gregors Blicken. Die Böden waren ebenfalls aus hellem Marmor, korinthische Säulen zogen sich ringsherum und eine Vielzahl antiker Figuren schmückte zusätzlich den Raum. An der Stirnseite der Halle befanden sich fünf Portale, über denen in goldener Schrift geschrieben stand, was ein Besucher hinter ihren schweren Eisentüren finden könne. Erstaunt las Gregor, dass hier das „Recht", die „Ordnung", die „Freiheit", die „Unschuld" und die „Wahrheit" zu Hause wären. Jeweils ein Flügel der Türen war halb geöffnet. Am anziehendsten jedoch schien Gregor die „Wahrheit" zu sein, denn vor ihrem Zugang stand eine weibliche Gestalt, deren durchsichtige Gewandung das im Innern Verborgene anschaulich zu verkörpern vermochte. Ohne zu zögern wandte er sich der „Wahrheit" zu und bat ihre Hüterin darum, ihm Einlass zu gewähren.

Die schöne Frau drehte sich lächelnd zu ihm.

„Du kommst offenbar von außerhalb und möchtest Eintritt in die Wahrheit. Das kann ich dir jetzt jedoch nicht gewähren."

Nun war er bereits so weit gekommen, überlegte Gregor, da würde er sich doch nicht abweisen lassen, mochte die Frau auch noch so schön sein.

„Ich kann einen Augenblick warten", sagte er, „etwas später wird es sicher möglich sein, dass ich eintrete."

Die Frau schob eine Locke, die ihr in die Stirn gefallen war, zur Seite und schien ihrerseits über das Gesagte nachzudenken. Gregor nutzte die Zeit, um sie genauer zu betrachten. Ihre Gesichtszüge waren eben, das lange, dunkle Haar war in sorgsame Flechten gelegt. Die Augen schimmerten grün, die Lippen zeigten die Farbe junger Kirschen, der Leib wirkte schlank und doch sehr weiblich geformt.

Fast schien sie ihm zu edel und zu schön zu sein, als dass sie einem Alltag angehören konnte. Ja, es fehlte ihr an einer natürlichen Unvollkommenheit, sodass ihn die Frau bei näherer Betrachtung, trotz ihrer großen Schönheit, fast abstieß.

„Es ist möglich, dass du hineinkannst", antwortete sie, „später – jetzt aber nicht."

Dennoch öffnete sie auch den anderen Flügel des Tores und trat beiseite, um ihm die Möglichkeit eines Blickes in das Innere zu geben.

„Schau nur hinein, das Tor zur Wahrheit steht offen wie immer."

„Dann hält mich nichts davon ab, hineinzugehen", erwiderte Gregor, „nichts als mein freier Wille!"

Als die Hüterin das hörte, lachte sie leise.

„Wenn es dich so lockt, versuche es doch, trotz meines Verbotes hineinzugehen. Ich bin mächtig und ich bin nur die unterste Hüterin. Von Raum zu Raum, von Stufe zu Stufe stehen aber weitere Hüterinnen, eine schöner und mächtiger als die andere. Schon den Anblick der dritten kann kein Mann mehr ertragen."

Das klang nach Schwierigkeiten, die Gregor so nicht erwartet hatte. Die Wahrheit sollte doch jedem und immer zugänglich sein, dachte er. Andererseits, wer stand ihm dafür ein, dass die Frau vor ihm, die jetzt plötzlich einen weißen Pelzmantel und eine tatarische Mütze trug, selbst die Wahrheit sagte? Sollte er vielleicht hier vor der Schwelle die nächsten Wochen und Monate warten? Vielleicht liebte es die Dame, von den Besuchern gebeten und angebettelt zu werden, kleine Verhöre mit ihnen anzustellen und sie auszufragen? Allen stets Hoffnung auf einen Zutritt zu machen, um am Schluss immer wieder zu sagen, dass sie die Hoffenden noch nicht einlassen könne. Er würde schließlich die anderen Türhüterinnen vergessen und in dieser ersten das einzige Hindernis für den Eintritt in die Wahrheit sehen. Alt und kindisch würde er werden und schließlich an dieser Stelle, an der Schwelle der Wahrheit, das Augenlicht verlieren und sterben.

„Das ist ein freier Zugang, oder?", stellte Gregor fest, nachdem er dies alles bedacht hatte. „Alle streben doch nach der Wahrheit, wie kommt es, dass hier außer mir niemand Einlass verlangt?"

„Hier kann niemand sonst Einlass erhalten, denn diese Tür ist nur für dich bestimmt", erwiderte die schöne Hüterin.

„Dann versuchst du mich also zu täuschen", rief Gregor triumphierend.

„Sei nicht übereilt", antwortete die Wächterin. „Ich habe dir im Wortlaut erzählt, was dich erwartet. Von Täuschung kann keine Rede sein."

„Es ist aber klar", sagte Gregor, „dass du mir die Mitteilung, es sei mein alleiniger Zugang, erst dann gemacht hast, als ich dich danach fragte."

„Richtig, du musst mich befragen", erwiderte die Frau. „Ich bewache die Schwelle, bin eine Hüterin und als solche erfülle ich meine Pflicht."

„Das tust du nicht", widersprach Gregor. „Deine Pflicht ist es, alle Fremden abzuwehren. Mich aber, für den der Eingang bestimmt ist, hast du einzulassen!"

„Du hast nicht genug Achtung vor der Schrift und veränderst das Gesetz", sagte die Frau. „Ich sagte nur, dass ich dir jetzt den Eintritt nicht gewähren könne, und sagte dann, auf deine Frage, dieser Eingang sei nur für dich bestimmt. Bestünde zwischen diesen beiden Erklärungen ein Widerspruch, dann hättest du recht, und ich hätte dich getäuscht. Es besteht aber kein Widerspruch. Im Gegenteil, die erste Erklärung deutet sogar auf die zweite hin."

„Dann ist es ja gut", sagte Gregor und beschloss, das Gespräch, das ihn zu langweilen begann, durch sein Tun zu beenden. Mit einer plötzlichen Bewegung drängte er sich an der Frau vorbei und trat hinein in das Reich der Wahrheit.

Doch der Saal vor ihm glich im Kleinsten dem, den er gerade verlassen hatte. Der Boden war ebenfalls aus hellem Marmor, Säulen zogen sich ringsherum und ein gutes Dutzend antiker Figuren schmückte den Raum. Nur die Portale fehlten, dafür öffneten sich links wie rechts Treppenhäuser, deren Stufen nach oben wie nach unten in die Ferne führten. Das sollte die Welt der „Wahrheit" sein?

„Haben Sie gefunden, was Sie suchten, Herr Gysar?", fragte ihn der Rabbi, der soeben von der Seite auf ihn zutrat.

„Nein, ich habe eher den Eindruck, das Wesen der Hüterin des Zugangs zur Wahrheit ist es, ihrerseits die Unwahrheit zu sagen. Denn dieser Raum wirkt nicht besonders wahrhaftig. Wie wäre es mir wohl mit den anderen Portalen gegangen?"

„Richtiges Auffassen einer Sache und Missverstehen der gleichen Sache schließen einander nicht vollständig aus. Man muss auch annehmen, dass jene Einfalt und Überhebung, so geringfügig sie sich vielleicht auch äußern, die Wahrheit schwächen, es gibt Lücken in ihrem Charakter."

„Das wirkt gut begründet", sagte Gregor. „Dennoch, ich bin nicht überzeugt und werde, so fürchte ich, ohne greifbaren Erfolg wieder abreisen müssen."

„So ist es", sagte Rabbi Löw, „man darf nicht alles für wahr halten, es muss nur notwendig und richtig sein."

„Nein", sagte Gregor, „die Meinung teile ich nicht. Wer so denkt, macht letztlich die Lüge zur Weltordnung."

\*

Die Diskussion in der Ministerrunde war heftig, heftiger, als Angela K. dies bislang erlebt hatte. Dabei ging es weniger um die Causa Moser. Moser wurde vom Koalitionspartner lediglich dazu genutzt, um zum Generalangriff auf die Regierung zu blasen, ungeachtet der Tatsache, dass man dieser seit Jahren selbst angehörte. Nach der Innen- und Sicherheitspolitik wandte man sich schließlich den Finanzen zu, ein noch heißeres Thema, denn die Sozis neigten von Natur aus dazu, das Geld mit vollen Händen auszugeben. Dies umso mehr, da sich die Partei in der Gunst der Wähler gerade dem Nullpunkt näherte und man panisch versuchte, das Parteischiff vor dem endgültigen Untergang zu bewahren. Eben sprach allerdings eine Ministerin der Partei der Kanzlerin.

„Die aktuell gute Beschäftigungslage und die Konsumfreude der Bürger spülen immer mehr Steuereinnahmen in den Staatstopf", dozierte Wirtschaftsministerin Petra Haldenberger. „Den enormen Haushaltsüberschuss sollten wir endlich zum Schuldenabbau nutzen. Ebenso schreit die jahrelang vernachlässigte Verkehrsinfrastruktur nach Milliardeninvestitionen. Auch das Schließen der großflächigen Funklöcher, den Breitbandausbau oder die Digitalisierung in den Schulen, die teilweise noch auf dem Stand des letzten Jahrhunderts sind, steht an. Und, meine Damen und Herren von der Sozialdemokratie, wenn einem schon nichts Besseres einfällt, warum nicht einfach einen Teil des Geldes über Steuersenkungen an die Bürger zurückgeben?"

„Nein", hielt Vizekanzler Schulte sofort dagegen. „Die Zeiten werden schlechter, wir brauchen keine Steuersenkungen, sondern vielmehr Erhöhungen. Es müssen unter anderem 11,2 Milliarden Euro der sogenannten Rücklage für Flüchtlingskosten zugeführt werden, die dort vorhandenen 25 Milliarden Euro reichen für die Aufgaben, die auf das Land im Hinblick auf die Integration und die Versorgung der Millionen von Tibetanern zukommen, nicht aus. Ich präzisiere: Uns fehlen uns in den nächsten Jahren 71 Milliarden an Steuereinnahmen."

Einen Augenblick herrschte Stille, die Zahlen hatten es in sich.

„Das ist viel Geld", klagte dann Minister Seefelder, „was hätten wir zum Beispiel mit den 25 tibetischen Milliarden alles machen können. Die Renten verbessern, die Digitalisierung der Schulen vorantreiben, unsere marode Infrastruktur auf Vordermann bringen …"

„Sie reden wie dieser unsägliche Gräulich", tadelte ihn Killian Klüwer, der als Parteichef der Sozialdemokraten mit in der Runde saß. „Wir Deutschen sind aufgrund unserer Geschichte zu jedweder Hilfe verpflichtet. Punkt, fertig, basta, aus!"

„Tibets Probleme kosten unser Geld", gab Seefelder mit Blick auf die Kanzlerin scharf zurück. „Verdammt viel Geld. Und die Weltwirtschaft lässt nach. Vor allem dank des Streites der Amerikaner mit den Chinesen."

„Es ist richtig, die Krise kommt rasch näher", stimmte ihm Lemberger, der anstelle des Justizministeriums liebend gern das Finanz- oder Wirtschaftsministerium übernommen hätte, lebhaft zu. „Die meisten Märkte befinden sich mit Kursrückgängen von über 20 Prozent bereits in einer Baisse."

„Kein Wunder", assistierte Minister Droysen, den sein Ressort Landwirtschaft ebenfalls nicht auszufüllen schien. „Nach all den Jahren mit rekordtiefen Zinsen und steigenden Kursen hat sich Sorglosigkeit breitgemacht. Der letzte große Einbruch liegt so weit zurück, dass Investoren darauf konditioniert sind, Warnzeichen zu ignorieren und Rückschläge als Chance zum Einstieg zu interpretieren. Das ist ein Rezept für ein Desaster."

Die Kanzlerin nickte zu allem, im Eigentlichen war es ihr gleichgültig, was hier gesagt oder nicht gesagt wurde. Die Wirtschaft- und Finanzpolitik bestimmten die EZB und Brüssel. Auch war sie im Augenblick von einem Geräusch abgelenkt, das in Abständen von knapp einer halben Minute durch die Tür zu ihr drang. Da, wieder, sie erschauerte innerlich, das war das bekannte Seufzen und Jammern, das sie in der Kammer zurückzulassen gehofft hatte. Verstohlen blickte sie in die Runde. Niemand schien etwas gehört zu haben und Joseph Seefelder ... Eben hatte sie ihn noch gesehen! Wohin war der Minister so schnell verschwunden?

Eilig erhob sich die Kanzlerin. Sie musste nachsehen, ob ... Angela K. verließ den Raum und ließ die streitende Runde zurück, die so vertieft in ihr Gezänk war, dass ihr Abgang niemandem weiter aufzufallen schien.

Sie eilte zur bewussten Kammer und öffnete mit Schwung die Tür. Alles war unverändert, so wie sie es vor zwei Stunden vorgefunden hatte. Die alten Drucker und Tintenkartuschen standen gleich hinter der Schwelle, Aktenordner lagen umher. Auch der Prügler war noch da. Er hob gerade den Stock, vor ihm knieten Hannes Moser und Joseph Seefelder. Kaum dass die Männer sie sahen, begannen sie laut zu klagen und riefen: „Frau Kanzlerin, Hilfe!"

Sofort warf Angela K. die Tür zu und drückte mit den Händen gegen sie, als sei sie dann fester verschlossen. Frau Braumann trat gerade in den Flur und blieb überrascht stehen.

„Räumen Sie doch endlich die Kammer aus!", rief Angela K. ihr zu. „Wir versinken ja geradezu im Schmutz!"

Dann kehrte sie völlig aufgelöst zur Sitzung zurück. Dort war man noch immer am Streiten, ihre Abwesenheit war offenbar nicht bemerkt worden. Auch jetzt schien keiner wahrzunehmen, wie es um sie stand. Nur Joseph Seefelder warf Angela K. einen bitterbösen Blick zu.

\*

Gregor Gysar hatte das Schloss und den Rabbi verlassen. Die Suche dort und die seltsame Begegnung mit der sogenannten Wahrheit hatten ihn in keiner Weise weitergebracht, am besten, er kehrte unverzüglich nach Berlin zurück. Prag schien ihm am Morgen auch nicht mehr so golden; es war deutlich kühler geworden und Regen begann zu fallen. Nach einem späten Frühstück begab er sich daher zum Bahnhof. Die Uhr schlug gerade elf, als er dort ankam. Gregor trat zu einem Schalter und löste eine Karte. Dann ging er zum Bahnsteig. Er brauchte nicht lange zu warten, der Zug fuhr bald ein, wirkte jedoch seltsam altertümlich. Gregor musste eine Waggontreppe hinaufsteigen, die Abteile lagen zum Teil separat. Der Waggon, den er wählte, wurde durch das grelle Licht der Bahnhofshalle erhellt, in der der Zug stand. Draußen war es trotz der mittäglichen Stunde ziemlich dunkel, der Regen fiel jetzt stärker und nahm den Reisenden die Sicht. Die Regentropfen am Fensterglas waren milchig, fast weiß, oft bewegten sich einzelne. Gregor sah sich um, der Wagen schien ziemlich voll zu sein. Er fand dennoch einen freien Fensterplatz, schob seine Tasche unter den Sitz und nahm Platz. Der Zug fuhr mit einem Ruck los.

Gregor hatte völlig vergessen, sich an einem Kiosk mit Reiselektüre zu versorgen und betrachtete gelangweilt die Mitreisenden. Am andern Ende des Waggons stand eben ein breiter Mann auf. In der Hand hielt er eine Ledertasche.

„Anna", rief er laut, „Anna, hast du auch die Hemden und die Socken eingepackt?"

„Aber ja, Hans", antwortete seine Frau, die entfernter von ihm Platz gefunden hatte. Hinter ihr saß ein gewichtiger, älterer Herr mit einer altertümlichen Reisemütze auf dem Kopf und las bedächtig in einer Zeitung. Ein junges Mädchen ihm gegenüber sprach ihn als Onkel an und bat höflich, der Onkel möge doch das Fenster öffnen, denn es sei ihr heiß. Er sagte, ohne aufzuschauen, er wolle es gleich tun, nur müsse er noch vorher einen Abschnitt in der Zeitung zu Ende lesen. Mehr geschah nicht. Zu Gregors Linken saß, einander gegenüber, ein Paar, eine hübsche, blonde Frau um die dreißig und ein Mann mit Dreitagebart, dieser etwa in Gregors Alter. Beide neigten sich vor und tauschten sich leise über etwas aus, das Gregor nicht verstand. Vielleicht ging es um Warenpreise und beide waren Geschäftsreisende. Die Frau zog jetzt einen Ordner aus ihrer Umhängetasche, blätterte darin, bis sie fand, was sie gesucht hatte und nun hervorzog. Es handelte sich um einen Stoß von Fotografien, die sie langsam auffächerte, um diese genauer zu studieren. Der Mann lehnte sich zurück und schien zu warten. Nun wählte die Frau eines der Bilder aus und streckte dieses ihrem Partner zur näheren Betrachtung entgegen. Gregor erhaschte einen flüchtigen Blick auf das Foto und wurde im Nu aufmerksam. Das Foto zeigte die Kanzlerin als junges Mädchen beim Tanz und ähnelte stark einem der Bilder, wegen denen er nach Prag gereist war.

Der Zug jagte jetzt eine Senkung hinab und vor den Fenstern schien es, als würden die langen Stangen eines Brückengeländers auseinandergerissen und wieder aneinander gepresst. Die Frau und der Mann diskutierten über das Foto.

„Nein, Katja", sagte der Mann soeben. „Das kann nicht sein."

Was er damit meinte, blieb Gregor verschlossen, zumal er die Antwort nicht hörte, denn die übrigen Reisenden redeten immer lauter. Eine Zeitlang versuchte er noch, dem Gespräch der beiden zu folgen, konnte aber außer ein paar unverständlichen Brocken nichts verstehen. Schließlich gab Gregor es auf und erhob sich, um sich die Beine zu vertreten und im Speisewagen einen Kaffee zu besorgen. Als er aufstand, biss gerade die ältere Frau namens Anna in ein Stück Kuchen, das mit brauner Schokolade bedeckt war. Es sah appetitlich aus, sodass er Hunger verspürte und umso schneller in Richtung Speisewagen lief. Als er zurückkam, enttäuscht, denn er hatte lange warten müssen, der Kaffee war zudem dünn gewesen und außer einem altbackenen Brötchen mit Schmierkäse hatte es nichts zu essen gegeben, waren im Waggon viele Plätze frei geworden, denn der Zug hatte zwischendurch gehalten. Nur das Pärchen saß noch da, beide schliefen aber, und die grüne Mappe, aus der die Frau die Bilder hervorgeholt hatte, lag neben ihnen auf dem Sitz. Gregor schaute sich um, der Wagen war weitgehend leer. Lediglich weiter hinten war eine junge Frau zu sehen. Sie las, ohne ihre Umgebung wahrzunehmen, in einem grell eingebundenen Taschenbuch. Er wagte es und griff zur Mappe. Nach kurzem Blättern fand er die Fotografien, die Angela K. in meist jungen Jahren zeigten. In einem plötzlichen Entschluss steckte Gregor die Bilder ein, zog vorsichtig seine Tasche unter dem Sitz hervor und verließ eilig den Waggon. Keine fünf Minuten später hielt der Zug erneut und Gregor Gysar stieg hastig aus. Es regnete noch immer, aber das war ihm egal.

Hinter ihm fuhr der Zug wieder an und verschwand wie eine lange Schiebetür in der Ferne. Gregor atmete auf. Niemand hatte sein Tun bemerkt oder ihn gar verfolgt. Er trat vor das Bahngebäude und stieg, ohne sich weiter nach dem Weg zu erkundigen, in den Postbus, der dort stand. Als dieser startete, lehnte sich Gregor erleichtert zurück. Jetzt erst begann er sich zu fragen, wer wohl das Paar gewesen sei, dem er die Bilder entwendet hatte und wie die beiden zu den Fotografien der jungen Angela K. gekommen waren.

\*

Jürgen W. kehrte von den Fachtagen der Buchmesse in Frankfurt zurück. Er war ausnehmend guter Stimmung, die besuchten Vorträge waren informativ gewesen und für sein

Verkaufssortiment hatte er besonders bei den kleineren süddeutschen Verlagen höchst anregende Ideen erhalten. Die attraktive Brünette aus Wiesbaden, die er abends an der Hotelbar kennengelernt hatte, erwies sich, obwohl sie eigentlich nicht sein Typ war, in allen Bereichen von Körper, Geist und Seele als vielseitig talentiert – kurz, er hatte sich in den beiden Tagen prächtig amüsiert. Der Motor seines neuen Alfas schnurrte wie ein Tiger, das Wochenende stand vor der Tür, Hertha war beim Tabellenletzten zu Gast; das Leben war einfach schön.

An der Raststätte Frankenhöhe, wo Jürgen W. wie immer eine Pause einlegte und einen Kaffee trank, sprach ihn am Parkplatz eine hübsche Blonde an. Sie habe sich mit ihrem Partner zerstritten, sagte sie, und ob er sie in Richtung Berlin mitnehmen könne. Bis ganz nach Berlin, erwiderte Jürgen W., bei Blondinen schlug sein Puls stets etwas kräftiger: „Zu zweit kann man sich unterhalten und die Fahrt vergeht schneller."

In der Tat kamen beide rasch ins Gespräch. Jürgen W. ließ seinen ganzen Charme spielen, erzählte humorvolle Anekdoten aus der Bücherwelt und zeigte sich gekonnt als geistvoller Plauderer. So erfuhr er bald einiges von Katja, wie seine Mitfahrerin hieß, was er normalerweise nicht oder jedenfalls nicht so schnell erfahren hätte – das alte Zugsyndrom. Sie sei, so erzählte sie, mit ihrem Partner geschäftlich in Tschechien gewesen, genauer in Prag. Dort wäre es ihnen gelungen, einen wichtigen Fund zu machen.

„Eine Antiquität?", fragte Jürgen W.

„Das kann man so sagen", erwiderte Katja. „Dann begann eine unmögliche Pannenserie. Unser Dienstwagen gab den Geist auf, wir bekamen nur Platz in einem Regionalzug, der ständig hielt. Schließlich reichte es uns und wir mieteten einen VW-Golf, allerdings ohne Navi. Kollege Mölders verfuhr sich prompt und wir landeten schließlich am Rasthof Frankenhöhe. Dort stellten wir fest, dass unsere Unterlagen irgendwo liegengeblieben waren, nur ich hatte ein paar Blätter retten können – und das ließ das Fass in die Luft gehen."

Jürgen W. bemühte sich redlich, die Blonde zu trösten. In Berlin lud er sie zu seinem Lieblingsinder in der Oderberger Straße ein, man trank den einen oder anderen Cocktail, schwofte in der Stargarder und am Ende brachte er sie nach Hause – und blieb über Nacht.

\*

Nach der Kabinettssitzung ging es für die Kanzlerin zum Flughafen und mit der ersten intakten Maschine der Flugbereitschaft nach Davos. Dort fand ein Wirtschaftstreffen statt, von der Bedeutung her durchaus mit dem Weltwirtschaftsforum zu vergleichen. Dass zentrale Thema der Gespräche mit hochrangigen internationalen Unternehmern war der Komplex Künstliche Intelligenz. Am Abend folgte noch eine Veranstaltung zum Thema Europa mit anschließendem Empfang. Der Tag endete kurz vor Mitternacht.

Todmüde ließ sich Angela K. in ihre Suite bringen, für heute war es einfach genug. Sie ließ alles stehen und liegen und fiel geradezu ins Bett. Als sie gerade die Augen schließen wollte, wurde die Tür heftig aufgestoßen und der ihr leider allzu bekannte Trupp der Gerichtsbeamten stürmte in ihre Räumlichkeiten.

„Noch nicht mal in der Schweiz habe ich vor euch Ruhe", protestierte Angela K. matt, doch aufgrund ihrer großen Erschöpfung fühlte sie sich nicht in der Lage, den Männern Widerstand zu leisten und ließ sich schlaftrunken im Morgenmantel abführen.

Nach kurzer Fahrt schon, niemand hatte zu ihrem Erstaunen eingegriffen, als sie durch die Lobby gekommen waren, erreichten sie die hiesige Dependance des Gerichtes, ein riesiges Gebäude mitten in Davos. Oder – nein, sie befand sich nicht in Davos, sie war in Brüssel! Zweifelsohne, dort hinten war das Atomium. Warum in aller Welt hatte man sie hierher gebracht? Und wie – ganz ohne Flug? Steckte die EU hinter dem Ganzen, etwa Claude oder Kommissar Etzinger? Zeit zum Nachdenken blieb ihr kaum, schon drängte man sie durch die Tür in das Innere. Bei ihrem Eintritt überkam sie fast Panik, denn Tausende von Menschen schienen hier versammelt zu sein und die Gesichter, die sie ihr zuwandten, wirkten böse und abweisend. Das war das Parlament, ganz sicher! Dort drüben standen die Lega-Italiener, daneben die Ungarn und die Polen sowie die Pan-Franzosen, alle hämisch grinsend. Ihre Begleiter ließen Angela K. keinen Raum zur näheren Betrachtung und führten sie rasch an der gaffenden Menge vorbei. Jetzt ging es durch lange Gänge. Menschen über Menschen kamen ihr entgegen. Es waren oft dieselben, die Angela K. wieder und wieder auf den Fluren traf, alle riesig und geradezu unförmig dick. Bekannte Gesichter aus der europäischen Politik, alle verzerrt, Karikaturen ihrer selbst. Sonst fielen ihr Frauen auf, meist in Schwarz gekleidet, die große, den ganzen Kopf bedeckende, gestreifte Hüte trugen.

„Sind wir wirklich in einem Gericht?", fragte sie einen der Begleitwächter unsicher. „Ist dies nicht eher das Parlament in Brüssel?"

Dieser antwortete nur, dass manches dafür spräche, anderes jedoch dagegen. Klar schien allein das Licht zu sein, das hell und blendend leuchtete.

Beim weiteren Fortschreiten vernahm Angela K. auf einmal ein seltsames Dröhnen, das unaufhörlich aus der Ferne zu hören war. Sie konnte nicht sagen, aus welcher Richtung es kam, bald erfüllte es alle Räume. Der Weg glich jetzt einem Labyrinth, zahlreiche schmale Gänge führten geradezu überall hin. Links und rechts zeigten sich hohe Türen, es war die Bauweise eines Museums oder einer Bibliothek, weniger die eines Gerichts oder Parlaments. Plötzlich hatte Angela K. das Gefühl, dass sie einen Verteidiger bräuchte. Denn wenn das ein Gericht war, musste sie nach einem solchen Verteidiger forschen. Obwohl, ganz sicher war sie sich nicht, denn das Gericht sprach sein Urteil nach dem Gesetz, und damit zu Recht, so sollte man jedenfalls annehmen. Aber konnte sie wirklich glauben, dass es bei diesem Gericht gerecht zuginge? Musste sie zum Gericht das Zutrauen haben, dass es dem Gesetz freien Raum gab? Aber das war doch seine einzige Aufgabe, im Gesetz selbst aber war alles Anklage, Verteidigung und Urteil, das selbstständige Sicheinmischen eines Menschen musste daher Frevel sein. Warum eilte sie dann blindlings umher? Warum las sie nicht die Inschriften an den Türen? Und wenn es doch Brüssel war? Das EU-Parlament? Obwohl, sie konnte sich nicht erinnern, jemals in diesem Gebäude gewesen, jemals diese Treppen hinaufgelaufen zu sein. Und während Angela K. noch ängstlich überlegte, was sie tun solle, wurde das Dröhnen lauter und lauter und sie erwachte.

Verwirrt schaute sie auf die Uhr. Sechs Uhr morgens, sie war in ihrem Hotel und sie hatte geträumt. Langsam begann das alles an ihren Nerven zu zerren. Sie hasste das Gericht, ob als banale Traumfiktion oder harte Wirklichkeit, von ganzem Herzen und fühlte, dass sie alles tun würde, um diese Institution und ihre Helfershelfer zu finden und zu vernichten. Diese Alpträume mussten ein Ende haben!

Nach der Rückkehr von der Tagung, in einer Maschine der Air France, die Boeing der Flugbereitschaft konnte wegen Problemen in der Elektronik nicht starten, bestellte die Kanzlerin umgehend Justizminister Lemberger ein. Wenn einer dem Gericht beikommen konnte, dann doch der oberste Leiter des Rechtswesens. Angela K. entschloss sich, mit ihrem Minister Klartext zu reden und ihn, mindestens in den Grundzügen, in die Thematik einzuweihen.

Im Großen und Ganzen detailgenau berichtete sie, was sie bereits mit dem Gericht und seinen Emissären erlebt und erlitten hatte. Die Prüglerszene ließ sie allerdings aus. Lemberger hörte aufmerksam zu, ihm war jedoch nicht anzumerken, was er wirklich von der Angelegenheit hielt. Angela K. endete und einen kurzen Moment herrschte Schweigen.

„Ein Scherz beziehungsweise eine Folge von Scherzen ist das sicher nicht", meinte der Minister dann, „und, Sie entschuldigen, Frau Kanzlerin, einen psychischen Hintergrund aufgrund Ihrer hohen Belastungen schließen Sie ebenfalls aus?"

„Diese Erklärung träfe eventuell für Davos zu, greift aber nicht in der Gesamtheit der Ereignisse."

„Verstehe", sagte Lemberger. „Jedenfalls versucht jemand, weniger eine Person oder eine Gruppe, sondern eher eine größere Institution, Sie unter Druck zu setzen. Unter Umständen", fügte er hinzu, „besteht ein Zusammenhang zum Verschwinden von Hannes Moser und der drei Moderatorinnen. Zumal Sie sagen, dass Moser Sie dezidiert nach dem Gericht gefragt und Ihnen zusätzlich ein obskures Dokument präsentiert hat. Das sieht mir alles nach einer Geheimdienstoperation aus. Könnten die Russen oder die Amerikaner dahinterstecken? Oder die Chinesen?"

„Das wird der BND prüfen, Kehlmann ist bereits an der Sache dran. Mir geht es aktuell primär darum, von Ihnen eine Einschätzung zum Wesen dieser sogenannten Gerichtsbehörde zu erhalten."

„Sie halten diese sogenannte Behörde vielleicht für echt?", mutmaßte Lemberger, erhielt jedoch keine Antwort.

„Nun", sprach er nach einer kurzen Pause weiter, „es gibt einen Untersuchungsrichter, einen Verteidiger, wohl auch einen Staatsanwalt. Sie wurden öffentlich angehört und durch polizeiartige Kräfte abgeholt und vorgeführt. Das alles hat den Charakter von rechtlich fundierten Abläufen und einer entsprechenden Institution. Wessen Sie angeklagt sind und auf welche Beweise sich diese Anklage stützt, wurde Ihnen bislang nicht mitgeteilt, oder?"

„So ist es."

„Rechtlich gesehen widerspricht dieses Verfahren allen als verbindlich angesehenen juristischen Normen."

„Es handelt sich also um ein nicht legitimiertes Gericht?"

„Die Vorgehensweise gleich eher einem Tribunal oder einem Revolutionsgericht", antwortete Lemberger. „Etwa wie wir dies historisch gesehen 1793/94 oder in Russland 1917/18 erlebt haben."

„Die Zarenfamilie wurde im Sommer 1918 einfach liquidiert", sagte Angela K. nachdenklich. „Ich muss mich schützen", fügte sie mit zitternder Stimme hinzu. „Unbedingt!"

„Der Zorn von revolutionären Massen kann in der Tat unberechenbar sein", bestätigte der Justizminister trocken.

\*

Gregor kehrte in seine Wohnung zurück, um dort in aller Ruhe über das weitere Vorgehen in der Angelegenheit Angela K. nachzudenken. Die Prager Spur war im Sande verlaufen beziehungsweise hatte ihn zu einem wahren Mysterium geführt. Dafür hatte er bei seiner zufälligen Zugbegegnung die sonderbaren Bilder an sich bringen können und dabei, ohne es zu bemerken, ein weiteres Dokument eingesteckt. Gregor prüfte die Fotografien. Sie glichen weitgehend denen, die er kannte, bis auf drei, die die junge Angela K. im Tanz mit einem großen, älteren Mann zeigten, der aber aufgrund seiner Rückenansicht nicht zu identifizieren war. Das Dokument, es ging um K.s Zeit in Ostelbien, war ihm vom Inhalt nicht deutlich. Er beschloss, seinen Onkel aufzusuchen, vielleicht konnte er etwas mit dem dort Dargestellten anfangen. Gregor wollte gerade aufbrechen, als das Telefon läutete. Es war Erna, ein Freundin Lenis, die ihn bat, sie kurz zu besuchen, da sie gern mit Gregor ein paar Worte sprechen wollte. Sie wohne ganz in der Nähe. Gregor sagte zu, verließ das Haus und wandte sich hin zur Wohnung von Erna, die in der Tat nur eine Straße weiter lag. Erna lebte zusammen mit einer anderen Freundin, deren Namen Gregor nicht wusste, in einer Dreizimmeraltbauwohnung im Wedding. Als er ankam, führte die Freundin ihn in das gemeinsam benutzte Esszimmer. Es war ein langes, schmales Zimmer mit einem Fenster. In den Ecken an der Türseite standen zwei Schränke, der übrige Raum wurde vollständig von einem langen Speisetisch eingenommen.

Als Gregor eintrat, kam ihm Erna vom Fenster her entgegen und begrüßte ihn freundlich.

„Im Auftrag von Leni", sagte sie dann, „möchte ich ein paar Worte mit dir sprechen. Sie wollte heute eigentlich selbst zu dir kommen, aber sie fühlt sich unwohl. Du möchtest sie bitte entschuldigen und mich statt ihrer anhören."

„Was wäre denn zu sagen?", fragte Gregor. Es handelt sich wahrscheinlich um Elsa, dachte er, Leni hat mitbekommen, was an dem Abend passiert ist und will unsere Beziehung beenden. Ärgerlich, aber wohl nicht zu vermeiden.

„Geht es um Elsa?", fügte er hinzu.

„Das ist es nicht", sagte Erna, „oder vielmehr, so ist es gar nicht. Ich will offen reden. Du hast Leni in eine Untersuchung mit einbezogen und sie hat dich bei deinen Nachforschungen unterstützt. Nun aber, aus Gründen, die ich nicht kenne, ist sie überzeugt, dass es niemandem Nutzen bringen würde, wenn sie weiter an diesem Fall mitarbeiten würde. Du wärst, sagte sie, nur durch einen Zufall zu der Untersuchung gekommen und würdest selbst auch ohne besondere Erklärung, wenn nicht schon jetzt, so doch sehr bald die Sinnlosigkeit des Ganzen erkennen. Sie meint, dass sie dir eine vollständige Klarstellung schulde und wollte dir eine ausdrückliche Antwort zukommen lassen. Ich bot mich an, diese Aufgabe zu übernehmen, nach einigem Zögern gab Leni mir nach."

„Das heißt, Leni steigt aus der Untersuchung aus?", fasste Gregor das Gehörte zusammen.

„So ist es", sagte Erna. „Sie glaubt, das Ganze führe zu nichts und sei im eigentlichen Sinne Unsinn."

„Dann gehe ich wohl besser wieder."

„Tu das, natürlich kannst du Leni jederzeit besuchen, soll ich dir noch sagen. Obwohl, du sagtest etwas über Elsa?"

„Das ist nicht so wichtig", erwiderte Gregor. „Ich gehe dann, grüße Leni."

Er verließ die Wohnung und machte sich, wie geplant, auf den Weg zu seinem Onkel. Unterwegs überlegte er, was Lenis Entscheidung, sich aus dem Fall zurückzuziehen, für eine Ursache haben mochte, kam aber zu keinem brauchbaren Ergebnis.

\*

Angela K. hatte, nach dem Gespräch mit Lemberger, den Tag mit allerlei Regierungsgeschäften hinter sich gebracht. Nach außen war sie routiniert aufgetreten und hatte keinerlei Anzeichen von Unsicherheit oder Besorgnis gezeigt. Eine Ausstellungseröffnung, verschiedene Gespräche mit Interessensverbänden, mit Menschen aus dem Wahlkreis, mit einem süddeutschen Oberbürgermeister, dann ein Empfang, die Fraktionssitzung, jahrein, jahraus das gleiche Programm, das gleiche Geschehen – und das seit bald dreißig Jahren, es ermüdete sie. Die Partei, die Fraktion, die Koalition, die Opposition, das Ausland, das Volk, sie alle langweilten Angela K., sodass sie manchmal meinte, es vor lauter Langeweile nicht mehr aushalten zu können. Jetzt saß sie zusammen mit Jonathan beim Abendessen, seit Wochen, wenn nicht seit Monaten das erste Mal. Es gab ostdeutsche Hausmannskost, Königsberger Klopse mit Dampfkartoffeln und Kapernsoße. Angela K. berichtete von ihren letzten Gerichtserlebnissen und dem morgendlichen Gespräch mit dem Justizminister.

„Ich hoffe", sagte sie gerade, „indem ich Lemberger ins Vertrauen zog, richtig gehandelt zu haben. Mich quält einfach die Unsicherheit in dieser wahrscheinlich geringfügigen Angelegenheit und ich hoffe, sie bald beseitigt zu haben und am besten soll es sofort geschehen."

„Es ist schon seltsam", erwiderte Jonathan und schob seinen Teller zurück, „dass du nicht längst mit mir über diese ‚Besuche' gesprochen hast. Auf die Idee, dass ich mir Sorgen um dich gemacht habe und mache, bist du nicht gekommen, oder?"

Angela K. schwieg betreten. An Jonathan hatte sie tatsächlich nicht gedacht. Aber übertrieb er nicht die Bedeutung der Angelegenheit? Es konnte tatsächlich so sein, dass ihr ihre Sinne aufgrund der permanenten Überarbeitung einen bösen Streich gespielt hatten. Und die Alpträume waren störend, jedoch nichts anderes als eben Träume gewesen. Ja, wenn es tatsächlich dieses Gericht geben sollte, sollte es sich täuschen. Angela K. wollte nichts übertreiben, denn sie wusste, dass, wenn sie die ihr zur Verfügung stehenden Mittel einsetzte, ihr das Gericht und all seine Beamten nicht lange Widerstand leisten konnten.

„Du meinst es sicher gut", sagte sie schließlich. „Ich bin zurzeit einfach sehr angestrengt, um an das Naheliegende zu denken."

Sie gähnte. „Lass uns schlafen gehen, der Tag war lang."

Jonathan folgte ihrer Bitte und, nach den üblichen Prozeduren, legten sie sich in ihre Betten. Ermüdet schloss Angela K. die Augen – und fand sich mitten in einer erneuten Traumsequenz wieder – wenigstens hoffte sie das:

Der Tag war schön, die Sonne schien warm am strahlendblauen Himmel. Angela K. entschloss sich, nach den Anstrengungen der letzten Tage, sie war gerade von einer Reise aus Afrika zurückgekehrt, ein wenig spazieren zu gehen und verließ das Haus im Kupfergraben nach rechts in Richtung Dorotheenstraße. Kaum aber hatte sie einige Schritte getan, befand sie sich mitten auf der Champs-Élysées. An ihrer Seite liefen die früheren Präsidenten Korsár und Orleans, vor ihr marschiert der junge Marat. Links und rechts jubelten Menschen, unter ihnen vor allem Tibetaner. Nach einigen hundert Metern stieg ihre Gruppe in einen weißen Mercedes und fuhr mit großem Gefolge zum Friedhof Père Lachaise. Bald war man dort, der Wagen hielt und die Türen öffneten sich. Marat half ihr galant hinaus. Er schien sich auszukennen und führte, ohne zu zögern, Angela K. und die beiden anderen zum Chemin des Chèvres. Es handelte sich bei diesem Weg um einen sehr schmalen Pfad, der von zahlreichen hohen Bäumen und Büschen umgeben war und zu einem Hügel führte, von dem aus Tausende von Gräbern gut zu sehen waren. Dort angekommen, verbeugte sich Marat, ergriff die Hände seiner Vorgänger und eilte mit ihnen davon. Angela K. blieb allein zurück – und sah sich zweifelnd um. Diese Bäume und dort jenes Grabmal; nein, das war nicht der Père Lachaise, die Umgebung passte eher zum alten Berliner St.-Matthäus-Friedhof. Zwar sah er anders aus als sonst, denn es gab eine Vielzahl von künstlichen, gewundenen Wegen. Aber sie erkannte direkt vor sich die schlichten Grabsteine der Brüder Grimm, er war es also doch.

Seltsam erschien ihr allerdings ein großes Plakat, das für ein bekanntes Markenparfum warb: Femme noir. Ein unbekleideter Afrikaner oder Tibeter, so genau war dies nicht zu erkennen, streckte dem Betrachter ein goldenes Flakon entgegen. Irritiert schaute Angela K. zur Seite. Es stimmte, sie mochte Schwarzafrika wie auch Ostasien, aber diese Werbung empfand sie als zu aufdringlich, immerhin befand man sich auf einem Friedhof. Sie wandte sich ab und folgte dem vor ihr befindlichen Pfad in Richtung eines frisch aufgeworfenen Grabhügels. Dieser Hügel übte eine große Anziehung auf sie aus und Angela K. eilte sich, rasch zu ihm zu kommen. Doch der Weg wand sich und wand sich. Manchmal sah sie den Grabhügel kaum, er wurde durch Büsche und Bäume verdeckt. Während sie den Blick noch in die Ferne gerichtet hatte, entdeckte Angela K. plötzlich den gleichen Grabhügel direkt neben sich am Weg. Korsár und Orleans standen hinter dem Grab und stützen sich auf einen grob gehauenen Grabstein. Angela K. holte tief Luft. Sie trugen die bekannten Uniformen, mit denen die Männer bekleidet gewesen waren, die sie bislang zu den Vernehmungen geführt hatten! Kaum zeigte sich Angela K., ließen die früheren Präsidenten den Stein los und wandten die Köpfe in ihre Richtung. Gleichzeitig trat aus einem Gebüsch ein dritter Mann hervor, in dem Angela K., entgegen ihrer Erwartung, nicht Marat, sondern den

Untersuchungsrichter Blum erkannte. Er war nur mit einer zerrissenen Hose und einem schmutzigen Hemd bekleidet. Auf dem Kopf trug er einen breitkrempigen, mit einem roten Band geschmückten Hut. In der Hand hielt er einen Stift, mit dem er Zeichen in die Luft zu schreiben schien.

Nun ging Richter Blum auf den Stein zu. Er begann mit dem Stift auf dessen Oberfläche zu schreiben. Buchstaben erschienen rein und schön, tief geritzt und in vollkommenem Gold: „Hier ruht". Als er die zwei ersten Worte geschrieben hatte, sah er zu Angela K., als ob er auf eine Zustimmung warte. Angela K. nickte, obwohl sie es eigentlich nicht wollte, und Blum setzte zum Weiterschreiben an, aber es gelang ihm nicht. Er bemühte sich und bemühte sich, ließ schließlich den Stift sinken und drehte sich erneut zu ihr um. Sie geriet durch sein Verhalten in Verlegenheit und beide wechselten hilflose Blicke. Jetzt schlug eine Glocke elfmal und hörte mitten im Ton auf. Angela K. fühlte einen tiefen, seelischen Schmerz, der sich in ihrer Brust ausbreitete. Tränen traten ihr in die Augen, sie begann zu weinen und schluchzte in die vorgehaltenen Hände. Als sie wieder die Augen hob, verblasste alles, das Gold, der Hügel, Blum und der Grabstein. Eine sanfte Strömung erfasste sie und Angela K. sank zur Erde und in die Tiefe. Während sie unten, den Kopf noch halb aufgerichtet, schon von einer undurchdringlichen Schwärze aufgenommen wurde, sah sie oben auf den letzten Konturen des Steines ihren Namen erscheinen: „Hier ruht Angela K." Ein heftiges Entsetzen durchfuhr sie und sie erwachte.

Draußen war es noch dunkel. Es klopfte und Petra Vogel brachte, wie jeden Tag gegen 6.10 Uhr, einen ersten Kaffee. Kein Mann in Schwarz stand an ihrem Bett und zwang sie, zu einem obskuren Gericht mitzukommen. Doch dieses war erneut in ihren Traum eingedrungen, in einen dunklen, bösen Traum voller Angst und Schrecken.

\*

Die Minister Seefelder, Haldenberger, Manstein, von Straußberger, Droysen, Lemberger, Schmidthuber und die Parteivorsitzende Rosemarie Kessel-Köhler saßen in einem Nebenraum des Cafés Einstein am Gendarmenmarkt.

„Ich mache mir Sorgen um die Kanzlerin", sagte soeben Kessel-Köhler, „genauer: um ihren Gesundheitszustand. Sie wirkt in letzter Zeit häufig unkonzentriert und gedanklich abwesend."

„Das ist der ständige Ärger mit den Franzosen und den Holländern sowie den Deutschnationalen. Dazu kommen die schlechten Umfragewerte", meinte Droysen. „Das kann selbst einem Droschkengaulgemüt wie Angela auf die Nerven schlagen."

Droysen liebte es, landwirtschaftliche Begriffe seines Ministeriums zu verwenden. Als einer der wenigen, die mit der Kanzlerin per du waren, scheute er zudem vor kräftigen Vergleichen nicht zurück.

„Unsere Umfragewerte steigen in den letzten Wochen stetig", widersprach Rosemarie Kessel-Köhler, die überzeugt war, dies hänge mit ihrer Person und dem von ihr ergriffenen Parteiamt zusammen.

„Liebe Parteifreundin", meinte Seefelder und grinste breit. „Glauben Sie etwa den von uns selbst initiierten und bezahlten Umfragen? Ich jedenfalls nicht."

„Um was geht es uns eigentlich?", intervenierte Ursula von Straußberger, bevor Rosemarie Kessel-Köhler verbal zurückschießen konnte. „Wollen wir uns hier streiten oder über die Kanzlerin reden?"

Die Kontrahenten schwiegen und wechselten böse Blicke.

„Uschi hat recht", sagte Kessel-Köhler schließlich und bedachte Seefelder mit einem falschen Lächeln. „Unsere internen Diversitäten sind heute nicht das Thema. Ich schlage vor, wir hören einfach mal, was Christian uns mitzuteilen hat."

Lemberger nahm das Wort und berichtete detailliert von seinem letzten Gespräch mit Angela K. und ihren „Gerichtserlebnissen". Als er endete, schwiegen alle betreten.

„Schwarz gekleidete Männer, die die Kanzlerin in ihrem Schlafzimmer verhaften, ein Geheimgericht, das sie anklagt – so ein Schmarrn", kam der erste Kommentar von Verkehrsminister Schmidthuber. „Die Alte hat was an der Waffel, um es volkstümlich auszudrücken!"

„Na, achten wir doch auf unsere Wortwahl", tadelte ihn Kessel-Köhler. „Es geht um die Kanzlerin."

„Ist doch wahr", verteidigte sich der Bayer. „Oder was meinst du, Joseph?"

„Die Darstellungen der Kanzlerin sind schon etwas grenzwertig", mischte sich nun schnell Ursula von Straußberger ein, um den Innenminister an einem längeren Statement zu hindern. „Aber möglicherweise ist an der Sache etwas dran."

Seefelder ließ sich von ihrer Intervention nicht beirren.

„Die Kanzlerin scheint von ihren seltsamen Erlebnissen überzeugt zu sein", sagte er. „Sie hat, wie ich erfahren habe, sogar den BND und den Verfassungsschutz eingeschaltet. Wenn sich aber herausstellt, dass diese wegen Hirngespinsten aktiviert worden sind, dann freuen wir uns schon jetzt auf das mediale Echo!"

„Die Entführung von Hannes Moser ist jedenfalls eine Tatsache", sagte Manstein. „Stecken hinter dem Ganzen nicht doch die Deutschnationalen?"

„Ich habe MdB Gräulich persönlich auf das Thema angesprochen", sagte Lemberger. „Er hat mir ehrenwörtlich versichert, seine Partei habe mit dem Geschehen nichts zu tun."

„Was Ehrenworte in der Politik bedeuten, wissen wir alle", sagte Petra Haldenberg verächtlich. „Gräulich und Konsorten reden doch ständig davon, dass sie die Kanzlerin wegen angeblichen Landesverrats anklagen wollen."

„Das Ganze ist zu perfekt organisiert, als dass es dem dumpfen Gedankenwirrwarr der Deutschnationalen entstammen könnte", erklärte Lemberger, „wenn die Aussagen der Kanzlerin der Wahrheit entsprechen."

„Wenn ...", meinte Seefelder skeptisch. „Vielleicht ist Frau K. wirklich erkrankt, die Belastungen der letzten Zeit waren einfach zu groß. Denkt an ihre Zitteranfälle."

„Eine Kanzlerin, die mental angeschlagen ist", rief Schmidthuber. „Das hat der Partei gerade noch gefehlt!"

Alle begannen wild durcheinander zu reden. Schließlich klopfte Rosemarie Kessel-Köhler energisch auf den Tisch.

„Ich schlage vor", rief sie. „Wir beenden für heute die Runde, beobachten das Geschehen im Kanzleramt weiter und treffen uns nächste Woche wieder hier."

Die „Parteifreunde" stimmten mürrisch zu.

\*

Gregor erreichte die Kanzlei des Onkels. Dieser empfing ihn sogleich und befragte ihn nach den Ergebnissen der Prager Reise. Gregor berichtete ausführlich, wobei er die mysteriösen Seiten seiner Erlebnisse leicht abschwächte, dafür aber ausführlich über die entwendeten Dokumente sprach.

„Zeige mir deine Beute", forderte der Onkel ihn auf. „Wenn es das ist, von dem ich ausgehe, war deine Prager Reise sicher nicht umsonst. Der Kollege Augenthaler lässt sich übrigens entschuldigen. Er musste plötzlich nach Hamburg zurückkreisen und sich dort anderen Angelegenheiten widmen. Also, die Fotos!"

Gregor reichte ihm zunächst die Fotografien. Der Onkel studierte sie genau, wobei er eine große Lupe zur Hilfe nahm. Besonders die Bilder, auf denen die junge Angela K. mit einem älteren Tanzpartner zu sehen war, erregten sein Interesse.

„Kannst du erkennen, wer das ist?", fragte Gregor.

„Ich weiß nicht, es ist eben nur eine Rückenansicht. Ich habe lediglich eine Vermutung", meinte der Onkel, „doch bevor ich nicht ganz sicher bin, möchte ich diese noch für mich behalten. Schauen wir uns doch das Schreiben an, das dir ebenfalls ‚zugeflogen' ist."

Der Onkel ergriff das Blatt und las es laut vor:

„Angela K. war im Alter von achtzehn bereits ‚Sekretärin für Agitation und Propaganda' der Freien Deutschen Jugend in Ostelbland. Als solche wurde sie verpflichtet, an einer umfassenden Schulung in Moskau teilzunehmen, bei der sie den nahezu gleichaltrigen Wladimir Wladimirowitsch P. kennenlernte, einen agilen Russen, mit dem sie sich sofort gut verstand. Den Lehrgang schloss Angela als beste Deutsche ab, ihrer Karriere im Ostelbland öffneten sich somit Tor und Türen. Obwohl ihr Vater Pastor war und sie nicht der Staatspartei angehörte, konnte Angela ohne Probleme studieren und sogar promovieren. Eine solche Möglichkeit erhielten nur absolut linientreue Genossen. Angela trat einem Promotionskombinat bei und verfasste eine auf einer Diplomarbeit basierende Doktorarbeit, wobei sie ihr späterer Mann umfassend unterstützte. Ihr politischer Fleiß, ihr offenes Eintreten für den Sozialismus und ihr umfassendes Engagement für die Sicherheit des Staates führten zum gewünschten Erfolg. Im Jahr 1987, zwei Jahre vor dem Fall der verbrecherischen Mördermauer, durfte sie in der ersten Reihe zwischen der damaligen Politprominenz Gränz und Goldschack auf der Bühne stehen, schunkeln und, rhythmisch zur Musik klatschend, mit der Staatsführung fröhlich mitfeiern."

Hier endete der Text des Blattes.

„Die Kanzlerin war also in ihrer Jugend eine überzeugte Kommunistin, die bedingungslos hinter dem Mauerstaat stand", sagte Gregor leise.

„Das sind Behauptungen des Textes", erwiderte der Onkel.

„Entspricht der Text denn nicht der Wahrheit?", fragte Gregor zurück. „Und wenn er wahr ist, wie soll er mir bei einer Verteidigung der Kanzlerin nutzen? Du hast doch damals auch in Ostelbien gelebt, du wirst also wissen, was stimmt und was nicht."

Der Onkel räusperte sich.

„Zunächst", sagte er, „zunächst ist das nichts weiter als ein Text voller wilder Behauptungen, wie ich schon sagte. Die Zeiten waren damals eben anders und die Dinge komplizierter, als das hier vereinfacht dargestellt wird. Das jemand so oder so handelte, ist beziehungsweise war absolut verständlich."

„Und die angeführte Bühnenszene?", hakte Gregor nach.

„Es gibt wohl einen Filmausschnitt, auf dem angeblich die beschriebene Szene zu sehen ist", sagte der Onkel nach einigem Nachdenken. „Es handelt sich um einen Ausschnitt von einem Konzert eines FDJ-Treffens auf dem

Rosa-Luxemburg-Platz am 21. Juni 1987. Aber das beweist nichts. Filme sind manipulierbar. Auch die übrigen Aussagen lassen sich so nicht belegen. Wie auch immer, wir konzentrieren uns lieber auf die Tanzbilder. Ich glaube, darauf ist Helmuth K. zu sehen."

„Der spätere Kanzler und politische Ziehvater von Angela K.?", fragte Gregor verblüfft.

„Derselbe, nur ich weiß nicht, wie uns das Foto, wenn es denn echt ist und ich mich nicht irre, weiterhelfen könnte. Am besten", sagte der Onkel abschließend, „folgst du endlich dem Rat, den dir der Auskunftgeber erteilt hat, und suchst den Künstler Titorelli auf."

„Das werde ich tun", versprach Gregor, „vielleicht kann er mir wirklich helfen" und verließ die Kanzlei. Die Quellenbetrachtung und der Onkel schienen ihm insgesamt nicht überzeugend gewesen zu sein. Auch schien es ihm seltsam, dass sich der Kollege des Onkels, Augenthaler, ersichtlich aus dem Fall zurückgezogen hatte.

## 6. Kapitel

### Die Suche nach der Wahrheit

*Frau K. ging eines sehr frühen Morgens nach draußen und bemerkte, dass es kalt war. „Aha, es ist Winter", sagte sie. Am anderen Tag verließ sie das Haus um die Mittagszeit und die Sonne schien heiß. „Oh, es ist Sommer", sagte sie diesmal. Herr H. meinte, sie sei etwas schwankend in ihrem Urteil. „Ist das so?", erwiderte Frau K., „das muss ich mir merken."*

Angela K. betrat an diesem Morgen ihr Büro und blieb wie angewurzelt stehen. Auf ihrem Platz am Schreibtisch saß Untersuchungsrichter Blum, heute in schwarzer, samtener Amtsrobe.

„Was fällt Ihnen ein, unbefugt in das Kanzlerbüro einzudringen?", fuhr sie ihn harsch an. „Ich werde sogleich den Sicherheitsdienst verständigen."

„Das lassen Sie gefälligst bleiben", sagte Blum ruhig und deutete auf zwei seiner Wächter, bullige Männer, die sich offenbar in der Ecke verborgen gehalten hatten, sodass sie von Angela K. bei ihrem Eintritt nicht bemerkt worden waren. „Ich schlage vielmehr vor, Sie setzen sich, immerhin wollten Sie ja mit mir sprechen."

„Ich wollte mit Ihnen sprechen?", wiederholte Angela K. verblüfft.

„So ist es. Sie haben sich beschwert, wir, das Gericht, würden uns in Ihre Träume drängen."

„Das tun Sie allerdings", erwiderte Angela K. derart heftig, dass sie über ihren Temperamentsausbruch selbst erstaunte. „So neulich nachts in Davos und erst kürzlich, als ich auf diesem schrecklichen Friedhof erwachte."

„Nun", sagte Blum lächelnd, „jeder Traum ist eine Wunschanmeldung. Dabei geht es um unbewältigte Kindheitstraumata, Aggressionsthemen, Verdrängtes, Tabuisiertes und besonders um Sexuelles. Sie sind also selbst für Ihre Träume verantwortlich."

„Welche sexuelle Bedeutung soll denn ein Gerichtstraum haben?", gab Angela K. unwirsch zurück. „Von Freud halte ich ohnehin wenig."

„Dann halten Sie sich an Jung, der vom Traum als ‚unbestechliche Natur' spricht. Die Natur lügt nicht, Träume sind also Bestandsaufnahmen Ihrer persönlichen Lebensrealität, das Unbewusste spricht grundsätzlich in Bildern."

„Sie kommen vom Thema ab, Sie sollen nicht meine Träume deuten, Sie und Ihr Gericht sollen aus diesen verschwinden, am besten auch komplett aus meinem Leben."

„So gern wir das täten, doch es geht nicht, da Sie angeklagt sind. Somit haben Sie uns gerufen, denn ein Traum-Ich geht immer wieder an Verletzungsstellen, um sie zu verstehen und um sie möglichst zu korrigieren."

„Welche Verletzungen?", konnte sich Angela K. nicht enthalten zu fragen. Das Traumgespräch begann sie, ohne dass sie es wollte, zu faszinieren.

„Es geht um schmerzliche oder auch entbehrte Erfahrungen, die man hätte haben müssen, um sich innerlich, psychisch weiterzuentwickeln. Sonst entstehen Blockaden und wiederkehrende Albträume. Sie enden oft zu früh, wie abgebrochen, das heißt vor dem Unerträglichen. Aber um diese Wahrheit geht es im Albtraum. Denn ein Albtraum ist erst gelöst, wenn er verstanden ist! Aber seien Sie ohne Sorge, das Verfahren hat jetzt einen Stand erreicht, in dem es völlig allein läuft. Wir werden Sie daher für gewisse Zeit nicht mehr behelligen, weder tags noch nachts."

Ein kurzes Klopfen war zu hören und die Tür wurde geöffnet. Frau Braumann trat ein. Angela K. erhob sich schnell, um derart zu versuchen, den Untersuchungsrichter zu verdecken. Aber ihre Vertraute schien diesen nicht zu bemerken.

„Herr Kehlmann hat jetzt einen Termin."

Klaus Kehlmann, der BND-Chef. Ihn hatte sie völlig vergessen. Vielleicht traf es sich ganz gut, dass er mit eigenen Augen Richter Blum und seine sogenannten Beamten sehen würde. Triumphierend drehte Angela K. sich um. Aber das Gericht und seine Diener waren verschwunden.

\*

Samstagmorgen. Bevor er zum Markt gehen würde, räumte Jürgen W. seine Wohnung auf, putzte, wischte und saugte. Dabei rückte er auch die Sessel zur Seite, runde Ecken gab es bei ihm nicht, da kam seine schwäbische Herkunft, die er in Berlin strikt geheim hielt, zum Vorschein. Zum Vorschein kam noch etwas anderes, ein zweiseitig mit Maschine beschriebenes Blatt, das wohl Katja, der blonden Anhalterin, unbemerkt aus ihrer Tasche geglitten war. Es trug den seltsamen Titel „Das geheime Leben der Angela K." Jürgen W. setzte sich und begann neugierig zu lesen:

### Das geheime Leben der Angela K.

*Angela K., geboren am XXXXXX in XXXXXX wuchs in XXXXX auf. Im Alter von achtzehn Jahren wurde sie ‚Sekretärin für Agitation und Propaganda' der Freien Deutschen Jugend. Während einer Schulung in Moskau kam sie in Kontakt mit dem sowjetischen XXXXXXXXXX. Ihr Kontaktmann und späterer Führungsoffizier wurde Wladimir Wladimirowitsch XXXXXX. Ab August 19XX war sie zudem für die StaXXXXXXXXX tätig. In dieser Funktion XXXXXXXXXXXXXXXXXXXXXXXXXXXXXX XXXXXXXXXXXXXXXXXXXXXXXXXXXXXXXXXX XXXXXXXXXXXXXXXXXXXXXXXXXXXXXXXXXX XXXX Informantin XXXXXXXXXXXXX Havelmann XXXXXXXXXXXXXXXX XXXXXXXXXXXXXXXX Besuch XXXXXXXXXXXXX XXXXXXXXX XXXXXXXXXXXXXXXXXXXXXX 1974 heiratete Angela K. XXXXXXXXXXXXXXXXXXXXXXX XXXXXXXXXXXXXXXXXXXX Prenzlauer Berg XXXXXXXXXXXIMXXXXXXX XXXXXXXXXAlternativszene XXXXXXXXXXXX Information XXXXXXXXX Stasi XXXXXXXXXXXXXXXXX Mielke XXXXXXXXXXX Informantin XX XXXXXXXXXXX Honecker XXXXXXXXXXXXXXXXXXXXXXXXXX*

*XXXXXXXXXXXXXX auch Margot XXXXXXXXXXXXXXXXX K. war eine von drei Delegierten, die der XXX zum Vereinigungsparteitag der XXXX in XXXXXX am 1. und 2. Oktober 19XX schickte XXXXXXX XXXXXXXXXXXXXXXXXXXXXXXXXXXXXXXXXXXX XXXKohlXXXXXXXXXXXXXXXXXXXXXXXXXXXXXX XXXXXXXXXXXXX. Durch die XXXX-Akten, die im Januar 1990 in der XXXXXX in der Normannenstraße durch den US-XXXXXXXXXXXXX erbeutet wurde, gelang es den Amerikanern, spezielle Druckmittel gegen führende deutsche Politiker und Wirtschaftsvertreter in die Hand zu bekommen, auch gegen XXXXX. Etliche der Entscheidungen der späteren XXXXX sind nur auf dem Hintergrund ihrer doppelten Bindung erklärbar. So XXXXXXXXXXXXXXXXXX XXXXXXXXXXXXXXXXXXXXXXXXXXXXX Zuwanderung XXXXXXXXXX Flutung XXXXXXXX Euro-Krise XXXXXXXXXXXXXXXXXXXXXXXXX Holexit XXXXXX Ungarn XXXXXXXXXXXXXXXXXXXX Soros XXXXXXXXX XXXXXXXXXXXXXX Griechenlandkrise Ungarnkrise Türkeikrise XXXXXXX XXXXXXXXXXXXXXXXX XXXXXXXXXXXXXXXXXXXXXXXXXXXXXXXXXXXXX XXXXXXXXX Stuttgart 21 XXXXXXXXXXXX Junckers XXXXXXXXX Belmondo XXXXXXXXXXX XXX Krise XXXXXXXXXXXXXXXX Krise XXXXXXXXXXX Krise XXXXXXXXXXXXX Deutsche Bank XXXXXXXXXXXX Soros XXXXXXX Schweiz XXXXXXXXXXXX Paraguay XXXXXXXXXXXXXXXX Sachsen XXXXXXXXXXXX Osama XXXXXXXXXXXXXXXX*

*Pate*     XXXXXXXXXXXXXXXX     *Abhöraktion*
XXXXXXXXXX *Geldvermögen* XXXXXXXXXXXXXX
*Gold* XXXXXXXX *Afrika* XXXXXXXX *Grenzsicherung*
XXXXXXXXXXXXXXX     XXXXXXXXXXXXXXXXX
*China* XXXXX ...

Jürgen W. legte das Blatt zur Seite. Das alles war höchst interessant und erklärte vieles, was ihm im Land bis dahin unverständlich erschienen war. Doch dieses Wissen über XXXXXXX war gleichsam brandgefährlich. Nach einigem Zögern entschloss sich Jürgen W., das brisante Papier zu verbrennen, ungeachtet dessen, ob Katja noch einmal bei ihm anrufen und Besitzansprüche geltend machen würde oder nicht. Sicher war sicher. Im Spülbecken vollzog Jürgen W. den Akt der Vernichtung. Dann atmete er auf.

Anmerkung des Verlages: Aufgrund datenrechtlicher Vorgaben mussten die meisten Angaben des Dokuments unlesbar gemacht werden. Wir bitten die Leser um Verständnis.

\*

Der Raum war riesig, ein wahrer Saal. An den grauen Wänden hingen Portraits von Männern in roten, blauen und gelben Gewändern. Frauenbilder fehlten. Vorn an der Stirnseite stand ein breiter Eichentisch, hinter dem ein Mann in schwarzer Robe auf einem hohen Stuhl thronte. Vor dem Tisch befand sich ein niedriger Schemel, dort musste Hannes Moser Platz nehmen. Rechts und links stellten sich zwei stämmige Wächter auf. An einem seitlichen Pult hockte ein Schreiber, der die Vernehmung mithilfe eines Laptops protokollierte.

„Sie heißen Hannes Moser und sind ein Angeklagter", stellte der Mann in der schwarzen Robe fest.

„Wessen bin ich angeklagt?", stieß der Befragte mit heiserer Stimme hervor. Fast eine Woche hatte er im Dunkeln gesessen, hatte gerufen, gebrüllt und gefleht. Doch außer einem alten tauben Weib, das ihm zweimal täglich, morgens und abends, eine Schüssel Brei, ein Brot und einen Krug frisches Wasser brachte, hatte sich niemand um ihn gekümmert.

„Sie bestreiten also, Hannes Moser zu sein?"

„Nein, natürlich nicht. Aber …"

„Also sind Sie ein Angeklagter", wiederholte der Robenträger. „Angeklagter", fuhr er mit leiernder Stimme fort, „Sie können Ihre Lage verbessern, wenn Sie ein umfassendes Geständnis ablegen."

„Wie soll ich etwas gestehen, wenn ich nicht einmal weiß, weswegen ich angeklagt bin", erwiderte Moser mit wachsendem Zorn.

„Angeklagter, ich weise Sie darauf hin, dass Sie sich zu mäßigen haben. Alles was Sie tun und was Sie lassen wird bei der Bemessung des Strafmaßes eine Rolle spielen. Also, ich frage Sie erneut. Wollen Sie Reue zeigen und ein umfassendes Geständnis ablegen?"

„Das will ich sicher nicht", sagte Moser und biss die Zähne aufeinander, um nicht loszubrüllen.

„Das ist sehr bedauerlich", sagte der Verhörende, ihn Richter zu nennen, dazu konnte sich Moser nicht durchringen.

„Protokollant, halten Sie bitte fest. Der Angeklagte Hannes Moser widersetzt sich einer näheren Kooperation und ist bedauerlicherweise nicht bereit, ein umfassendes Geständnis abzulegen."

„Weil es nichts zu gestehen gibt, Sie Idiot", brüllte Moser und sprang auf den Mann in der Robe zu. Doch ehe er diesen erreichen konnte, packten ihn zwei Uniformierte und schleiften den schreienden Moser an Füßen und Händen aus dem Saal.

\*

Der BND-Chef betrat das Kanzlerinnenbüro. Er berichtete in knappen Worten, dass die Prager Exkursion keinen Erfolg gehabt hatte. Man habe zwar gewisse Dokumente entdeckt, nur seien diese ohne irgendeine Relevanz zur angenommenen Bedrohungslage gewesen.

„Aber uns ist es in der Angelegenheit Moser gelungen, eine interessante Spur aufzutun, obwohl wir mit dem Fall offiziell nicht beschäftigt sind."

„Was haben Ihre Leute entdeckt?"

„Einer unserer Informanten nannte uns den Namen Gregor Gysar."

„Sie meinen den Abgeordneten der Linken?"

Die Kanzlerin merkte, wie ihr Herz plötzlich schneller

schlug. Gysar war ihr aus ganz alten Zeiten gut bekannt. Wenn Gregor seine Finger im Spiel hatte, dann …

„Es handelt sich nicht um den Abgeordneten, sondern um seinen Neffen. Ein eher unauffälliger Typ, hat ein paar Semester Jura studiert und sich dann dem Journalismus zugewandt. Dabei lernte er Hannes Moser kennen. Und jetzt kommt es, er hat Moser einen Tag vor seinem Verschwinden im Studio besucht. Und wir haben festgestellt, dass er auch in Prag gewesen ist, gleichzeitig mit unserem Einsatzteam."

Kehlmann zog aus seiner Aktentasche einen dünnen Ordner hervor, öffnete ihn und legte ein Foto auf den Tisch.

„Das ist der Gregor Gysar."

Angela K. starrte auf das Foto. Es zeigte den jungen Mann, der sich ihr im Gerichtsgebäude als ihr Anwalt vorgestellt hatte.

„In Zusammenarbeit mit der Staatsanwaltschaft und der örtlichen Kriminalpolizei werde ich eine Hausdurchsuchung durchführen lassen."

„Tun Sie das, Herr Kehlmann. Und bringen Sie Herrn Gysar umgehend ins Kanzleramt!"

„Ins Kanzleramt?", wiederholte der BND-Chef verwundert. „Gut, ich werde Entsprechendes veranlassen."

Kehlmann verließ das Kanzlerinnenzimmer und Angela K. trat ans Fenster. Endlich hatte sie einen Zeugen für die Realität ihrer Erlebnisse, dazu jemanden, der sie vor Gericht verteidigen sollte und der vielleicht wusste, was diese ganze Angelegenheit zu bedeuten hatte. Möglicherweise war Gregor Gysar auch bekannt, wessen sie angeklagt war. Als ihr Anwalt musste er dies einfach wissen. Auf dieses Wissen setzte Kanzlerin Angela K.

\*

Gregor verließ die Kanzlei und fuhr sofort zu dem ihm vom Auskunftgeber empfohlenen Künstler Titorelli; der Onkel hatte ihm die Adresse gegeben. Der Mann wohnte in Kreuzberg, in einer Gegend unweit des Landwehrkanals, die jener, in welcher sich mutmaßlich die Gerichtskanzleien befanden, vollständig entgegengesetzt war. Hier war die Gentrifizierung noch nicht erfolgt. Es war eine unschöne Gegend, die Häuser dunkel und voller Graffiti, die Fußwege bedeckt mit Hundekot, Schmutz und Abfall aller Art. Dazu lungerten an jeder Ecke Tibetaner herum, die Drogen verkauften oder einfach nur faul abhingen. Beim Zugang zum Haus, in dem Titorelli wohnte, war lediglich eine Türseite geöffnet, die andere war zerbrochen. Das Mauerwerk ringsherum hatte zahlreiche hässliche Lücken, Putz fehlte gänzlich. Im Flur stank es zudem nach Ratten und verfaultem Unrat. Titorelli wohnte im Hinterhaus und Gregor musste den Hof durchqueren. Aus einer Autowerkstatt, deren Tür weit offen stand, drang Lärm. Mehrere Männer bohrten und schlugen mit Hämmern auf Metallteile. Eine große Blechplatte, die an der Wand schaukelte, warf ein mattes Licht. Gregor eilte durch den Hof und gelangte ins zweite

Haus. Auch hier roch es unangenehm nach Fäkalien und anderen widerlichen Dingen.

Titorelli selbst wohnte im fünften Stockwerk direkt unterm Dach, die Stufen waren steil und Gregor war völlig außer Atem, als er schließlich oben ankam. Auch schien ihm die Luft sehr drückend, die enge Treppe war auf beiden Seiten von Mauern eingeschlossen, in denen man nur oben kleine Fenster angebracht hatte. Die letzte Treppe, die zu dem Künstler führte, zeigte sich besonders schmal und endete unmittelbar vor Titorellis Tür. Auf ihr war sein Name mit roter Farbe in breiten Pinselstrichen gemalt. Da es keine Klingel gab, klopfte Gregor mehrmals fest an die Tür. Endlich wurde ihm geöffnet und vor ihm stand der Bildhauer höchstpersönlich. Er war mit einer breiten, gelblichen Leinenhose bekleidet, die er mit einem Riemen festgezurrt hatte.

„Sie sind Herr Gysar", stellte er fest. „Kommen Sie nur herein, Sie wurden mir empfohlen, wobei ich allerdings nicht so bald mit Ihnen gerechnet habe. Setzen Sie sich, ich bin gerade am Arbeiten."

Gregor sah sich im Raum um; er wäre niemals auf den Gedanken gekommen, dass dieses schmale Zimmer ein Atelier sein könnte. Mehr als vier große Schritte konnte man der Länge und Quere nach kaum machen. Alles, Fußboden, Wände und die Decke, war aus Holz, zwischen den Balken zeigten sich schmale Ritzen, durch die es zog. An der einen Wand stand ein schmales Bett, das mit verschiedenfarbigem Bettzeug überladen war. In der Mitte des Raumes befand sich auf einer Staffelei ein mit einem Hemd verhülltes

Bild. Rechts hing ein Plastikvorhang, welcher ein schmales Duschbad vom übrigen Raum abtrennte. Aus diesem trat ein junges, nur mit einem dünnen Tuch bekleidetes Mädchen.

„Klara, mein Modell", stellte Titorelli sie vor. „Sie kommen sicher, um etwas über den Prozess zu erfahren", fuhr er fort. „Nun, Sie wissen sicherlich, dass der Prozess sich immerfort in eben dem kleinen Kreis, auf den er künstlich eingeschränkt ist, drehen muss. Das bringt natürlich gewisse Unannehmlichkeiten für den Angeklagten und seinen Advokaten mit sich. Die Verhöre beispielsweise sind oft sehr überraschend angesetzt. Ja, es handelt sich im Wesen nur darum, dass der Angeklagte sich von Zeit zu Zeit bei seinem Richter meldet."

Das Mädchen hatte sich, während Titorelli sprach, auf eine Art Podest gestellt, welches Gregor bislang nicht wahrgenommen hatte, und sich völlig unbefangen des Tuches entledigt. Ihre Formen, vor allem die Hüfte und die Brüste, waren sehr weiblich ausgeprägt. Langes, schwarzes Haar fiel bis zu den Hüften herab. Auf ihrer Haut zeigten sich Schweißperlen und ein animalischer, irritierender Geruch verbreitete sich im Raum.

„Mir wurde mitgeteilt", sagte Gregor, der seinen Blick kaum von ihr lassen konnte, „dass Ihre Kunstwerke dem Betrachter das wahre Wesen des Gerichts enthüllten."

Titorelli lachte.

„Sie sehen doch selbst, welche Hüllen fallen. Aber im Übrigen hat man Sie recht informiert. Gehen Sie offenen Auges durch die Stadt, Sie werden überall Statuen aus meiner Hand entdecken, die sich mit dem Gericht beschäftigen. Im Nikolaiviertel, auf der Museumsinsel, am Spreeufer vor der Universität und in Prenzlauer Berg, überall! Denken Sie an die Marx- und Engels-Figuren auf dem Areal des Marienviertels."

„Aber das sind doch alles Werke aus fremder Hand", entgegnete Gregor.

„Sie haben den Kern der Sache erfasst", sagte der Maler lächelnd, „so scheint es wenigstens bei oberflächlicher Betrachtung zu sein. Die Wahrheit jedoch ist, alle diese Denkmäler sind Produkte meiner künstlerischen Arbeit!"

„Dann werde ich jetzt gehen", sagte Gregor, dem von dem absurden Gerede Titorellis und der stickigen, schwülen Atmosphäre im Raum der Kopf schmerzte.

„Sie wollen schon fort?", fragte der Maler erstaunt. „Es ist gewiss die Luft, die Sie von hier vertreibt. Leider schwitzt Klara stark; sie stört es nicht, doch mir ist der Geruch sehr peinlich. Kommen Sie bei Gelegenheit in meine eigentliche Werkstatt auf dem RAW-Gelände. Ich hätte Ihnen noch manches zu sagen. Dort sind wir ungestört und ich kann Ihnen alles genauer erklären."

„Ich werde kommen", versprach Gregor und erhob sich. Kurz streifte sein Blick Klara. Sie lächelte ihm verheißungsvoll zum Abschied zu.

Er fuhr mit der U-Bahn nach Hause. Als Gregor an der Eberswalder Straße ausstieg, sah er Leni an der Haltestelle stehen. Sobald sie Gregor erblickte, kam sie auf ihn zu geeilt.

„Wohin willst du?", fragte sie ohne weitere Begrüßung.

„Nach Hause, wohin sonst?"

„Das lass sein, sie suchen dich und wollen dich verhaften!"

„Wer sucht mich und will mich verhaften? Etwa die Schergen des Gerichts?"

„Nein, wo denkst du hin?", lachte Leni. „Es ist die ganz normale Polizei. In der Kanzlei waren sie schon und haben dort alles durchsucht. Sie wollen dich im Zusammenhang mit der Entführung von Hannes Moser verhören. Du bist ein Verdächtiger, Gregor."

„Aber ich bin unschuldig!", empörte sich Gregor.

„Die Schuld oder Unschuld spielen keine Rolle. Sie suchen dich! Dein Onkel rät dir, vorerst unterzutauchen. Ich soll dir helfen."

„Und du wirst mir helfen?"

„Das werde ich", versprach Leni. „Denn sie werden dich jagen und hetzen!"

\*

In den nächsten Wochen schien es Angela K., als würde Untersuchungsrichter Blum seine Zusage, sie nicht länger zu behelligen, einhalten. Denn weder die Nächte noch der frühe Morgen wurden mehr durch das Gericht und seine Beauftragten gestört. Sie konnte in Ruhe erwachen und aufstehen, ihren Kaffee zu sich nehmen, sich mit Jonathan austauschen und ihr Tagesprogramm absolvieren; alles war wie immer: Die Kabinettssitzungen mit den Ministern, ihre Gespräche mit dem wankenden Koalitionspartner, die zahlreichen Plenarsitzungen im Bundestag, die Kongresse, Staatsbesuche, die Gespräche mit Marat, mit Mayday und Turandot – es schien ihr fast, als hätte es nie den Einbruch des Numinosen in ihr Leben gegeben. Manchmal kam ihr selbst das erlebte Geschehen irreal vor; sie war überlastet gewesen, hatte schlecht geschlafen, ihre Nerven hatten ihr einen Streich gespielt. Als Naturwissenschaftlerin war sie um natürliche Erklärungen nicht verlegen. Und Angela K. ging noch weiter, sie beschäftigte sich mit der Traumanalyse, um die merkwürdigen Chiffren, die sich ihr gezeigt hatten, endgültig zu verstehen. Was hatte sie wirklich geträumt? Waren es Relikte ihrer frühesten Erfahrungen gewesen, die in ihr ein bestimmtes Grundmuster erzeugt hatten? Etwa ihre stete Sorge als junges Mädchen, "es nicht zu schaffen", durch Leistung ihre äußerlich fehlende Attraktivität auszugleichen? Oder das Muster der dauernden "Verspätung", die Angst, alles nicht rechtzeitig zu packen, weil sie sich mit ihren Entscheidungen viel Zeit ließ oder, wenn sie einmal spontan handelte, die Folgen chaotisch sein konnten? Warum hatte sie nicht vom Fliegen geträumt, vom Zustand der freien Seele? Von der Freiheit? Fliegen, das war die große Distanz gegenüber allen Problemen. Aber sie fühlte, eine Flucht vor der Vergangenheit, der Gegenwart und ihrer Zukunft war ihr nicht möglich. Also führte Angela K. weiter ihr kleines Leben der großen Bedeutung, Hand in Hand mit anderen sogenannten Größen ihrer Gegenwart.

Ihr Advokat übrigens, jener junge Mann namens Gregor Gysar, war verschwunden, gerade so, als hätte es ihn nie gegeben. Das bedauerte sie, war aber eigentlich mit dem Gang der Dinge sehr zufrieden. Ob Gysar etwas mit dem Verschwinden von Hannes Moser und den drei Moderatorinnen zu tun gehabt hatte, konnte gleichfalls nicht geklärt werden. Die Verfolgung Gysars und das damit verbundene Verfahren wurden eingestellt. Angela K. interessierte diese Thematik auch wenig.

\*

„Das Urteil, Angeklagter Hannes Moser, ist gefällt!", verkündete der große Mann im schwarzen Talar.

„Ohne Verhandlung und ohne Anhörung? Das ist schreiendes Unrecht!", protestierte Moser matt, die längere Haft bei Wasser und Brot hatte ihn zahm werden lassen.

„Sie hatten in Ihrem Gewahrsam genügend Zeit, sich mit Ihren Mitgefangenen über Ihre Verbrechen auszutauschen", fügte der Richter, denn diese Rolle nahm wohl der Mann im schwarzen Talar ein, geduldig hinzu.

Moser schwieg eine Weile. „Wie lautet denn unser Urteil?", stieß er schließlich mit krächzender Stimme hervor.

„Ihre Helferinnen Moskwa, Slimka und Gaukelei werden für jeweils fünf Jahre auf eine Insel in der Südsee verbannt. Sie dürfen sich diese aussuchen, Tonga, Samoa, Fidschi, Aituataki, Palau und Moorea stehen zur Auswahl, ein Koffer Gepäck ist erlaubt. Sie sehen, Herr Moser, wir sind keine Unmenschen."

„Und mein Urteil?"

Moser schöpfte seit langer Zeit erstmalig wieder Hoffnung.

„Sie kennen es nicht?", sagte der Richter. „Das Urteil ist nicht streng. Ihnen, dem Verurteilten, wird das Gebot, das Sie übertreten haben, mit spitzen Nadeln auf den Leib gestochen."

„Mit Nadeln, um Himmels willen, was habe ich denn verbrochen?"

„Sie wissen nicht, was Sie getan haben, Herr Moser?"

„Nein", rief Moser verzweifelt.

„Nun", sagte der Richter, stockte einen Augenblick und sagte dann:

„Es wäre nutzlos, es Ihnen zu erklären. Sie erfahren es ja auf Ihrem Leib. Sie werden auf ein Gestell geschnallt und dieses wird ins Zittern gebracht und die Nadeln senken sich auf Ihren Körper. Sie stellen sich von selbst so ein, dass sie nur knapp mit den Spitzen den Leib berühren. Dann beginnt der Prozess. Die Nadeln arbeiten gleichförmig, zitternd stechen sie ihre Spitzen in den Körper ein. Es könnte etwas schmerzhaft für Sie werden."

„Das ist grausam!", schrie Moser. „Das ist Folter und entspricht keiner Rechtsnorm."

„Nein, da liegen Sie falsch, denn die Vollstreckung hat Stil", entgegnete der Richter. „Früh am Morgen erscheint das Gericht mitsamt den Vollstreckungsbeamten und interessierten Zuschauern, in der Mehrheit übrigens Damen. Fanfaren ertönen, mir wird durch den Vollzugsbeamten gemeldet, dass alles vorbereitet sei. Die Maschine glänzt frisch geputzt, den Verurteilten, also Sie, legen die Wärter unter die Nadeln. Nun beginnt die Exekution, kein Misston stört die Arbeit der Maschine. Alles wird wie am Schnürchen ablaufen. Wir können sogar, wenn Sie es wollen, das Fernsehen hinzuholen. Die Einschaltquoten dürften den Tatort um ein Mehrfaches schlagen."

Aber Moser schien die letzten Worte nicht mehr zu hören.

„Ich will nicht gefoltert werden! Gnade!", bettelte er und fiel auf die Knie.

„Das Verfahren überzeugt Sie also nicht?", fragte der Mann im schwarzen Talar und lächelte, wie ein Alter über die Dummheiten eines Kindes lächelt und hinter dem Lächeln sein eigenes wirkliches Nachdenken behält.

„Nein!", stöhnte Moser.

„Dann ist es an der Zeit", sagte er daraufhin und blickte Moser streng an.

„Wozu ist es Zeit?", stammelte dieser voller Angst.

„Zeit, Sie freizulassen", sagte der Richter.

„Treiben Sie keine Scherze mit mir!", gab Moser zitternd zurück.

„Doch, es ist wahr, glauben Sie es nur. Sie sind frei!"

Zum ersten Mal kam in das Gesicht des Angeklagten Leben.

Er erhob sich schwankend.

„Ich bin frei!", jubelte er. „Und ihr", er wandte sich dem Richter zu und hob drohend die rechte Faust, „ihr werdet mir für alles bezahlen!"

„Gut", sagte der Mann in Schwarz. „Wie Sie wollen."

Er wandte sich den Gerichtsbütteln zu.

„Der Angeklagte Hannes Moser", rief er mit donnernder Stimme, „zeigt keine Demut und Dankbarkeit. Ergreift ihn und vollstreckt das andere Urteil!"

Er gab einem der an der Seite stehenden Männer einen Wink. Dieser und ein anderer ergriffen Hannes Moser, als er den Saal verlassen wollte und zogen den Schreienden mit sich.

„Die Versammlung ist beendet", verkündete nun der Mann im Talar und wandte sich Gregor zu, der das Geschehen mit zeitweise angehaltenem Atem verfolgt hatte.

„Sind Sie zufrieden mit dem, was Sie über das Gerichtsverfahren und seine Abläufe heute erfahren konnten, Herr Gysar?"

„Das schon, aber ist das Prozedere bei jedem Prozess das gleiche?"

„Nein, alles ist ganz auf die Person des Angeklagten und der ihm zu Last gelegten Taten ausgerichtet", erklärte der Richter.

Eine Glocke ertönte – und Gregor Gysar erwachte. Neben ihm sah er das schwarze Haar Klaras. Sie hatte ihn eines Tages, er wusste nicht wie, in seinem Neuköllner Versteck aufgestöbert und war geblieben.

Was für ein Alptraum, dachte Gregor, was wohl real mit Hannes Moser passiert war? Dass das Gericht mit seinem Verschwinden zu tun haben sollte, konnte er nicht wirklich glauben. Das Gericht, seit Wochen, nein, seit bald vier Monaten hatte er von diesem nichts mehr gehört und gesehen. Der Winter war gekommen und gegangen, Angela K. war noch immer Kanzlerin und inzwischen war es März geworden. Alles was er erlebt oder zu erleben geglaubt hatte, wirkte unwirklich und fremd.

„Gregor, du bist schon wach?"

Klara erhob sich und umarmte ihn zärtlich.

„Vielleicht sollte ich noch einmal Titorelli aufsuchen", sagte er mehr zu sich selbst als zu ihr. „Sein Atelier habe ich noch immer nicht gesehen."

„Tu das", sagte sie. „Ich werde dich hinbringen. Aber erst kümmerst du dich um mich."

Klara zog Gregor an sich und küsste ihn. Immerhin war jetzt Frühling.

\*

Ein warmer Tag Ende März. Jürgen W. trank einen Milchkaffee beim Bäcker an der Ecke und lief anschließend durch die vormittäglichen Straßen. Heute mal keine Politik, kein Parteienstreit, kein Exit, keine Tump etc. und vor allem keine Angela K.

Dafür erste Touris auf Spurensuche, ein babylonisches Stimmgewirr mit viel Englisch, Spanisch und Dänisch. An der Eberswalder nahm er die Tram zum Rosi und stieg dort in die U 8 Richtung Hermannstraße. Der typische schale U-Bahn-Geruch. Plakate an den Wände, auf der Bank ein abgerissener Penner. Er schnarchte und roch schlecht. In gehörigem Abstand dazu warteten Amerikaner in kurzen Hosen, wohl Studenten. Sie bemühten sich, ihre Apps zum Laufen zu bringen, da sie offenbar nicht wussten, wo sie sich befanden. Einer fasste sich ein Herz und fragte eine blauhaarige Punkerin, wo denn „please" der Alex sei. Sie schaute den Fragenden groß an und nahm einen Schluck aus ihrer Bierflasche.

„Na, in Berlin, Alter!", antwortete sie dann grinsend und latschte weiter.

Weitere Bilder: Ein Mann im Rentenalter, der die Abfalleimer nach Flaschen durchsuchte. Eine Gruppe Japaner, die nicht fotografierte, unter ihnen zwei Mangafiguren. Die absolute Vielfalt.

Ein Dröhnen näherte sich, die Bahn kam und hielt quietschend. Alles drängte hinein, mittendrin schoben sich zwei Fahrradfahrer, ein Elektroroller und ein Kinderwagen. Es wurde eng, besonders im Stehen. Und es müffelte.

Kaum waren die Türen zu, drückte sich eine ältere Frau durch die Menge und hielt jedem einen Becher unter die Nase, während sie im Singsangton ein Almosen forderte. Richtig, das hier war ihre Linie, Jürgen W. hatte sie schon öfter auf Tour gesehen, allerdings nie, dass sich der Becher füllte. An der Jannowitzbrücke stieg sie wieder aus und bis zum Kotti spielte ein rumänischer Akkordeonspieler aktuelle Tagesschlager; wenigstens sang er nicht.

Am Kottbuser Tor löste ihn Kalle ab:

„Ik heiße Kalle", erklärte er mit lauter Stimme, „und lebe seit einem halben Jahr uf de Straße. Hätten Sie ne kleene Spende für mich, ik nehme auch Obst und Mineralwasser …"

Er hatte Glück, ein paar kichernde Teenager spendeten einige Münzen.

Jürgen W. stieg an der Haltestelle Schönleinstraße aus, auf der Station hörte man Gitarrenklänge. Die Treppe hoch, weiter an den türkischen Brautmode- und Juweliergeschäften entlang bis zur Brücke – rechts ging es zum Türkenmarkt. Freitags war der Markt am Maybachufer gut besucht. Drüben auf der Paul-Lincke-Seite, das ist der mit der Berliner Luft, erhoben sich die hochherrschaftlichen Häuser aus der Gründerzeit. Fassaden im Figurenschmuck, Balkone und große Fenster, alles sehr feudal.

Hier, auf dieser Seite des Kanals, standen bunte Zelte und Stände über Stände. In den Gassen dazwischen Menschen, viele, viele Menschen. Junge Türkinnen in modischen Kopftüchern und weiten Mänteln, die schicke Kinderwagen schoben. Ältere, die mit griesgrämigem Blick ihren Hackenporsche hinter sich her zogen. Dazwischen Frauen in weiten Leinengewändern und mit Kleinkindern im Wickeltuch vor der Brust, begleitet von bärtigen Hippstervätern. Beigegraue Rentnerpaare, junge Leute mit Rucksäcken, die sich unbeirrt mit ihren Rädern durch die Menge drängten. Und vor allem Touristen: Spanier, Amerikaner, Engländer, Skandinavier, Chinesen und überraschend viele Israelis mit Kippa; sie alle zog es in die bunte Welt der Farben, Formen und Gerüche.

„Alles nur ein Euro, das Kilo Bananen, die Ananas, fünf

Feigen, die Orangen aus meinem Garten, Trauben und Zitronen von meinem Balkon."

Muss eine Riesenanlage sein, dachte Jürgen W., was wohl nächste Woche dort wächst?

„Die Kiste Mangos, die Kiste Avocados, die Kiste Zitronen, nur zwei Euro … Beste Ware, feinste Ware, gute Ware! Der Mercedes unter den Tomaten!"

Früchte aus aller Welt, bunte Stoffe, Hüte und Mützen, türkisches Pide und arabisches Brot, afrikanische Erdnusssuppe – natürlich scharf. Silberschmuck, Ketten, Ringe, Kurz- und Miederwaren, alles war hier zu finden, vom Blinker übers Teesieb bis zum Fahrradhelm. Flakons mit absolut echtem Markenparfum, „nur fünf Euro!" Fisch: Seebarben, Tintenfisch, Heilbutt, Räucheraal, Oliven, Käse und Pasten, Pasta und Gnocchi, Hühnereier, Puteneier, Holzlöffel, Tongeschirr und Schüsseln, und und.

Frauen wühlten auf einem Tisch, auf dem sich bunte Sommerkleider stapelten. Eine etwas fülligere Dame, geschätzte XXXL, versuchte in eine Joppe Größe S zu schlüpfen. Optimistisch. Am nächsten Stand hatte sich eine lange Schlange gebildet. Hier gab es etwas zu essen: Gözleme. Die Männer hinter der Theke wickelten den Teig, füllten ihn mit Käse und Spinat, wendeten die Fladen. Heißes Fett zischte, es roch gut und machte hungrig.

Weiter hinten ein neuer Verkaufstisch mit japanischen Papierblumen. Der Händler daneben war beim Freitagsgebet. Drei Schritte weiter Wein und Kartoffeln von freilaufenden Bauern, Schluppen und Streuselkuchen.

Zeitsprung.

Gegen eins machte Jürgen W. eine Pause am Landwehrkanal und aß ein Käse-Börek. An der Seite neben dem Lakritzstand sang eine Sängerin mit Rastazöpfen und verrauchter Stimme Lieder aus den 70er Jahren. Ein Althippie in roten Pluderhosen und einem gelben Indienhemd begleitete sie auf einer zwölfsaitigen Gitarre. Später sammelte ein kleiner blonder Junge mit einem Teller von den Zuhörern Münzen ein. Auch Jürgen W. gab seinen Obolus. Noch immer war es herrlich warm. Auf dem Wasser schwammen Schwäne, drüben schnatterte eine Entenfamilie. Die Sonne strahlte mit großer Kraft, innere Ruhe breitete sich aus, endlich Sommer!

Im Anschluss trank Jürgen W. noch einen Milchkaffee draußen vor dem Café Zart. Er dachte daran, wie er im Winter immer drinnen vor dem Ofen gesessen hatte. Hinter dem Glas flackerte das Holzfeuer, zum Kaffee gab es Lakritze aus der Dose. Doch jetzt war Sommer und die Sonne schien tausendmal wärmer ... Ein schöner Tag, ein Tag in seinem Leben. Er schloss die Augen und döste ein wenig vor sich hin.

Später schlenderte Jürgen W. zurück zur U-Bahnhaltestelle. Auf dem Heimweg traf er wieder auf Karl, der seit einem halben Jahr auf der Straße lebte und auch Obst und Mineralwasser nahm.

Zu Hause entdeckte er, dass die Hälfte der Avocados, die er gekauft hatte, überreif war, die anderen leicht holzig. Die Trauben und die Ananas aber schmeckten wirklich gut.

Am nächsten Tag auf dem Kollwitz-Markt – alles öko –

begegnete er mitten in der bunten Besuchermenge erneut besagtem Kalle. Heute hatte Kalle frei und erwarb mit seinem Lohn beim schwäbischen Bäcker ein Biobauernbrot, 500 Gramm zu 4,65 Euro. Man jönnt sich ja sonst nöscht. Eine Dixiband spielte und die Sonne schien. Det is Berlin!, dachte Jürgen W. Kalle und Hertha. Eisbär und Union. Das war das Leben – auch ohne RRG, Angela K., FKK und AKW.

\*

Am folgenden Mittag besuchte Gregor mit Klara den kleinen Antiquitätenladen Ecke Knaackstraße kurz vor der Kulturbrauerei. Hinter dem Ladenschreibtisch thronte der Besitzer wie ein Buddha, gelassen, schweigend, ruhig. Vor ihm saß ein Freund, ein älterer Mann, der ihm alte Illustrierte zu verkaufen suchte. Der „Buddha" lächelte.

Gregor sah sich um. In der Fülle von Bildern, Gläsern, Büsten, Tiegeln und Silber hatte er schon oft hübsche Kleinigkeiten entdeckt und günstig erstanden. Unter anderem eine Jugendstillampe mit Elefanten, verschiedene silberne Döschen und Flakons und andere Nettigkeiten.

„Ein toller Laden", Klaras staunender Blick blieb an einem Bauhausleuchter hängen. Er war in gekonnt artifizieller Schlichtheit gefertigt. Die richtige Gabe für eine die Kunst liebende Dame.

„Soll ich ihn dir schenken?"

„Das ist zu viel!"

„Vielleicht, vielleicht auch nicht."

Gregor gelang es, den Preis herunterzuhandeln, der Buddha war gnädig. Im Anschluss gingen sie, mit ihrem Kauf zufrieden, in die Rykestraße, um nahe der Synagoge einen Kaffee zu trinken.

Später fuhr das Paar zur Warschauer Straße und lief dann hinüber zum RAW-Gelände. Schmutzig, dreckig, die Wände verschmiert – alternativ … Ganz hinten lag der breite Ziegelbau, in dem sich Titorellis Atelier befinden sollte.

Klara, die sich hier auskannte, führte Gregor durch mehrere Türen und über verschiedene Stockwerke – erstaunlich, wie viele Türen, Zimmer und Etagen es auch in diesem Gebäude gab – nach oben in eine Art von Atelier. Der Raum, in den beide traten, befand sich sozusagen unter dem Dach und war zur Höhe hin weit offen, sodass die braunen Holzbalken und gräuliche Dachschindeln zu sehen waren. Der Boden dagegen war aus Beton.

Mitten im Atelier erhob sich eine geradezu riesenhafte Marmorskulptur, die mit dem Rücken an der Lehne eines ungeheuren Felsblockes lehnte. Vor ihr stand Titorelli, heute in grauem Kittel, der mit einem Meißel in der Hand heftig an dem Stein arbeitete. Überrascht erkannte Gregor in der Marmorfigur die Gestalt und die runden Züge seiner früheren Klientin, der Kanzlerin, wieder. Wieso sie, die doch angeklagt war, in diesem Gebäude als Statue zu finden war, konnte er sich nicht erklären.

„Das ist doch Frau K.?", fragte er daher den Bildhauer. Der Mann legte den Meißel zur Seite und wandte sich Gregor zu.

„Sie ist es, allerdings in der Gestalt einer allegorischen Figur. Die Skulptur muss nur noch etwas ausgearbeitet werden", meinte Titorelli, holte von einem Tisch einen Steinschleifer und schliff mit ihm ein wenig an den Rändern der Figur herum, ohne sie aber dadurch stärker zu verändern beziehungsweise Gregor zu verdeutlichen, welche Allegorie hier gemeint war.

„Es ist, wie gesagt, Frau K., dargestellt als Göttin der Gerechtigkeit und helfenden Fürsorge", erklärte der Bildhauer schließlich.

„Die Göttin der Gerechtigkeit erkenne ich", sagte Gregor, „daher die Binde um die Augen und die Waage in der Rechten. Aber", er betrachtete die Figur genauer, „welche Attribute zeigen die ‚helfende Fürsorge'? Doch nicht die Flügel an den Fersen? Zudem befindet sie sich im Lauf!"

„So lautet der Auftrag", antwortete der Künstler. „Die Figur zeigt im Eigentlichen die Gerechtigkeit, die Fürsorge und die Siegesgöttin in einem. Eine klassische Trinität."

„Eine Trinität? Jedenfalls eine eigenartige Verbindung", meinte Gregor. „Wenn die Gerechtigkeit läuft, schwankt die Waage hin und her, und es ist kein gerechtes Urteil möglich."

„Das ist eben der Auftrag."

„Das habe ich verstanden – doch warum trägt die Skulptur die Gesichtszüge der Kanzlerin?"

„Weil diese die Kanzlerin darstellt", erwiderte der Bildhauer. „Die Figur soll ihr inneres Wesen, ihre umfassende Güte und Menschlichkeit verdeutlichen. Ich füge mich ganz den Aussagen meines Auftraggebers. Es wurde mir genau angegeben, was ich wie zu fertigen habe."

„Wer ist dieser Auftraggeber?", hakte Gregor nach. „Das Gericht und seine Richter? Die Institutionen, die sie anklagen? Das wäre doch zu seltsam."

„Nein", sagte der Mann. „Das Büro von Frau K. hat mich beauftragt. Ursprünglich sollte sie auf einem Thronsessel dargestellt werden und in höchst feierlicher Haltung, ganz wie ein oberster Gerichtspräsident."

„Das erscheint mir höchst eitel!"

„Damen sind bekanntlich eitel", sagte der Künstler lachend. „Besonders Frau K. Allerdings benötigt man eine höhere Erlaubnis, sich so als Göttin darstellen zu lassen. Jedem Politiker ist genau vorgeschrieben, wie er sich als Figur zeigen darf."

„Und Frau K. hatte diese höhere Erlaubnis?"

„Ja", antwortete der Bildhauer knapp. Er mochte spüren, dass Gregor mehr erwartete und fügte hinzu: „Die Skulptur ist für einen Herrn. Da ist das Gericht mit einer Bewilligung meist sehr großzügig."

Das Gespräch schien ihm Lust zur Arbeit gemacht zu haben, er krempelte die Hemdsärmel hoch, nahm wieder den Meißel in die Hand und begann eifrig an der Rückseite der Marmorfigur zu klopfen. Gregor betrachtete eine Weile sein Tun und die Skulptur. Je länger er auf diese schaute, um so mehr schien sich diese zu verändern. Sie erinnerte kaum mehr an die Göttin der Gerechtigkeit, aber auch nicht an die des Sieges oder der Fürsorge; sie sah jetzt vielmehr vollkommen aus wie Artemis, die Göttin der Jagd.

Eine Hand zupfte ihn am Ärmel.

„Komm", sagte Klara. „Du hast genug gesehen, wir sollten den Künstler nicht mehr stören."

Sie verließen das Atelier und das Gelände und liefen vor zur Tramhaltestelle.

„Und jetzt, was soll ich tun?", fragte Gregor, während sie auf die M 10 warteten. „Soll ich etwa einen Aufstand initiieren oder mich gar den Rotwesten anschließen?"

„Die Revolution findet nicht mehr statt, sie ist längst vollzogen. Ich könnte dich natürlich zum Theater bringen. Du weißt schon, in das, das nur für Verrückte ist und in dem dir alle Türen offen stehen. Ein Maskenspiel, das wäre doch etwas, oder?"

„Halluzinogene Zugänge liegen mir nicht", erwiderte Gregor kühl. „Mein Name ist weder Haller, noch heißt du Hermine."

„Also Gregor und nicht Harry. Verstanden, Liebling, deinen Namen hab ich nicht vergessen!"

„Das sag ich doch", erwiderte Gregor und lachte.

\*

Angela K. erwachte von einem schlurfenden Geräusch und öffnete langsam die Augen. An ihrem Bett stand der ihr sattsam bekannte Mann: Schlank und muskulös gebaut und ganz in ein sehr dunkles Schwarz gekleidet. Auch der

Anzug mit den verschiedenen Taschen, Schnallen, Knöpfen und dem Gürtel schien der gleiche wie immer zu sein. Traum oder nicht – die Verhaftung nahm ihren gewohnten Gang. Wie immer wehrte sie sich nicht, sondern ergab sich seltsam träge ihrem Schicksal.

Überraschenderweise endete die Fahrt nach wenigen Minuten vor dem großen Dom. Der ehemalige Lustgarten, der heutige Domplatz, war ganz leer, denn es regnete heftig. Es tropfte in Strömen von dem Turmgerüst herab. Einer ihrer Wärter spannte einen Schirm auf und sie stieg aus. Der andere Mann ergriff Angela K. am Arm und führte sie über die Stufe hoch ins Innere. Auch im Dom herrschte Leere, die sonst übliche Besucherschar fehlte. Die Herren geleiteten die Kanzlerin zu einer Bank und ließen sie Platz nehmen. Dann zogen sie sich zurück.

Es war kühl, Angela K. wickelte sich fest in ihren Mantel und schlug den Kragen hoch. Sie schaute sich um, schon lange hatte sie nicht mehr den Dom besucht. Doch heute war es so dunkel, dass Angela K., als sie aufblickte, in dem nahen Seitenschiff kaum eine Einzelheit unterscheiden konnte. Nur auf dem Hauptaltar funkelten Kerzenlichter. Angela K. fröstelte und erhob sich, um sich ein wenig zu bewegen. Vor einem an der Seite befindlichen Altarbild blieb sie stehen. Es zeigte einen schwebenden Engel, der in der rechten Hand ein großes Schwert hielt. Die linke zeigte auf etwas, das sich direkt vor dem Bild, also in der Position des Betrachters, ihrer Position, befinden musste. Im übrigen Teil des Bildes waren die himmlischen Heerscharen zu sehen sowie Eva mit der Schlange. Adam fehlte. Draußen schien es heftiger zu regnen, das Prasseln war selbst hier in der Stille zu hören. Angela K. fragte sich, worauf sie noch wartete? Sollte sie, trotz des gewiss strömenden Regens, nicht einfach gehen? Doch eigentlich wollte sie wissen, warum sie hierher gebracht worden war. Und auch, da es im Dom jetzt nicht mehr so kalt war, beschloss Angela K., vorläufig hierzubleiben. Sie kehrte zurück ins Hauptschiff. Dort bemerkte sie an einer Säule, fast angrenzend an die Bänke des Chores, eine einfache, aus kahlem, bleichem Stein gemeißelte Kanzel. Die steinerne Wölbung der Kanzel begann tief und stieg, gänzlich ohne Schmuck, steil in die Höhe. Oben war eine Lampe befestigt. Sollte jetzt eine Predigt stattfinden? In der leeren Kirche? In der Tat stand unten an der Treppe ein Mann in schwarzem Talar und wollte offenbar nach oben steigen. Es war, wie Angela K. erst jetzt erkannte, als der Mann sich zur Seite drehte, der Untersuchungsrichter Blum!

Er schien Angela K. noch nicht bemerkt zu haben, und sie dachte daran, sich eilig zu entfernen. Wenn sie es jetzt nicht tat, bestand die Gefahr, dass Blum sie entdeckte und das, was jener gewiss mit ihr vorhatte, würde seinen Verlauf nehmen. Aber vielleicht war ihre Furcht unbegründet, denn sie konnte zum Beispiel eine Touristin sein, die nur die Kirche besichtigte. Blum prüfte jetzt das Licht und schraubte es höher auf, dann drehte er sich langsam der Brüstung zu, die er mit beiden Händen umfasste. So stand er einige Augenblicke und schaute, ohne sich weiter zu bewegen, umher. Angela K. wich vorsichtig zurück, um zwischen den leeren Bänken zum Ausgang zu gelangen.

Fast hatte sie schon den Bereich der Bänke verlassen und näherte sich dem freien Raum, der vor dem Ausgang lag, als sie die Stimme des Richters hörte. Er rief: „Angela K.!"

Angela K. blieb stehen. Sollte sie auf die Stimme hören? Sie war die Kanzlerin, sie war ein freier Mensch und konnte gehen, wohin sie wollte, sich durch eine der drei dunklen Holztüren, die nicht weit vor ihr waren, davonmachen. Rufen konnte jeder, und wenn es Blum tat, stellte sich die berechtigte Frage, womit er begründen wollte, dass sie auf ihn hörte.

Es blieb alles still, Blum schien zu warten, jedenfalls wiederholte er seinen Ruf nicht. Angela K. drehte ein wenig den Kopf, denn sie war neugierig, was Blum jetzt machen würde. Der Untersuchungsrichter stand weiter ruhig auf der Kanzel. Es war aber deutlich zu sehen, dass er ihre Kopfwendung bemerkt hatte. Gut, dann drehte sie sich vollständig um. Blum winkte ihr zu und sie ging – natürlich nur aus Neugierde und um die Angelegenheit abzukürzen – auf die Kanzel zu, bis sie eine Stelle knapp vor dieser erreichte.

„Du bist Angela K.", sagte der Richter.

Unter dieser persönlichen Anrede zuckte die Kanzlerin zusammen. Schon wollte sie Blum wegen des Duzens scharf zurechtweisen, entschloss sich dann aber aus einem ihr selbst nicht klaren Gefühl heraus, ihn nicht zu tadeln und antwortete mit einem knappen „Ja".

„Du bist angeklagt", fuhr der Richter leise fort.

„Ja", wiederholte Angela K., „das wurde mir mehrfach mitgeteilt."

„Nun, ich habe dich hierher rufen lassen", sprach Blum weiter, „um mit dir einmal unter vier Augen und ganz persönlich zu sprechen."

„Nun, gerufen wurde ich nicht, sondern man hat mich hierher verschleppt", korrigierte sie ihn. „Und Sie hatten mir versprochen, das Verfahren ruhen zu lassen."

„Das ist nebensächlich", sagte der Richter. „Kümmere dich lieber um die Anklage. Du weißt, dass dein Prozess schlecht steht?"

„Es scheint mir jetzt auch so", sagte Angela K. „Wenn ich hier wieder erscheinen muss. Ohne gefragt zu werden, ob ich Zeit hätte oder willig bin, mich dieser Prozedur zu stellen. Ansonsten weiß ich nicht, wie ich den Verlauf und den Ausgang dieses sogenannten Prozesses positiv beeinflussen könnte."

„Wie stellst du dir denn das Ende vor?", fragte Blum, ohne im Eigentlichen auf ihre Ausführungen einzugehen.

„Zu Anfang dachte ich nicht an ein Ende beziehungsweise glaubte, es müsse letztlich alles gut werden. Jetzt kommen mir jedoch Zweifel. Kurz, ich weiß nicht, wie das Ganze enden wird. Wissen Sie es?"

„Nein", sagte der Richter. „Noch ist nicht alles betrachtet. Aber ich fürchte, es wird schlecht enden. Viele halten dich für schuldig. Der Staatsanwalt wenigstens hält deine Schuld sogar für erwiesen."

„Das ist blanker Unsinn", widersprach Angela K. „Ich bin nicht schuldig. Wieso auch. Das ganze Verfahren ist ein einziger Irrtum. Zudem, wie kann ein Mensch überhaupt schuldig sein? Wir sind hier doch alle Menschen, Sie, ich, einer wie der andere."

„Das klingt richtig", erwiderte Blum. „Nur, so pflegen im Allgemeinen alle Schuldigen zu reden."

„Die Schuldigen? Unsinn, Sie sind befangen, das zeigt Ihr bisheriges Auftreten, und Sie haben ein Vorurteil gegen meine Person", protestierte Angela K.

„Das ist falsch, was du sagst. Ich habe in keinem Verfahren Vorurteil gegenüber dem Angeklagten, auch nicht gegen dich."

„Ich danke Ihnen", sagte Angela K. spöttisch. „Die Botschaft hör ich wohl, allein ich glaube Ihnen nicht. Denn alle anderen, die an dem Verfahren beteiligt sind, haben ein Vorurteil gegen mich. Sie flößen dieses auch gänzlich Unbeteiligten ein. Meine Stellung wird immer schwieriger, auch in der Regierung. Die Koalition … im Übrigen", sie hob die Stimme. „Ich bin die Kanzlerin dieses Landes und erwarte, auch in einem solchen Prozess, korrekt angesprochen und nicht geduzt zu werden. Auch nicht von Ihnen, Herr Richter Blum!"

„Wie Sie wollen", sagte Blum ruhig. „Sie missverstehen ansonsten die Tatsachen. Ein Urteil, auch das in Ihrem Verfahren, kommt nicht mit einem Mal. Nein, das Verfahren geht allmählich, sozusagen Stück für Stück, in ein Urteil über."

„So ist es also?", sagte Angela K. „Sie portionieren das Recht – das entspricht nicht den geltenden Gesetzen, dafür der bisher erlebten Willkür Ihrer Gerichtsbehörde."

„Was wollen Sie als Nächstes in Ihrer Sache tun?", fragte der Richter, ohne weiter auf ihre Aussage einzugehen.

„Ich werde mir rechtliche Hilfe suchen. Und zwar eine bessere als die, die mir der vom Gericht beauftragte Anwalt zu geben vermag. Er ist nebenbei verschwunden, was mir aber im Eigentlichen gleichgültig ist. Denn es gibt noch gewisse Möglichkeiten, die ich nicht ausgenutzt habe. Jetzt wäre allerdings die Zeit dafür."

„Sie suchen zu viel fremde Hilfe", sagte der Richter missbilligend.

Er neigte den Kopf zur Brüstung, jetzt erst schien die Überdachung der Kanzel ihn beinahe niederzudrücken. Es wurde immer dunkler. Was für ein seltsames Wetter mochte draußen sein?, dachte Angela K. Das war kein trüber Tag mehr, das war schon tiefe, geradezu finstere Nacht. Die Glasmalerei der großen Fenster war nicht imstande, die Dunkelheit wenigstens mit einem Schimmer zu unterbrechen. Jetzt begannen auch noch die Kerzen auf dem Hauptaltar und an den Seiten eine nach der anderen zu erlöschen. Unheimlich, sie fröstelte unwillkürlich.

Da schrie der Richter zu ihr hinunter:

„Frau K.! Sehen Sie denn keine zwei Schritte weit?"

## 7. Kapitel

## Urteil und Vollstreckung desselben

*Frau K. sprach sich vor Studenten voller Begeisterung für die Freiheit aus. Da zeigte sich die Macht mit ihrer Schwester Gewalt und fragte, für was sich K. denn ausspräche. Frau K. gab an, die Freiheit sei ihr völlig gleichgültig. Die Macht nickte und ging mit ihrer Schwester zufrieden davon. Die Studenten wollten nun wissen, wie K. es mit der Standfestigkeit halte, und sie versicherte glaubhaft, dass ihr der Begriff fremd sei.*

Am Morgen des 15. Juli gegen 6.30 Uhr wurde Gregor Gysar in seiner Wohnung von einer Gruppe Gerichtsbeamter aus dem Bett geholt. Man ließ ihm kaum Zeit zum Anziehen, dann führte man ihn eilig zu einer schwarzen Limousine, in die er einzusteigen hatte. Überraschenderweise endete die Fahrt vor dem großen Dom der Stadt. Der Domvorplatz, normalerweise voller Touristen, war aufgrund der Uhrzeit, und da es heftig regnete, vollständig leer. Die Gruppe trat in das Innere. Auch im Dom herrschte Leere, die sonst übliche Besucherschar fehlte. Die Herren geleiteten Gregor zu einer Bank und ließen ihn Platz nehmen. Dann zogen sie sich zurück.

Gregor schaute sich neugierig um, schon lange hatte er nicht mehr den Dom besucht. Doch noch war es so dunkel, dass er kaum eine Einzelheit unterscheiden konnte. Nur auf dem Hauptaltar funkelten Kerzenlichter. Gregor fröstelte wegen der feuchten Kühle der Kirche und erhob sich, um sich ein wenig zu bewegen. Draußen schien es heftiger zu regnen, das Prasseln war selbst hier in der Stille zu hören. Gregor lief weiter, lief vor in das Hauptschiff. Dort fiel ihm eine einfache, aus kahlem, bleichem Stein gemeißelte Kanzel auf. Die steinerne Wölbung der Kanzel begann tief und stieg, gänzlich ohne schmückende Ornamente, steil in die Höhe. Oben befand sich ein Mann in schwarzem Talar, in dem er zu seiner Überraschung den Untersuchungsrichter Blum erkannte. Dieser drehte sich langsam der Brüstung zu, die er mit beiden Händen umfasste. So stand er einige Augenblicke und schaute schweigend umher. Dann rief er mit lauter Stimme: „Angela K.!"

Jetzt erst bemerkte Gregor zwischen den Bänken die Kanzlerin Frau K. Irgendwie wirkte sie verloren und verlassen, fast rührend in ihrer offensichtlichen Schutzlosigkeit. Nach dem Ruf des Richters blieb alles still, Frau K. reagierte nicht oder wollte nicht zeigen, dass sie den Ruf vernommen hatte. Blum hingegen schien zu warten, dass sie zu ihm komme – jedenfalls wiederholte er die Namensnennung nicht. Frau K. drehte jetzt ein wenig den Kopf, sie schien neugierig zu sein, was Blum machen würde. Der Untersuchungsrichter hingegen stand weiter ruhig auf der Kanzel. Es war aber deutlich zu sehen, dass er ihre Kopfwendung bemerkt hatte. Nun drehte sie sich vollständig um. Blum winkte ihr mit der linken Hand zu, und die Kanzlerin ging langsam auf die Kanzel zu, bis sie eine Stelle knapp vor dieser erreichte.

„Du bist Angela K.", sagte der Richter.

Er duzte die Kanzlerin, wunderte sich Gregor, mehr noch, sie ließ es sich gefallen, denn sie antwortete mit einem deutlichen „Ja".

Nun entspann sich ein Gespräch, das offenbar um das Thema der Anklage kreiste. Vieles schien sich zu wiederholen, manches wurde auch derart leise gesprochen, dass Gregor es nicht zu verstehen vermochte.

„Viele halten dich für schuldig", sagte Blum soeben.

„Das ist Unsinn", widersprach Frau K. „Ich bin nicht schuldig. Das alles ist ein einziger Irrtum. Kein Mensch kann schuldig sein. Was soll überhaupt dieser Begriff? Wir sind alle Menschen, einer wie der andere."

Das schien Gregor plausibel. Schuld war etwas sehr Relatives und im vorliegenden Fall für ihn nicht auszumachen.

„Ich bin die Kanzlerin und erwarte, korrekt angesprochen und nicht geduzt zu werden", hörte er Frau K. sagen. Endlich wehrte sie sich. Der Richter reagierte wenig beeindruckt.

„Was wollen Sie als Nächstes in Ihrer Sache tun?", fragte er.

„Ich werde mir rechtliche Hilfe suchen", erwiderte die Kanzlerin. „Und zwar eine bessere als die, die mir der vom Gericht beauftragte Anwalt zu geben vermag. Er ist im Übrigen verschwunden, was mir aber völlig gleichgültig ist. Denn es gibt noch gewisse andere Möglichkeiten, die ich nicht ausgenutzt habe."

„Sie suchen zu viel fremde Hilfe", sagte der Richter missbilligend.

„Halt!", rief hier Gregor laut. „Ich bin die Hilfe, ich bin nicht fremd und ich bin da."

Doch keiner der beiden achtete auf ihn, also lief er nach vorne.

Da schrie der Richter gerade zu Frau K. hinunter:

„Sehen Sie denn keine zwei Schritte weit?"

„Das ist im Zorn geschrien", tadelte Gregor, der nun an die Seite der Angeklagten trat. „Sie zeigen damit Ihre Befangenheit, Herr Richter Blum. Sie sollten das Verfahren aus der Hand geben!"

Erschrocken über sein plötzliches Auftauchen schweigen nun beide. Gregor nutzte das Schweigen, denn ein nie gekannter Mut erfasste ihn.

„Kommen Sie doch herunter!", forderte er Blum auf. „Reden Sie mit uns auf Augenhöhe und halten Sie keine Predigt!"

„Gut, ich komme", sagte Blum, er bereute vielleicht sein Schreien und machte Anstalten, hinabzusteigen.

„Halt, warten Sie!", rief jetzt die Kanzlerin. „Wir sollten lieber aus der Entfernung miteinander sprechen. Ich lasse mich sonst zu leicht beeinflussen und vergesse meine Position. Denn ich habe kein Vertrauen zu Ihnen. Nur mit Herrn Gysar als meinem Verteidiger kann ich offen reden."

„Täuschen Sie sich nicht", sagte Blum tadelnd.

„Worin sollte ich mich denn täuschen?"

„In dem Advokaten könnten Sie sich täuschen", erklärte der Richter. „Denn für sein Plädoyer ist es zu spät!"

„Nein", protestierte Gregor. „Ich habe viel zu sagen und

ich sage es jetzt: Frau K., die Kanzlerin, hat die Senegalbzw. Samoakrise gelöst. Sie vermittelte im Frankokanadischen Konflikt und sie hat den europäischen Gesamtstromausstieg ermöglicht, die Banken 2008, 2010 und 2019 gerettet, dazu Andorra, Monaco und San Marino. Sie leitete die systematische tibetische Zuwanderung ein und führte die Ehe zwischen Gleichmenschlichen aus der gesellschaftlichen Ächtung zur allgemeinen Akzeptanz. Sie hat ferner das National- und Deutschdenken besiegt und multikulturell überwunden. Mag Frau K. auch in ihrer Jugend in Ostelbien als Mitglied der Kontrollorgane des dortigen Mauerstaates schwer gesündigt und sich mit dem System in besonderer Weise arrangiert haben, so hat sie doch ihre Taten reuig bekannt und vielfältig gebüßt. Seit mehr als vierzehn Jahren trägt sie die Last der Kanzlerschaft und dies in wechselnden Partnerschaften. Sie wurde angefeindet, beschimpft und von Teilen des Volkes gehasst und verleugnet. Das alles hat Frau K. in ihrem Tun nie beirrt, sie wusste sich stets eins mit der Vorsehung. Frau K. ist also, davon ist sicher auch das Gericht von Grund auf überzeugt, durch und durch ein guter, ja vielleicht sogar noch ein besserer Mensch. Das bestätigte ihr kürzlich erst Harvard. Sie ist daher unschuldig, absolut und vollständig!"

Gregor sagte das abschließend, aber sein Endurteil war es nicht, denn über die Statue und die damit verbundene Eitelkeit hatte er nicht gesprochen. Auch das Bild vom Wirbeltanz und dessen Deutung hatte er außen vor gelassen wie auch die Klimafrage und andere politische Kritikpunkte, die ihm aktuell jedoch nicht relevant erschienen. Er war es zudem einfach müde, ständig alle Folgerungen der Geschichte übersehen und jeder Spur folgen zu müssen.

„Gut", sagte Blum schließlich, der einige Zeit gewartet hatte, ob Gregor weiter spräche. „Ich komme zum Schluss. Frau K.", er wandte sich der Kanzlerin zu. „Sie sind, das ist dem Gericht von Grund auf bewusst und es teilt darin die Ansicht Ihres Advokaten, durch und durch von der Richtigkeit Ihres Tuns überzeugt gewesen und sind es wohl noch immer. Mögen Sie auch Skulpturen für eine kleine Ewigkeit in Auftrag gegeben haben, dies ist für das Gericht ohne rechtliche Relevanz und absolut gleichgültig. Deshalb wird Ihr Urteil trotz Ihrer großen Schuld zunächst zur Bewährung ausgesetzt!"

„Mein Urteil?", hakte Angela K. nach. „Was, Herr Richter, meinen Sie mit dem Begriff ‚Urteil'? Sie haben in dieser Hinsicht bislang noch keine verbindliche Äußerung getan! Auch über meine angebliche Schuld, ich betone angebliche, haben Sie während der gesamten Verhandlung geschwiegen! Was soll ich getan haben? Das konnten Sie bislang in keiner Weise benennen! Eine Skulptur in Auftrag gegeben? Das war nur mit Erlaubnis des Gerichtes möglich! Selbst wenn ich etwas Böses getan hätte, ein Tun, das ich jeder Hinsicht bestreite, wer berechtigte Sie und Ihre sogenannte Behörde, gegen mich vorzugehen und sogar ein Urteil zu fällen?"

„Das Gericht will nichts von Ihnen", antwortete Blum lächelnd, der während der Rede von Gregor herabgestiegen war.

„Ganz im Gegenteil. Das Gericht nimmt Sie auf, wenn Sie kommen und es entlässt Sie, wenn Sie gehen. Haben Sie Einsicht!"

Er wartete einen Augenblick, dann hob Blum wie ein Geistlicher segnend seine Hand: „Und jetzt gehen Sie – beide!"

\*

An diesem herrlichen Sommertag saß Jürgen W. vor dem kleinen Café Blaumond in der Immanuelkirchstraße und blätterte in der FAZ. Es ging mal wieder um das Thema Wohnungsnot und Mieten. Im Bankenzentrum Frankfurt betrachtete man aufmerksam die Berliner Ideenwelt, wie die Probleme zu lösen wären. Milieuschutz, Mietpreisbremse, Verstaatlichung, das war offenbar die Logik der berlinerischen Interventionsspirale. Dazu gab es seit einiger Zeit eine Bürgerbewegung, die unter dem Motto „,Deutsche Wohnen' enteignen" eine Unterschriftenaktion für einen Volksentscheid organisierte. Das Grundgesetz war für ein solches Tun offen. Im Artikel 15 hieß es: „Grund und Boden, Naturschätze und Produktionsmittel können zum Zwecke der Vergesellschaftung durch ein Gesetz, das Art und Ausmaß der Entschädigung regelt, in Gemeineigentum überführt werden." Logisch, was zum Bau von Autobahnen recht war, musste zur Vergesellschaftung von Wohnungen billig sein.

Warum nicht, dachte Jürgen W., wenn es den Menschen hilft? Und was war mit dem BER? Konnte man den nicht auch enteignen? Obwohl ... der gehörte bereits dem Staat und zeigte dessen Planungskompetenz. Zurück zur Wohnraumfrage. Da gab es noch den heiklen Punkt der Entschädigung. Berlin saß aktuell auf gut 60 Milliarden Euro Schulden und lebte von den reichen Verwandten in Süddeutschland. Sollte das Land die Eigentümer zum aktuellen Verkehrswert der Wohnungen entschädigen müssen, wären mindestens 25 Milliarden Euro oder gar noch mehr zu stemmen. Woher sollte das Geld kommen? Dazu gab es offenbar ein neues Rechtsgutachten, in dem es hieß, es sei klar, dass es dem Staat nicht verunmöglicht werden könne, eine Aufgabe wahrzunehmen, nur weil er kein Geld habe. Das Grundgesetz verlange nur generell eine Entschädigung, sage aber nichts über die Höhe oder die Maßstäbe, hieß es weiter. Wenn man so argumentierte, konnten die „Immobilienhaie" froh sein, wenn sie am Ende einen symbolischen Euro in Händen hielten. Ein guter Trick, die Berliner Baubehörden verweigerten einfach die Genehmigung für Neubauten, um als Folge dieser Verknappung jene Verelendung und Verteuerung des Wohnens anzuprangern, die die Notwendigkeit der Verstaatlichung von Häusern begründete. Ein neuer Sozialismus, die alten Ideen schienen wieder lebendig zu werden. „Die Häuser denen, die drin wohnen." „Miete ist Wucher", eine „Sünde wider die Natur". Wilde Zeiten, in denen man lebte. Er war gespannt, wohin das alles führte, zur völligen Abschaffung von Eigentum? Zum wahren Kommunismus im Stile Ostelbiens? Aber war der Staat Ostelbien mit seinem ganzen Gedöns aufgrund des Willens des Volkes nicht vor gut dreißig Jahren mit Pauken und Trompeten untergegangen? Seltsam, regte sich hier ein höchst lebendiger Untoter? Jürgen W. legte die Zeitung zur Seite, trank seinen Kaffee aus und erhob sich. Politik nervte.

\*

Am Vorabend ihres X-ten Geburtstages – es war gegen elf Uhr und die Straßen wurden allmählich stiller – kamen zwei Frauen, ohne dass die Sicherheitskräfte reagierten, direkt in Angela K.s Wohnung im Kupfergraben. Sie trugen elegante Abendkleider, die ihnen allerdings nur bedingt standen. Die eine Frau ähnelte der jüngeren Jeanne Moreau, die andere war dagegen ziemlich fett und besaß ein schweres Doppelkinn. Sie behauptete, dass sie Cindy heiße und aus Marzahn stamme. In Wirklichkeit handelte es sich wohl um Angela K.s alte Feindin Anita Storch-Nehle, die sich lediglich eine blonde Perücke aufgesetzt hatte. Die Frau war doch längst weg vom Fenster, was suchte sie hier? Um Asyl bitten? Dazu würde Angela K. nicht bereit sein. Oder sollte sie abgeholt werden?

Nach einer gewissen Förmlichkeit am Eingang wegen des ersten Eintretens wiederholte sich diese in größerem Umfange vor Angela K.s Schlafzimmertür. Schließlich wurden die Damen sich einig und begaben sich hinein. Hier saß, ohne dass ihr der Besuch der Frauen angekündigt gewesen wäre, die Kanzlerin, gleichfalls im Abendkleid, in einem Sessel und schloss gerade den letzten Knopf. Sie erhob sich und sah den Überraschungsbesuch abschätzend an.

„Was wollen Sie hier?", fragte sie. „Mich abholen?"

Beide nickten und schienen auf eine Ansprache zu warten. Angela K. ging zum Fenster und sah auf die dunkle Straße. Das Museum war nicht zu sehen, dafür unerklärbarer Weise die Spree und die andere Uferseite. Auch dort war es völlig finster und geradezu nachtschwarz.

„Und warum die ‚Abholung'? Das Urteil des Richters lautete doch auf ‚Bewährung'?"

Die Frauen zuckten die Achseln und schwiegen.

„Oder ist ein neues Verfahren eröffnet worden?", fuhr die Kanzlerin fort, doch noch immer erhielt sie keine Antwort.

„Sie verkleiden sich gerne?", wandte sie sich schließlich an die angebliche Cindy, die diesmal heftig nickte.

„Eine alte, abgetakelte Schauspielerin schickt man", fügte Angela K. mit Blick auf die „Moreau" hinzu. „Jemand sucht auf billige Weise mit mir fertig zu werden. Lassen Sie mich raten. Seefelder steckt dahinter oder vielleicht auch Rosemarie Kessel-Köhler? Oder sind Sie vom Gericht?"

„Keine Ahnung", beteuerte „Cindy" mit zuckenden Mundwinkeln und die „Moreau" gebärdete sich wie eine Stumme.

„Sie sind nicht darauf vorbereitet, gefragt zu werden", stellte die K. fest. „Gut, gehen wir, wohin auch immer!"

Die Frauen verließen die Wohnung sowie das Haus und traten nach draußen auf die Straße, wo die bekannte Limousine alle drei aufnahm. Eine halbleere Tram der Linie 12 zog auf den Schienen vorbei, dann fuhr der Wagen los. Eine Weile ging es durch die Stadt, scheinbar in Richtung Grunewald; dann, nach einer guten halben Stunde, stoppte das Fahrzeug plötzlich und Angela K. wurde zum Aussteigen genötigt.

„Wir werden ein Stück zu gehen haben", sagte die „Moreau" und lachte wie über einen guten Witz. „Vorwärts!", kommandierte sie dann und zog eine hässliche schwarze Pistole hervor, die sie Angela K. in den Rücken bohrte.

„Tun Sie die Waffe weg", herrschte die Kanzlerin „Moreau" an. „Keine Sorge, ich wehre mich nicht."

Die Frau gehorchte und steckte die Pistole ein. Nun liefen die drei los, wobei die Frauen Angela K.s Hände umfassten.

Sie liefen und liefen.

Da kam ihnen aus einer von links einmündenden Straße Gregor Gysar entgegen. Die Kanzlerin war sich nicht ganz sicher, ob er es wirklich war, die Ähnlichkeit schien jedoch groß zu sein. Angela K. lag nichts daran, ob es sich tatsächlich um Gysar handelte. Er hatte für sie getan, was er tun konnte, sein Plädoyer hätte helfen können, hatte jedoch offensichtlich nichts bewirkt. Die Wertlosigkeit ihres gesamten Widerstandes gegen das Gericht kam ihr schlagartig zu Bewusstsein. Sie hatte sich mit aller denkbaren Kraft verteidigt und gewehrt. Nun aber war der Widerstand vorüber. Sie musste sich ihrem Schicksal stellen, es führte zu nichts, wenn sie jetzt in der Abwehr noch den letzten Schein des Lebens zu genießen versuchte.

„Das Einzige, was ich jetzt tun kann", sagte sie sich, und das Gleichmaß ihrer Schritte und der Schritte der beiden Frauen bestätigte ihre Gedanken. „Das Einzige, was ich jetzt tun kann, ist, bis zum Ende bei klarem Verstand zu bleiben. Ich wollte die Welt ändern und habe sie in jeder Hinsicht verändert. Ich wollte mit zwanzig Händen in sie hineinfahren und das tat ich zu einem, wie ich meinte, stets zu billigenden Zweck. Auch dachte ich, dass mein Tun dem Klima und dem Volk zugute käme. Doch das war wohl ebenfalls ein Irrtum und falsch. Soll ich nun zeigen, dass dieser Prozess mich ohne Erkenntnis zurückgelassen hat? Soll man mir nachsagen, ich sei ein begriffsstutziger, ein dummer Mensch gewesen und hätte aus den Abläufen, den Gesprächen und den verlorenen Wahlen sowie Demonstrationen nichts gelernt? Nein, ich will nicht, dass man über mich schlecht redet und denkt. Schon gar nicht die ‚Freunde' aus der Partei und die ‚Partner' meiner kleinen Koalition. Nein, ich will dem Schicksal danken, dass endlich etwas geschieht, was immer es auch sein wird."

Schon war Gregor Gysar an der Gruppe, ohne diese zu bemerken, vorbeigelaufen und im Gewirr der Straßen verschwunden. Umso überraschter war sie, als sich im gleichen Augenblick auf eben derselben Straße eine andere ihr bekannte Persönlichkeit zeigte, nämlich ihr alter Freund Helmuth, der in langsamen Schritten auf sie zu stapfte. Kurz hatte sie den Eindruck, dass dies nicht möglich sei, da Helmuth – ja, was war mit dem Freund, dass sein Erscheinen an diesem Ort sie eigentlich in Erstaunen hätte versetzen müssen? Je mehr sie versuchte, dieser Frage nachzuspüren, desto weniger gelang es Angela K., in dieser Hinsicht einen klaren Gedanken zu fassen, sodass sie es schließlich aufgab, diesem Gefühl weiter nachzugehen. Die große, massige Gestalt, das breite Gesicht, die riesige Hornbrille und das bärenartige Tapsen ließen jegliche Zweifel in ihr, der Mann könne nicht Helmuth, der väterliche Freund, sein, entschwinden. Umso enttäuschter war sie, als auch er einen gänzlich anderen Weg einschlug und sich langsam wieder entfernte und in der Nacht verlor.

„Ade!", sagte Angela K. leise, wischte eine Träne beiseite und konzentrierte sich ausschließlich wieder auf den Weg. So kamen sie rasch weiter und gelangten schließlich zu einem kleinen See, der zwischen den Villen eingebettet lag. Angela K. wusste nicht, ob es der Hertha- oder der Diana-See war, es war auch gleich. Jetzt ließen die Frauen die Kanzlerin los, die stumm wartete, und wischten sich, während sie sich umsahen, mit Taschentüchern den Schweiß von der Stirn.

Über allem lag der Mondschein mit seiner ganzen wundersamen Natürlichkeit und der stillen Ruhe, die dem Sonnenlicht nicht gegeben ist. Nach Austausch gewisser Höflichkeiten hinsichtlich dessen, wer die nächsten Aufgaben auszuführen habe – die Damen schienen ihre Aufträge ungenau zugeteilt bekommen zu haben –, ging „Cindy" auf Angela K. zu und bedeutete ihr, sie habe sich nun zum Wasser zu begeben. Es stehe ihr frei, die Kleidung abzulegen oder auch nicht, jedenfalls solle sie sich hineingleiten lassen. Angela K. fröstelte unwillkürlich, worauf ihr die andere Frau, „Moreau", einen leichten, beruhigenden Schlag auf die Schulter gab. „Cindy" indes holte aus den Falten ihres Gewandes eine Flasche hervor, die sie öffnete und damit einen Becher füllte, den ihr die „Moreau" hinhielt. Diese reichte das Gefäß Angela K.

„Trinken Sie, Frau K.", sagte sie, „das erleichtert vieles. Glauben Sie mir, ich kenne mich ein wenig damit aus."

Angela K. zögerte zuerst, den gereichten Becher entgegenzunehmen, ergriff ihn schließlich doch, aber mit großem Widerwillen. So stand sie da, das Gefäß in der rechten Hand, während ihre Begleiterinnen geduldig warteten. Endlich führte sie ihn langsam zum Mund und leerte ihn, obwohl eine innere Stimme ihr riet, dies nicht zu tun. Sofort verbreitete sich ein ganz eigenes, warmes Gefühl in der Brust, das langsam höher stieg.

Jetzt wusste sie, dass es ihre Pflicht war, sich umgehend in die dunklen Fluten zu begeben. Doch bevor Angela K. dies tat, drehte sie sich nach hinten und schaute hilfesuchend umher. Ihre Blicke fielen auf das letzte Stockwerk der an den See angrenzenden Villa, die, wie sie wusste, einer Loge gehörte. Wie ein Licht aufzuckt, so fuhren dort eben die Flügel eines Fensters auseinander. Ein Mann, groß und kräftig, beugte sich mit einem Ruck weit vor und streckte seine Arme aus. Wer war es? Jonathan, ihr eigener Mann? Ein Bruder? Ein Freund, welcher Freund? Gregor Gysar? Helmuth? Ein guter Mensch, der teilnahm, der helfen wollte? Gab es noch Hilfe? Gab es Einwände, die sie vergessen hatte? Sicher gab es solche. Obwohl die Logik des Gesetzes unerschütterlich zu sein schien, aber einem Menschen wie ihr, der eigentlich einfach nur leben wollte, konnte diese Logik kaum widerstehen. Zumal Angela K. noch so viele Fragen hatte: Wo waren Richter Blum und sein Urteil, das auf Bewährung gelautet hatte? Wo war der Generalstaatsanwalt, wo das höchste Gericht, die endgültige Instanz, bis zu der sie nie gekommen war?

„Warum, warum?", rief sie laut.

Angela K. lauschte in die Nacht. Keine Antwort. Erneut rief sie: „Warum?"

Ihr Ruf verklang und die Dunkelheit schwieg. Jetzt erreichte die Wärme ihr Denken; sie hob die Hände und spreizte alle Finger:

„Ich hebe die Hand!", sagte sie, „ich hebe die Hände! Meine Hände", präzisierte sie. Das Schweigen hielt an.

Angela K. schüttelte unwillig den Kopf und schritt, da die Antwort ausblieb, entschlossen vorwärts.

Das Wasser netzte ihre Füße, berührte die Knöchel und stieg höher und höher. Es umspielte die Hüften und die Brust. Der Boden selbst verlor an Festigkeit und Substanz. Nun verlor auch Angela K. den Halt und versank zitternd langsam im kühlen Nass. Die Tiefe, in die sie glitt, nahm sie jedoch freundlich auf. Das Wasser des Lebens und das Wasser des Todes schienen einander zu ähneln, Anfang und Ende, Angst und Erleuchtung waren eins. Und da war plötzlich wieder Helmuth neben ihr.

„Sei ohne Sorge, kleine Angela", sagte er und lächelte

breit, „es kann dir nichts passieren, denn ich werde dich jetzt und immer schützen und dir unterstützend zur Seite stehen."

Mit diesen Worten nahm er sie in seine starken Arme.

Angela K. schloss erleichtert die Augen. Das war der Moment, auf den sie all die langen Jahre gewartet und wonach sie sich gesehnt hatte. Sie spürte, wie eine große Müdigkeit sie erfasste und sie ließ sich fallen.

\*

Der Blick erfasste die Straße, direkt vor dem Betrachter ein tiefes Rot. Klatschmohn entfaltete seine Blütenblätter. Um einen Baum herum war von unbekannter Hand ein kleines Blumenbeet gepflanzt und bislang von der Bezirksverwaltung geduldet oder übersehen worden. Kleine Farbtupfer im kalten Grau des Gehwegs. Ein Hund trottete heran, schnüffelte da und dort am Boden. Blumen ließen ihn kalt. Er hob sein Bein, seine Besitzerin packte das widerstrebende Tier und zerrte es weiter. Eine Szene am Rande des Weges, ergänzt durch andere: Himmel und Hölle spielende Kinder, eine alte Frau, die Flaschen sammelte. Bier trinkende junge Leute, den Aufdrucken ihrer T-Shirts nach Studenten. Beste Kiezgegend, die Stargarder stand in Sachen Besucherstrom der Simon-Dach-Straße kaum nach. Hokey Pokey und so, Spanier, Dänen und Amerikaner. Laut und trunken, tags wie nachts; jedenfalls war die Gegend belebt. Anders belebt als die Gegend um die Kollwitz- und

Knaackstraße mit ihren bekannten Stereotypen: Cappuccino-Muttis und überschlanke, gut gebräunte Vierzigerjungväter mit einem Golfhandycap von unter 25. Rollkoffer und Aktenkofferträger im Armani. Biomarkt donnerstags und am Samstag; ein wahres Bullerbü. Der Geruch von frisch gebackenem Brot, provenzalischen Käsesorten und Knoblaucholiven. Die bunten Farben der Äpfel und des Gemüses, der Filzschuhe und -mützen.

Ruhe hatte man im Grab, der brausende Strom der Straße erzeugte das Leben!

Und Berlin pulsierte in allen Farben. Eisbären und Salamander, überall Lärmen und Lachen. Würde diese Stadt je schlafen? Gregor glaubte es nicht, zu vieles geschah und passierte, ständig und stets. Jede Menge menschlicher Begegnungen, verrückte Abenteuer und Affären, ein unendlicher Zug von Bildern und Ereignissen wirbelte durch die Nacht. Angela K. und der Prozess waren nur Aspekte gewesen. Auch die vergangenen Wahlen und die Propaganda der Parteien, ob rot, grün, blau, schwarz oder rosa. Farbspiele, mehr nicht. Er lachte trocken auf. Eine Gedichtzeile fiel ihm ein, von Brecht:

*Das Große bleibt groß nicht und klein nicht das Kleine, die Nacht hat zwölf Stunden, dann kommt schon der Tag ...*

Jetzt aber wurde es Nacht. Wie auch immer, am besten, er verließ das Haus und ging unter die Leute. Wer konnte schon wissen, wer einem zu dieser blauen Stunde über den Weg lief und wo die Nacht schließlich enden würde? War es das, was er von der Stadt und der Zeit erwartete? Oder sollte er aus dem Ganzen, das er mit dem Gericht erlebt hatte, etwas völlig anderes lernen? Er zuckte die Schultern, so genau wusste er es nicht. Gregor erhob sich, um in die Nacht einzutauchen.

Draußen war es immer noch sehr warm, das Thermometer war trotz der Uhrzeit deutlich über zwanzig Grad – wahre Hundstage. Er verließ das Haus, fuhr ein Stück mit der U-Bahn und lief dann weiter die Kastanienallee hinunter. An einem Zeitungsladen verkündete groß ein Plakat der BZ:

**Sie ist weg!**
**Kanzlerin noch immer verschwunden. Flüchtete Angela K. vor ihrer SED-Vergangenheit oder vor der Verantwortung für den Niedergang ihrer Partei?**

„Vor ihrer SED-Vergangenheit", ob ihr Verschwinden nicht eher in Verbindung mit dem Prozess zu sehen war? Auch der „Niedergang ihrer Partei" war keine überzeugende Fluchtursache, obwohl die sozialdemokratische Führung nahezu komplett von ihren Posten abgetreten oder entfernt worden war. Doch hatte das Urteil nicht auf „Bewährung" gelautet? Hatte K. sich denn bewährt? Wenn ja, wie und durch was? Rätsel über Rätsel. Die wahren Beweggründe würde man vielleicht nie erfahren – wenn sie denn verschwunden bliebe. Aber das war nicht mehr sein Thema.

Gregor schaute sich um. Links und rechts vor den Lokalen war alles voll. Nur dort an der Ecke schien an einem Zweiertisch ein Platz frei zu sein. Der Mann, der am Tisch saß, kam ihm sogar bekannt vor. Das war der Buchhändler, den sein Onkel damals, als alles begonnen hatte, auf der Straße gegrüßt hatte.

Er trat zum Tisch und fragte, ob er sich hinzusetzen könne. Der Mann nickte. Gregor nahm auf dem Stuhl Platz und bestellte ein Pils.

Menschen über Menschen liefen vorüber. An Dosenbier nuckelnde Touristen in Bermudashorts und Baseballkappen. Eine Rentnergruppe auf großer Tour in Beige, Khaki und Grau. Und und ... Jetzt eine Gruppe von Studentinnen in kurzen, roten und blauen Röcken.

„Ein reizendes Bild", sagte sein Tischnachbar und wies auf die fröhliche Gruppe.

„Ja", bestätigte Gregor, „sehr hübsch. Ich bin übrigens der Neffe von Herrn Gysar."

„Das ist Ihr Onkel? Er kauft ab und zu etwas in meinem Buchladen. Ich bin Jürgen W."

Sie kamen ins Gespräch und dabei auch auf das vermeintliche Untertauchen der Kanzlerin zu sprechen.

„Wenn alle, die mit dem SED-Regime zu tun gehabt und dieses mitgetragen haben, verschwinden würden", sagte Gregor, „wäre Berlin in Teilen viel leerer, jedenfalls was den Senat betrifft. Die Linken sind zäh und lassen von ihren Weltverbesserungsideen nicht ab."

„Die Welt verbessern zu wollen ist nicht von Übel", meinte Jürgen W. „sondern eher etwas Positives. Aber wenn ich an den Terror und die Überwachung denke, mit dem im real existierenden Sozialismus jede noch so minimale gesellschaftliche Abweichung verfolgt wurde, kann ich nicht verstehen, dass eine siegreiche Partei wie die Bunten, die sich doch die Vielfalt in jeder Form auf ihre Fahnen geschrieben hat, hier in unserer Stadt mit einer Nachfolgepartei der SED koaliert. Unsere Universitäten – zumindest in den geistes- und sozialwissenschaftlichen Fächern – ähneln heute vielfach geschlossenen Diskurszirkeln mit intoleranten Ansichten gegenüber allen, die sich dem Diktat des linken Mainstreams verweigern. Wehe, man stimmt dem sozialistischen Welterlösungsweg nicht zu!"

„Politik, das ist ein weites Feld", erwiderte Gregor vorsichtig. „Man könnte mitunter den Eindruck gewinnen, es gehe bei all diesen ethischen Ansprüchen in Wirklichkeit um Machtfragen, nicht um die propagierte Moral."

„So ist es", stimmte Jürgen W. zu, „die einen haben sich damals mit der Macht arrangiert, so wie etwa Frau K. Andere, die dies nicht taten oder nur frei leben wollten, wurden eingesperrt oder als Republikflüchtlinge erschossen. Aber", er lehnte sich zurück, „was soll das Klagen und Jammern. Die Losungen und Vorgaben der politischen Eliten prägen eben unseren Alltag. Sie kritisch zu betrachten gilt als Sakrileg und wird in die Bereiche Populismus und Fake-News verbannt."

„Das kann ich so nicht bestätigen", wandte Gregor ein. „Kritik ist immer möglich. Was wäre zum Beispiel, wenn es eine Institution gäbe", formulierte er vorsichtig, „ die dem tradierten Leitbild des moralisch Belehrenden nicht mehr blind folgte und sich bemühte, vorgelegte Informationen zu analysieren, um Falschannahmen und Vorurteile offen zu erörtern und notfalls richtigzustellen?"

„Sie meine eine Art Gericht, das gleichsam aus dem Dunkeln tritt und vor dem sich führende Repräsentanten der Macht für ihr Tun zumindest moralisch zu verantworten hätten?", fragte Jürgen W.

„Genau. Eines Morgens werden sie verhaftet, ohne dass sie etwas Böses getan hätten – und dann sind sie weg!"

„Kafkaesk und wenig real!"

Der Buchhändler schüttelte den Kopf.

„Die Politik schert sich nicht um die Probleme nichtelitärer Gruppierungen. Und ein solches Gericht gibt es schon gar nicht, weder in Karlsruhe, Brüssel oder Den Haag."

Er warf einen Blick auf die Uhr.

„Oh, ich muss los. Eine Verabredung – und Katja wartet nicht gern. Nett, Sie kennengelernt zu haben. Schauen Sie bei Gelegenheit einmal in der Buchhandlung vorbei. Mein Sortiment dürfte Sie ansprechen."

W. legte einen Geldschein auf den Tisch und brach auf, Gregor blieb zurück. Am Nebentisch saßen jetzt die Studentinnen von vorhin. Sie alberten und lachten fröhlich und schmetterten lauthals einen alten Beatles-Song:

„She's a real nowhere girl, sitting in her nowhere land, making all her nowhere plans for nobody. Doesn't have a point of view, knows not where she's going to, isn't she a bit like you and me?"

Eine der Sängerinnen war dunkelblond und trug mehrere lachsfarbene Strähnchen im Haar. Im Licht der Lampions, die überall hingen, zeigte sich ihr fein konturiertes, ja schön zu nennendes Gesicht. Ihre Augen jedoch schienen wie Mandeln geformt; eindeutig, sie war eine Tibeterin, und dies mehr noch als Elsa. Die junge Frau bemerkte jetzt, dass Gregor zu ihr schaute und blickte ihn offen an. Nun lächelte sie, winkte ihm zu und wandte sich wieder ihren Freundinnen zu. Tja, dachte er, das Leben geht weiter. So banal diese Vorstellung auch klingen mochte, sie hatte schon etwas Tröstliches. Mit und ohne Leni, Elsa, Klara oder gar Angela K. Vielleicht würde die junge Frau vom Tisch dort drüben sich später zu ihm setzen, mit ihm reden, von sich erzählen und mit ihm lachen. Vielleicht mit ihm Arm im Arm durch die Nacht wandern. Ein kleines oder auch ein großes Stück. Vielleicht. Oder auch nicht.

Er sah an ihr vorbei auf das bunte Treiben der Straße. Die M 1 ratterte vorüber und im Südosten stieg rotgelborange der Vollmond auf.

# Epilog

## Ist SIE weg? Ein Abgesang.

Was bleibt, ist eine gewisse Nachdenklichkeit: Wie wird eine spätere Zeit das muntere Treiben des Heute betrachten? Wird man sich in den Geschichtsbüchern etwa des Jahres 2050 vielleicht fragen, was wirklich in der langen Amtszeit der Angela K. geschah und geschehen ist? Fragen, warum sich dies und jenes ereignete, was geplant war, was einfach so passierte oder auch, wer oder welche Gruppierungen hinter welchen Entscheidungen steckten? Vor allem wird man dann auch sehen und wissen, soweit die Akten offen liegen – und geführt worden sind –, was im Anschluss der Ära K. auf das Land zukam, von dem manches bereits in der Zeit vor dem allfälligen Wechsel angelegt worden ist. Dieser Wechsel, auch wenn er spät kommt, ist ein markantes Merkmal einer Demokratie, wobei der Begriff vieldeutig ist – denken wir an die sogenannten Volksdemokratien, die pleonastischen Verdrehungen der Wirklichkeit. Die aktuelle Interpretation der Demokratie, die der liberalen Demokratie, geht vom Pluralismus als Grundtatbestand moderner Gesellschaften aus. Nach dieser Auffassung gibt es weder ein spezielles Volk im nationalen Sinne, noch einen einheitlichen Volkswillen, sondern nur eine Vielfalt von denkbaren Perspektiven, divergenten Interessen und Werten. Eine Streitkultur ist in dieser Vorstellung der gesellschaftlich angenommene Normalfall, ein ständiger Diskurs ist die Essenz. Das politisch Strittige und Umstrittene soll öffentlich thematisiert und die Fehler und Schwächen der jeweiligen gesellschaftlichen Entwicklung erkannt und mit geeigneten Maßnahmen behoben werden. So weit das Modell der liberalen Demokratie. Anspruch und Wirklichkeit klaffen gegenwärtig jedoch zum Teil erheblich auseinander. Denn das Motto der Alternativlosigkeit, das durch die Kanzlerin K. zum politischverbindlichen Credo erhoben worden ist, wurde zum Gift für die Demokratie. Es verengt und beschränkt den Raum des Politischen, unterbindet jeden öffentlichen Diskurs, sodass am Ende nur noch eine Problemverwaltung übrig bleibt. Zwei Bereiche fallen besonders ins Auge, mit deren Hilfe die Politik in den vergangenen Jahrzehnten der Öffentlichkeit regelmäßig die Alternativlosigkeit suggeriert hat: die angeblichen Sachzwänge und die sogenannte ethisch begründete Moral. Die Anrufung der Sachzwänge – die Dinge sind so und erfordern nur dieses und kein anderes Handeln – erstickt jeden politischen Pluralismus, das Aufeinanderprallen verschiedener Wirklichkeitssichten und Werte. Die politische Anrufung der Moral hat eine ähnliche Wirkung der Entpolitisierung: Wenn man sich auf die (höhere) Moral beruft und im Gegenzug den politischen Positionen anderer Gruppierungen und etwaiger Kritiker jegliche Moral abspricht, führt dies notwendigerweise ebenfalls zur Alternativlosigkeit, und damit zur Verdrängung von Pluralismus und dem sinnvollen politischen Diskurs. Die moralische Diskurspolizei lässt keinen legitimen Raum für jede andere Perspektive, die aus ihrer Sicht nur moralos oder inhuman erscheinen kann. Ein Beispiel ist der paternalistische Biomoralismus. Bunte Gruppierungen verwechseln Politik allzu oft mit der von ihnen als verbindlich angesehenen Moral, indem sie der Veredelung des eigenen Lebensstils das Wort reden, anstatt ausschließlich auf politische Lösungen zu setzen. Dementsprechend fällt es ihren Vertretern zumeist schwer, soziale Problemlagen außerhalb des eigenen Milieus zu verstehen. Politik und Pädagogik werden ebenfalls verwechselt und damit der Verdacht verstärkt, die ökologische Weltenrettung sei nur ein Deckmantel, um die eigene Agenda durchzusetzen. Auf diese Weise entsteht ein klares Legitimationsdefizit. Beim Bürger kommt an, dass Entscheidungen moralisierend alternativlos sind – und deswegen kein breiter Diskurs geführt wurde und werden darf.

An dieser Stelle richtet sich der Fokus wieder auf Frau K. Selbst als sich vieles, was sie sich vorstellte und wünschte, als glatte Chimäre herausstellte und die gesellschaftliche Spaltung sich abzuzeichnen begann, wollte Frau K. ihre politischen Positionen nicht räumen. Das zu tun mutete sie lediglich anderen zu, medial, wie gesagt, bestens unterstützt. Mittlerweile sind vor ihrem Fenster bereits die Putschisten aufmarschiert; sie sind jung, sie wollen eine andere Welt und sie nutzen ihre mediale Form des Protests. Auch die eigenen Reihen der Herrschenden sind nicht mehr geschlossen, der Koalitionspartner schwächelt und hechelt populistischen Utopien hinterher, die jedoch längst anderweitig besetzt sind. Und dann gibt es noch die grüne Welle, deren Inhalt die Köpfe der Menschen erfüllt.

So ist das eben in der Geschichte: Wer schwankt und wankt, zaudert und zögert, der fällt! Solange K. die Macht fest in den Händen hielt, traute sich kaum jemand hervor. Und wer schon auf der Bühne stand, wurde weggebissen. Doch die Geister, die Angela K. (mutwillig?) beschwor, sie sind nun da und wirken. Was immer die Beweggründe für K.s Handeln gewesen sein mögen, der Prozess der Geschichte erwartet sie. Das Urteil könnte gnadenlos sein – oder auch nicht.

## Danksagung

Mein Dank gilt wie immer meinem
Historikerkollegen und Gegenleser Hans Vastag,
meinem Verleger Jürgen Wagner und
Frau Johanna Ziwich für ihr sorgfältiges Lektorat
sowie allen anderen Personen, die mich hilfreich
unterstützt haben.

Danke, liebste Angelika, für deine
geradezu literarische Geduld!

Vom Autor noch erschienen:

**Der Hitler-Code,** Südwestbuch, Stuttgart 2017, ISBN: 978-3946686439
**Die Akte Lenin** Südwestbuch, Stuttgart 2018, ISBN: 978-3946686446
**Das China Projekt** Südwestbuch, Stuttgart 2018, ISBN: 978-3946686453